启子国学

启子国学丛书

曾子他说

杨　军/著

長春出版社
国家一级出版社
全国百佳图书出版单位

图书在版编目(CIP)数据

曾子他说 / 杨军著. -- 长春 : 长春出版社,
2020.6
(启予国学丛书)
ISBN 978-7-5445-5942-3

Ⅰ. ①曾… Ⅱ. ①杨… Ⅲ. ①儒家②《曾子》-研究
Ⅳ. ①B222.35

中国版本图书馆 CIP 数据核字(2020)第 041843 号

曾子他说

著　　者:杨　军
责任编辑:孙振波
封面设计:宁荣刚

出版发行:長春出版社　　总编室电话:0431-88563443
编辑室电话:0431-88561184　　发行部电话:0431-88561180
地　　址:吉林省长春市建设街 1377 号
邮　　编:130061
网　　址:www.cccbs.net
制　　版:荣辉图文
印　　刷:吉林省良原印业有限公司
经　　销:新华书店

开　　本:880 毫米×1230 毫米　1/32
字　　数:232 千字
印　　张:9.25
版　　次:2020 年 6 月第 1 版
印　　次:2020 年 6 月第 1 次印刷
定　　价:38.00 元

导 言

《曾子》这本书实际上已经失传了。按照汉朝的记载，当时还有《曾子》这本书，2 卷 18 篇，但在唐朝以前就失传了，内容不详。那现在我们讲的《曾子》是从哪里来的？是后人把《大戴礼记》里和曾子有关的 10 篇摘录出来作为《曾子》流传至今。

《大戴礼记》也是儒家经典，但保留到今天的这本经是残卷。汉朝人编了两本《礼记》——《大戴礼记》《小戴礼记》，作者都姓戴，是叔侄关系。《大戴礼记》的编者叫戴德，《小戴礼记》的编者是他的侄子，叫戴圣。

我们现在提到的儒家十三经是汉朝以来的一个说法，包括“三礼”，“三传”，《诗》《书》《易》，即《诗经》《尚书》《周易》，“三传”是春秋三传：《左传》《公羊传》《穀谷梁传》，“三礼”指《周礼》《仪礼》《礼记》，再加上《论语》《孟子》《尔雅》《孝经》。儒家十三经里面的《礼记》是指《小戴礼记》。后代习惯将《小戴礼记》称为《礼记》，戴德编的叫《大戴礼记》。

《大戴礼记》由于没有被纳入十三经里，在流传过程中逐渐有缺失，史书记载的《大戴礼记》是 85 篇，但流传至今的只有 39 篇，所以说是个残本。出现这种现象和古人的选择有关系。汉朝时，《大戴礼记》和《小戴礼记》都流行。但到东汉末年，著名儒家学者郑玄遍注群经。他选择注释的礼记是《小戴礼记》，因此《小戴礼记》流行,《大戴礼记》不受重视了。

对于儒家发展史来讲，郑玄是一个转折性的人物。东汉末年之前，汉朝讲儒家经学的特点是“世守一经”，家族世世代代研究一本经。包括我们刚才说的戴家，叔叔戴德编《大戴礼记》，侄子戴圣编《小戴礼记》，戴家就是世世代代研究“礼”经的。“世守一经”讲“专门”，守师法、守家法。郑玄遍注群经，打破了“世守一经”的传统，开创了一个新的研究方式。可以说是一个开拓性的人物，带来了当时治学方法上的巨大变化。

就在这个转折的过程中，郑玄注《礼经》的时候，选择了《小戴礼记》来做注，导致《小戴礼记》流行，《大戴礼记》逐渐地散失。

《大戴礼记》流传到今天的 39 篇，还不到原书 85 篇的一半，而这 39 篇里面有 10 篇跟曾子有关，后人就把这 10 篇和曾子有关的单独拿出来，编成一本小书叫《曾子》。

我们现在选的版本是清朝末年阮元编辑的。阮元这个人，官做得很大，但在当代民间知名度不高。提到一本书你就能知道了——《十三经注疏》。《十三经注疏》是流传至今的一个非常重要的儒家典籍，就是阮元组织一批人校勘的，他对这本书的贡献最大。阮元把《大戴礼记》里和曾子有关的十篇拿出来，做了注释，成为一个单行本，书名《曾子注释》，我们用的版本就是阮元整理的《曾子》原文，而不是依据《大戴礼记》的版本。

之所以要说到版本，是因为有很多不同版本，这些版本之间字词是有出入的。讲的过程当中我可能会提到一些。

目　录

曾子十篇叙录

元谨案：百世学者皆取法孔子矣，然去孔子渐远者，其言亦渐异，子思、孟子近孔子而言不异，犹非亲受业于孔子者也。然则七十子亲受业于孔子，其言之无异于孔子而独存者，惟曾子十篇乎。

曾子修身慎行、忠实不欺而大端本乎孝，孔子以曾子为能通孝道，故授之业，作《孝经》。今读《事父母》以上四篇，实与《孝经》相表里焉。患之小者豪发必谨，节之大者死生不夺，穷极礼经之变，直通天律之本，莫非传习圣业，与年并进，而非敢恃机悟也。且其学与颜、闵、游、夏诸贤同习所传于孔子者，亦绝无所谓独得道统之事也。

窃以曾子所学较后儒为博，而其行较后儒为庸。颜子曰："博我以文，约我以礼。"孔子曰："庸德之行，庸言之谨。"然则鲁哀公年间齐鲁学术可以概见。后世学者当知所取法矣！

元不敏，于曾子之学，身体力行未能万一，惟孰复曾子之书，以为当与《论语》同，不宜与记书杂录并行。爰顺考十篇之文，注而释之，以就正有道。窃谓从事孔子之学者当自曾子始。

"元谨案"这一段是阮元写的序，我不打算细讲。之所以放在这里，是因为一首一尾的两段话非常重要，可以说，道出了我们今天学习《曾子》的意义之所在。

第一个自然段的大意是，子思、孟子离孔子的时代很近，他们的言论和孔子没有差异，但还不是孔子亲授的，他们没见过孔子，不是从孔子那儿直接学来的。孔子弟子三千，贤者七十二，这七十二位最优秀的弟子，都亲自从孔子那里学习，但是言论流传至今的，恐怕只有这《曾子》十篇了。我们今天学习《曾子》的意义正在于此。

孔门其他著名弟子有没有著作不知道，但肯定没有流传下来。孔门著名的“十哲”，谁有著作流传下来？完整的著述是没有的，就是在《论语》里我们能见到一些与他们相关的言论。唯独《曾子》十篇流传下来，所以特别宝贵。

曾子是直接跟随孔子学习的人，可以说，他的思想和孔子是最贴近的，我们今天若是想复原孔子的真精神的话，这是一部最重要的参考书，这是我们讲《曾子》的意义之所在。

阮元序的最后一句话：“窃谓从事孔子之学者当自曾子始。”“窃”是私下认为的意思。阮元说，我私下里认为，想致力于学习孔子的思想的话，应该从《曾子》开始学习。这就是这本书的重要性。

我把阮元的序拿出来，是觉得他说这本书的重要性说的是最到位的，也就是我们今天学习《曾子》的原因。

曾子是孔子最优秀的弟子之一，而孔子这些优秀的弟子只有曾子有十篇文章传下来，可以说，这是对孔子思想一个准确的、真实的反映，是原汁原味的东西，所以它具有不可替代的价值。

第一篇　曾子立事

“曾子立事”这一篇，讲的都是君子的修行，君子应该致力于修行的哪些方面。这里反复提到君子，可以说是对《论语》最好的补充。

我们读《论语》会发现，书中经常出现君子这个概念，经常作为小人的反义词，但《论语》里没有具体去阐释，作为君子的特色是什么？特征是什么？或者君子应该具有哪些方面的品行？而《曾子》说得非常细致，正好是对《论语》的补充和展开。

《曾子》也是语录体，都是一条条曾子言论的辑录。我们从最开始第一条开始谈起。

曾子曰：君子攻其恶，求其过，强其所不能，去私欲，从事于义，可谓学矣。

“曾子曰”，以下都是曾子说的，所以就没有反复出现“曾子曰”。

“君子攻其恶，求其过”，君子的修行首先要重视的是“攻其恶，求其过”。“攻”，治，治理。儒家修身讲“省察克治”就是这个治。“君子攻其恶”，是要对自己的毛病进行质疑。

恶，和善是反义词，也就是不善。善，按现代汉语可以理解为好，那么恶就是不好。你身上那些不好的方面叫恶，但不能理解为罪恶，那就太严重了，如果都走向犯罪道路了，就不是靠修行来解决的问题了，和君子的距离已经相当远了。恶是不善、不好，你身上的那些毛病、缺点，对于自身不好的方面，要“攻”，要治理，不能听之任之。有毛病不行，得把毛病治理了才是君子。明明知道自己有什么毛病，却容忍它，那不是君子。君子要“攻其恶”。

但是曾子没有用“改”字，而是用“攻”字。改，是改正，太笼统。攻是治理，而不是克制。比如说，我的缺点就是爱生气，只是克制、忍着别生气，那是做不到的，也是改不了的。想着下次别和人发火，忍着忍着最终还是忍不住了。攻，讲究治。怎么办？对自身的不好的方面，要进行全方位的综合治理，才能把缺点去掉。所以曾子这里用“攻”字，而没有用“改”字。用字非常精确。

“攻”字本身也有攻克的意思，就是你需要下一番功夫才能攻克。改自身的毛病不是容易做到的事情，需要一番艰苦的努力，这是作为君子修身的第一步。要有一个努力攻克难关的心，最后才能把毛病去掉，叫“攻其恶”。

若要做到“攻其恶”，首先要做到“求其过”。求，是找。现在我们讲求索，“路漫漫其修远兮，吾将上下而求索”，求和索是同义词，求就是索，就是找。“求其过”，就是寻找自己的错误、缺点。过和前面的恶是同义词，都是指缺点、毛病、自身不好的方面。

修身从哪里开始？曾子告诉我们，先治理自己身上那些不好的方面。要下决心治理，你得知道自己哪些方面不好。所以先要“求其过”。要进行反思，不反思不知道自己有什么毛病，还觉得自己挺好的，毛病都在别人身上。所以君子修行要“求其过”，通过寻找发现自己的缺点和错误，然后才能进行治理、改正。

“攻其恶，求其过”是配套的。儒家修身的“省察克治”，“求其过”是省、察，反省、体察；“攻其恶”是克、治，克制、治理。《曾子》第一句就体现了后代儒家修身方式的核心。

但修身仅仅就是改正不好的方面吗？那就有点狭隘了，或者说有点消极了。每天就琢磨自己身上有什么毛病，知道什么就改点什么，这是远远不够的，更积极的方面在于“强其所不能”。

“所不能”就是你做不到的。可以从两方面去理解，可以理解为道德方面，也可以理解为能力素质方面，总之就是你不具备的。“强”是勉强、努力，要鞭策自己、激励自己，甚至是强迫自己，去做自己所做不到的。从道德修养上是这样，从能力素质上也是这样。所以我们说可以从两方面去理解。

如果从道德修养上理解，就是“见善不为无勇也”。你知道什么是好的，道德方面什么是优秀的，但还不具备，怎么办？强迫自己、约束自己做到，这叫“强其所不能”。发现别人身上有什么美德，我身上没有，我做不到，强迫自己做到。但仅仅理解为道德层面可能就狭隘了，我刚才提到，还包括能力素质。哪些能力我现在没有，却是事业上、做事上必备的能力，怎么办？“强其所不能”，要求自己、强迫自己修出来这个能力。这里曾子用了一个“强”，是勉强、强迫，就是逼着自己进步。

道德修养上，我应该具有哪些美德而现在没有，强迫自己做到。比方说，做事能持之以恒就是一种美德，但我没恒心，三天打鱼、两天晒网，怎么办？强迫自己，逼着自己修恒心。

我们都知道曾国藩的 12 项课程，其中一项是每天习字。

因为他年轻的时候总结自己最大的缺点就是做事没有恒心，他要修这恒心，然后才给自己定下这么一个规矩，不管多忙，每天必须写多少字，这就是“强其所不能”，练自己这个“恒”劲儿。持之以恒我做不到，怎么办？不能自暴自弃，原谅自己不行，要逼着自己必须做到，这就是“强”，勉强、努力做到。曾国藩立 12 项课程之后坚持一辈子，写字 40 年，最后很意外地成为著名书法家。练字的目的是想练恒心，成为著名书法家是副产品，这叫“强其所不能”。

这句和前面那句合在一起意思才是完整的。“攻其恶，求其过”，用老子的话来比喻，就是“为学日益，为道日损”。损是减少。“攻其恶，求其过”就是做减法，努力修正自己身上不好的方面，让毛病、缺点越来越少。“强其所不能”则是做加法，培养自己的优点、能力、美德，让自己的美德越来越多，让自己的能力越来越强。

说得更直白点，“攻其恶，求其过”是去掉不好的，“强其所不能”是增加好的。人能每天都去掉一些不好的，增加一点好的，就越来越完善、越来越完美了。这就是修行的过程。

但在此过程中，最核心的是下面这句话，“去私欲，从事于义”。去掉你的私欲，“从事”是致力于，要致力于“义”。儒家的“义”，“义者宜也”，宜是适宜、妥当、恰如其分。“从事于义”，指的是我们要致力于把事情处理妥当，就是做好应该做的。所以我以前常说，不问喜不喜欢，但问应不应该。曾子这句话的意思是，去掉自己的私欲，致力于把事情处理妥当、恰当。

人不能做到义，主要是私欲在干扰。实际我们内心深处都知道这件事怎么办是最妥当、最合理的，为什么不能按照这个方法去办？受私欲干扰。宋明理学提出一个最响亮的口号，

"存天理，去人欲"。人欲就是私欲，把私欲放在一边，才能把事情看明白、办明白。一旦受私欲干扰，事儿就办不明白，做起来就不义，不妥当、不恰当。

以前我开玩笑说，企业的老板们学习绩效薪酬管理，就是这点儿钱分不明白了，还得专门找专家帮忙分钱。钱分不明白的原因何在？私欲。总想给员工少一点儿，自己多得一点儿，这才是问题的关键。实际事情很简单，你把私欲放在一边，就知道事儿怎么做是合理的，就是"从事于义"。一旦私欲绞缠进来，就看不到义了，就不知道怎么做合理了。或者你认为这么做合理，实际别人看来都觉得不合理，那就是自欺。所谓"诚其意者，勿自欺也"。修《大学》上讲的"诚意"，关键就是不要自己骗自己。

我认为这么做是合理的。讲各种理由证明自己是合理的，往往就是自欺。日常生活当中最典型的例子就是开车。把车停在不该停的地方，被罚款200元，然后跟警察找各种理由为自己开脱。为什么？私欲。你把车停在不该停的地方，是图自己方便。你绝对不会停在自己不方便并且还不让停车的地方。"我马上就走"，"这不是没地方吗"，"我接老人，她老人家腿脚不好"，等等，找各种理由。这都是自欺，实际上就是私欲，图自己方便，这做得不合适、不符合规矩，就是不义。

要把私欲去掉，你才知道怎么做是妥当的、合规矩的，这叫"从事于义"。"去私欲"和"从事于义"是配套的。"去私欲"才能"从事于义"，不能把私欲放到一边，就不可能做到义。如果你追求做到义，就要把私欲放在一边。

曾子最后总结，"可谓学矣"，可以说是学习了。能做到上面这几点，曾子评价，我们就说你学习了。

曾子在这里所说的"学"，和《论语》"学而时习之，不亦说乎”的“学”，都不能按学习知识去理解。儒家说的“学”，绝对不是学习知识，更多的是指修身，指学习知识的时候少。学习知识在儒家看来是次要的、第二位的，修身才是第一位的、最重要的。

在这里我们发现，《曾子》的内容和《论语》是匹配的。《论语》第一条“学而时习之”谈的是学，《曾子》第一条“可谓学矣”谈的也是学。在这里就体现出阮元的评价是准确的。“七十子亲受业于孔子，其言之无异于孔子”，曾子这批孔门优秀弟子，直接追随孔子学习，他们的思想、言论和孔子是完全一致的。《论语》是孔子思想的集中体现，以第一条“学而时习之”开篇。曾子作为孔门重要弟子，他的著作第一条“可谓学矣”，还是从“学”字开篇，思路是一以贯之的。

什么叫“学”？我们一定不要理解为学习知识。曾子说：“攻其恶，求其过，强其所不能，去私欲，从事于义，可谓学矣。”

曾子这段话体现出对学的理解，可以分为三个方面：第一个方面，做减法，减少自己的缺点、毛病；第二个方面，做加法，“强其所不能”，努力去增加自己身上的优点、闪光点；第三个方面，“去私欲，从事于义”。要想做到前两点，必须有第三个方面的支撑，要把私欲抛开，按照义来约束自己。从这个角度我们可以理解，这三个方面是递进式关系，一个比一个重要。

反过来看，如果不能把私欲放到一边，绝对做不到“强其所不能”，就会放纵自己。还是说持之以恒这件事，发愿自己每天写反思，要坚持 100 天，坚持到第 46 天时实在太累了，捧着电脑睡过去了。原谅自己吧，有情可原。明天呢？喝多了，也情有可原。这都是私欲在作祟。不能把私欲克制住，

"强其所不能"是做不到的。一旦私欲上来，你不会强迫自己，你会原谅自己，那就不是修身。一句话，不强迫自己是不可能改变的。

每天写修身日记。我的日课有十三项，比曾国藩还多一项。每天晚上算账，这项做到了，那项没做到。但是，你强迫自己做到了吗？要"强其所不能"才是修身，你根本没有强迫自己做到修身的内容啊。曾国藩打仗那么忙，他十二项都坚持，那叫"强其所不能"。如果你只是每天晚上睡觉之前算算账，做到的项打个"√"，没做到的项打个"×"，这叫修身吗？不逼自己是没有进步的，要"强其所不能"才能进步。如果你不强迫自己，每天就是随意地算算账，修多少天多少年，最后什么也没有改变。

修行是"强其所不能"，记住这个"强"字，是逼自己，逼自己才能进步，不逼自己不会进步。人的潜力是无穷的，关键看你逼不逼自己。但是要做到"强其所不能"，一定得去私欲、克制私欲。早上五点半睡得就是香，这时候对睡眠的渴望、需求那就是私欲，你能不能战胜它，就得靠强迫自己。

不能做到"去私欲"，就做不到"义"字，也就做不到"强其所不能"。而且做不到"去私欲"，"攻其恶，求其过"也做不到。把私欲夹杂进来，去看自己的缺点、毛病，看不准。一旦私欲作祟，就开始自欺，就找不准自己的缺点和毛病，最后找的毛病都是骗自己。先自欺，再欺人，所谓的自欺欺人。最后反思三天，自己最大的毛病——心太软，所以总上当受骗，受伤的总是我。这叫反思吗?！这叫"攻其恶，求其过"吗?！求了半天，心太软是毛病！那需要怎么修？修到心如铁石吗？

如果不能把私欲放在一边，做不到"攻其恶，求其过"，在私欲的作祟下，根本认识不到自己的缺点和错误。你会觉得这一切都是正常的、都是应该的、顺理成章的，你不会觉得这是毛病。要把私欲放在一边，才能发现自己的缺点和错误。

所以我说，曾子谈的这三个层面是递进式的，一个比一个重要，实际最重要的在最后面，“去私欲，从事于义”。“从事于义”是“去私欲”的目的，我们为什么要“去私欲”？为了达到“义”字。修身要反思，努力做到这一点，强迫自己做到这一点，因为这么做是义，这么做是合适的、妥当的、正确的。不然你勉强自己做事可能是没有意义的，那不是修行。

勉强是勉强自己了，但你勉强自己做的事儿是没有意义的，那也不是正确的修行方法。现在是夏天，你要求自己五点半起床，起来干吗？你为何要五点半起不能六点半起呢？关键是你起来做什么。要有这个义字在支撑，给自己定早晨五点半起床，合理性在哪儿？义就是合理、妥当。为什么不是六点半？六点半有点晚啦，出门上班容易迟到。这也可以叫义，对不对？为什么要早点起，防止上班迟到，也叫义。你为什么没定三点半起？给自己立规矩的时候就要琢磨“义”。要修正确的、妥当的、合理的，而不是给自己设置一个很难达到的规矩，诚心来难为自己。修身不是为了找麻烦，不是为了难为自己。

给自己制定日课修行的时候，关键注意义字。别管制订几条，要想明白为什么要制订，合理性在哪儿，要通过这一条达到什么效果。你要先把这些想明白。为什么日课里没有一条坚持每天喝二两酒？儒家不是禁酒的。孔子说“唯酒无量，不及于乱”，只要别喝多，每天二两舒筋活血，保持身体健康，不好吗？关键是合理性在哪儿，也就是你要通过它达到什么效果。

在这基础上，达到“去私欲，从事于义”，然后你才能“攻其恶，求其过，强其所不能”，才能缺点一天天地少，优点一天天地多，人变得越来越完善。这就是儒家修身的意义之所在，也是曾子的修行方法。

孔门最重视修身的可能就是曾子了！这个方面就不多解释了。我们一定要知道，孔子唯一的孙子子思是曾子的弟子，孔子把他唯一的孙子交给曾子培养，可见对曾子是多么重视。为什么？在孔门弟子里，曾子是知识最渊博的吗？是口才最好的吗？是能力最强的吗？是最英勇善战的吗？好像他一条都不占，但他是最重视修身的。从孔子为孙子找老师这个角度，就能看出孔子重视的是什么，儒家强调的是什么。

我们可以从《曾子》第一句里参悟出一些东西来，当然这是宏观的。曾子说，“可谓学矣”，这就是儒家讲的学。“学而时习之”，学什么？学怎样“去私欲，从事于义”，学怎样“攻其恶，求其过”，学怎样“强其所不能”。“学而时习之”，习什么？每天要练习“去私欲，从事于义”，每天要练习“攻其恶，求其过”，每天要练习“强其所不能”，这才叫“学而时习之”。

在这个过程当中你会发现，你的私欲在减少，看问题越来越准确，身上的毛病越来越少，优点越来越多。你身边的朋友圈子越来越好，人脉越来越开阔，事业往好的方向发展。这一切带给你的喜悦，是任何事情都无法取替的，这才叫“学而时习之，不亦说乎”。

这是《曾子》第一条，可以和《论语》参照，都是从“学”字讲起。讲完“学”之后，曾子接着说“爱日以学”。

君子爱日以学，及时以行，难者弗辟，易者弗从，唯义所在。日旦就业，夕而自省，思以殁其身，亦可谓守业矣。

学习应有“爱日”的精神。爱是爱惜，日是时间、日子，要爱惜时间用于学习，这叫“爱日以学”。

“爱日以学”对应上面的内容，要珍惜时间去做“攻其恶，求其过，强其所不能，去私欲，从事于义”，这才叫学。珍惜用在这些事上的时间，好像来不及一样，不能得过且过，不能往后推，不能往后拖，这叫“爱日以学”。但是，我们一定要记住，“学”不是学习知识，是修身。君子的修身，要珍惜时间。

“及时以行”，意思也是一样的。“及时”，也是要抓紧时间。“行”，要落实在行动上。这里提到了学，也提到了行。要争取一切时间去学，学什么？学“攻其恶，求其过，强其所不能，去私欲，从事于义”，学怎么做到这些，学修身的方法。学完之后，要“及时以行”，要抓紧时间把所学落实在行动上。换句话说，就是王阳明提倡的“知行合一”，不要把知、行分开。我什么都不会，不知道怎么修身，等我先学两年，都学通了、明白了，再去修身。那就不对了，就把知和行分开了。《大学》上讲，“未有学养子而后嫁者也”，记住这句话。

曾子讲“及时以行”，抓紧时间去落实，不要管学会多少，抓紧时间学，学一落实一，学二落实二，修一分得一分，修十分得十分。《大学》这句话，“未有学养子而后嫁者也”，说的就是这个意思。所以要珍惜时间学习，而且及时地去落实。这还是守着上面“学”修身的方法往下讲。

但在“行”，也就是落实的过程中，有一个注意事项，叫“难者弗辟，易者弗从，唯义所在”。“辟”同避，回避、逃避的意思。难的方面不要逃避、回避，容易的地方也不要顺其自然。“唯义所在”，只看符不符合义。当把修身落实在实践中的时候，要考虑一个问题——有没有合理性，是否正确妥当？这是唯一需要考虑的。这件事是难是易，不在考虑范围之内，难的也不回避，容易的也不顺其自然，就考虑这件事情应不应该，就按照正确的方法去做。

我觉得这件事这么做是正确的，但你也不能放纵。所谓放纵就是掉以轻心。比如开车不违章，这是符合义的、正确的、合理的。如果你觉得开车不违章这事儿很容易，掉以轻心，一不小心就违章了。这就是把事情看得容易了。“易者弗从”，是你不要因为事情容易做到就太随意，那样你反而做不到。

“易者弗从”的“从”，我个人觉得有另一种理解，“从”是通假字，通“纵”，容易的方面也不要放纵。“从”字读cóng、读zòng，我觉得都能解得通，我更倾向于读zòng。虽然容易，不要放纵自己。什么叫敬慎不败？能做到慎，就是不放纵自己，时时刻刻不放松。不因为觉得容易而注意力不集中，一放纵马上就出事儿，那就没有做到慎。没有做到慎往往就是因为纵，放纵自己了。

只要事情应该这样做，不管困难还是容易，就认认真真去做，这才是修行人的态度，才是“及时以行”的态度。将修行落实在行动上，一个重要的注意事项就是“难者弗辟，易者弗从，唯义所在”。

考虑什么事情应不应该、合不合理，要达到一个什么状态，叫“日旦就业，夕而自省”。日，每天。旦，早晨。就业，开始你的事业。夕，晚上。自省，自我反省。这是具体形式。每天从早晨就开始走向自己的事业，到晚上要进行自我反省。

旦，是指太阳刚升起的时候。“旦”字上面一个日字，底下一横代表地平线，代表太阳升起在地平线上。什么时候起床？“鸡鸣平旦”，太阳刚刚升起的时候。古人讲“日出而作，日落而息”，人的作息时间和大自然同步。这是古人的观念。儒家提倡早睡早起，这在今天很难做到了，我们也没必要去追求。关键是其合理性在哪，这才是真精神。

“思以殁其身，亦可谓守业矣”。“殁其身”，就是到死，自身没了就是死了。每天早晨起来，从事自己的事业，每天晚上进行自我反省，这种方法一直坚持到死。“亦可谓守业矣”，这也可以称得上是守住自己的事业了。我们用句比较庸俗的说法，要想守住你的摊儿，得先守住你的道。道是什么？所谓守业，守的就是这个。

怎样能守住你的事业？“日旦就业，夕而自省”，抱着这样的态度去做事业，才能事业有成，这才叫守业。每天从事你的事业的时候，要记着“攻其恶，求其过，强其所不能，去私欲，从事于义”，要记着每天晚上进行自我反省做没做到这些方面，这才是儒家的日课。如果晚上反思，发现白天的毛病还在，下回就“攻其恶”。这样做之后才能守住你的事业，这叫“守业”。

君子学必由其业，问必以其序，问而不决，承闲观色而复之，虽不说，亦不强争也。

这句话是接着上句话来的，行文是一环扣一环的。第一条讲的是学；第二条讲的是业，守业；第三条把学和业联系起来，讲“君子学必由其业”。

君子的学一定要结合自己的业。学习和修身要和自己的事业相结合。不要把修身和生活相分离，儒家的修行讲究的是日用平常，在生活中体现出来，不能把学、修身和你的事业分开。想要先到山里隐居两年好好修，等修成了再出来干事业，那不是儒家的修身。儒家的修行就在你的日用平常中体现出来，就是在你做事的过程当中体现出来，所以王阳明才提倡“事上磨炼”。曾子讲“君子学必由其业”，是通过你的事业来进行学习和修炼。

“君子攻其恶，求其过”怎么修？每天什么事都不干，早晨在家起来就反思一遍，我的毛病是什么，开始“攻其恶，求其过”，这种修行是不到位的，或者说是虚假的。每天在家反思，我的错误是脾气不好，得想办法改改我的脾气。你在家什么事都没有，你的脾气能改过来吗？你在家待了一天，谁都不惹你，还发什么脾气？这是修行进步吗？

“攻其恶，求其过”等这些修身，“必由其业”，一定要通过你的事业体现出来。不管你从事什么职业，做你应该做的本职工作，在这个过程当中“攻其恶，求其过”。我脾气不好，今天上班见到同事、员工、客户，我始终能把自己的情绪调整过来，没有发脾气，这算是进步。修行在哪里体现出来？在你具体的事业上，在你做的事上。

“业”在古书里有的注解为“事”。一定通过具体事体现出你的修行，这跟王阳明说的“事上磨炼”意思是一样的。

这句话是过渡句，承上启下，下面这句就说到另一个问题上去了。

修身是需要有过来人指导的，所以下面就从修身、从事业说到了怎样追随老师。学习和修身一定要通过具体的事情，通过你的职业、事业来体现。提问题呢？“问必以其序”，一定要守着一定的次序。向谁提问题？老师啊，“师者，传道、授业、解惑也”。

“问必以其序”，“序”是次序。提问题要有次序，向老师提问要有次序，由浅入深，问题一环扣一环，最后才能一通百通，收获才大。

要善于提问，提问要有次序。“夫子如木铎，叩之则鸣。”老师给你的答案深浅取决于你问题的深浅，老师的答案是具体还是笼统取决于你问的具体还是笼统。所以真正会学习的，首先得会提问。我们讲做学问，什么叫做学问？学得会问，才叫学问。学习，首先学会提问，而提问的关键，要守着一定的次序，这叫“问必以其序”。

提问的第二个要领，“问而不决，承闲观色而复之”。“不决”，就是没有最后的决断，换句话说，没真正理解。老师给完解答之后，对老师的解答没有真正理解，没有一个决断，那怎么办呢？“承闲”，等老师闲暇的时候。“观色”，看着他的态度。“而复之”，第二次再问。问同一个问题的时候有讲究，这个问题提过，老师也给解答了，但是自己感觉没太理解，还没有准确答案，再问要“承闲观色”。因为同样的问题一遍遍反复问，容易把老师弄烦了。在老师有闲暇的时候，你把你的问题再问一遍，还要观察老师的态度，看他耐烦不耐烦。本来老师都快崩溃了，你再问重复的问题，可能直接就冲你发飙了。老师闲暇的时候，态度比较和缓的时候，再第二次问。

“虽不说，亦不强争也”，即使老师“不说”，就是不回答，也不要勉强地去争取。有时候你提的问题可能不靠谱，老师不愿意回答；或者这个问题对你来讲，你还没学到那儿，知道多了是病，老师不想回答。所以，老师不愿意说的时候，不要勉强去争取。

这段话说的是追随老师学习、提问题的一些要点。

君子既学之，患其不博也；既博之，患其不习也；既习之，患其不知也；既知之，患其不能行也；既能行之，患其不能以让也；君子之学，致此五者而已矣。

“君子既学之，患其不博也”，就是在学习之后，应该担心的是学的不够广泛、广博。“既博之，患其不习也”，等你学习的比较广泛之后，你应该担心的是你不够熟悉。学得够广泛但对内容不熟，用土话来讲，样样通样样松。学得挺广，但哪个都似是而非，都不熟。

曾子告诉我们的学习方法，首先是要“患其不博”，先争取铺开一个面。别上来就专于一门，不要进行打井式的学习，只守着一个点，最后的结果你只能是坐井观天。刚开始的时候不要这样，先要博，以后再专。所以学习的第一步叫“患其不博”，首先应该担心的是自己学得不够广泛。面儿铺开了之后，要担心的是不够熟悉，每样都是浅尝辄止，这就不行了，要每样都比较熟。

“既习之，患其不知也”，等到你熟悉了之后，应该担心的是你不能真正地了解，没有思考。“既知之，患其不能行也”，当你真正了解之后，你应该担心的是你不能落实在行动中，不能够知行合一，不能够实践。

曾子指出了学习和修身的几大步，第一要广泛地学习，第二要熟悉学习的内容，第三要真正地了解，第四要落实在行动中，做到这几步，可以说就已经做到了修行。

最后还有一条，“既能行之，患其不能以让也”。在能够推行、落实到行动之后，应该担心的是无法对别人谦让。最后这个是学者最容易犯的毛病。学的很广、也熟、也知、也行，这一套都做到了之后容易起傲慢心，沾沾自喜，觉得别人都不如自己，之后遇事就没有谦让精神了。如果这样的话，傲慢心起来之后，这个人也就快废了。学习和修身最后还要知道一点，要谦让，要有谦逊精神，别和他人去争高低短长。

以上曾子谈了五个方面，最后他总结，“君子之学，致此五者而已矣”。君子的学，就是致力于这五个方面而已。

曾子以上讲的所有内容可以视为一个大的自然段。从学讲到守业，又讲到学业，跟随老师的一些要点，然后是学习的注意事项，最后讲“君子之学，致此五者而已矣”。前后呼应，起头第一句话讲“可谓学矣”，学什么？君子之学有五个方面。从开始一直到这里，讲的都是君子的学，当然，这里的学指的不是学习，而是修身。

君子博学而孱守之，微言而笃行之，行欲先人，言欲后人，君子终身守此悒悒。

“孱”，古人的注解就比较乱，有注成“浅”的，有注成“弱”的，还有的注成“小”，说法不一。我觉得，要是理解成浅，这句话就没法解释了，君子要广泛地学习然后浅薄地去保守，这好像说不通。所以我倾向于后两种。如果理解为弱，就是君子要广泛地学习，然后在守的方面要相对弱一些。实际这么讲还是会有点儿绕。最后一种讲法讲成小，可能最直接。小就是少，就是你学的虽然多，需要坚守的要少，博学不能博守。有广泛的学习，让你全坚守，人的时间和精力是不够的。有些东西我们只能是了解了解，博学但是没必要全部坚守。人生需要坚守的东西少，需要学习的内容多，这叫“博学而孱守之”。

“微言而笃行之”，君子虽然说的比较少，但是坚定地奉行。这句话实际就是《论语》上说的“君子欲讷于言而敏于行”，就是少说多做的意义。

从这儿开始，实际上谈的都是君子修行的一些具体层面的具体问题，或者说是我们修身当中需要把握的一些具体的细节。上一个大的自然段我们可以理解为宏观的论述，从这个自然段开始谈的都是具体问题。

首先一个具体问题，接着上面的“君子既学之，患其不博”，是要广泛的学习，但需要坚守的东西要少。什么叫守？

就是“笃行”，能坚定地奉行，这才是真正地坚守住了，所以要少说而坚定的去奉行。

就像我们提倡修身日课，关键是怎样在生活当中去坚定地奉行，“强其所不能”，而不在于你和别人四处去宣传。说是没有意义的，关键是你做没做到，笃行是最重要的。少说多做，坚定地奉行，这是君子修身的第一个方面。

“行欲先人，言欲后人”，行动上要在别人前面，语言上要在别人后面。作为一个修行人，别和他人去抢着说，要抢着做。

最后他总结，“君子终身守此悒悒”。“悒悒”，忧郁的意思，一种忧郁的样子，一种有顾虑的样子。君子这一生，都要很忧虑地去坚守上面这句话，或者说，为了坚守上面这句话，他给人一种很忧郁的样子。为什么有忧郁的样子？因为说得少，不怎么说话，给人感觉好像有心事似的。君子这一生要很忧郁地去坚守“君子博学而孱守之，微言而笃行之，行欲先人，言欲后人”。

行无求数有名，事无求数有成；身言之，后人扬之；身行之，后人秉之；君子终身守此惮惮。

根据传统的注解，“数”是促、快速的意思，不是多次的意思，读成“促”。“行无求数有名”，你快速地去做事，不要追求很快地成名、有成效。“行”和“事”是同义词。就是不要急功近利，实际上就是《论语》上说的“欲速则不达”，不要追求马上见效。

做事情，包括修身，不要想着做完马上就有一个好的名声，马上就有所成就，“欲速则不达”，一旦有快见成效的心，人就浮躁，浮躁的原因就是求快、速成。你越想快点见成效，反而事情的发展会越慢，越不容易达到预期效果。所以不管是修行还是做事，不要追求立竿见影、马上见效。不能说今天修身了，明天就有好名声，人脉就打开了；再修三天两天事儿就能办成。如果有急功近利的心，想着马上就能出成效，人就浮躁了。

这个词用得相当准确，浮和躁都是一种心态。浮，让人飘起来，一旦着急，就飘起来了，就不能扎扎实实、脚踏实地了。躁，心情就变了，心境就不一样了，变得非常躁动，而一旦躁动之后就会做出错误的决策。浮，不能深入扎实，看问题就不能准确，再加上躁的心境、心态，就会在匆忙中做出错误的决策。浮和躁都是很要命的缺点，而造成浮躁的原因就是求速成，这是很麻烦的事情。

实际不仅仅是修行，学习也是。求速成，就容易浮躁，就学不到位。其他事情也都是这样，一旦想速成马上见效，人就浮躁，浮躁之后对事就不能有真正的理解。浮皮潦草还是好的，再深一步，理解就是错的，躁动之后的结果是事儿就办不明白了。

《论语》上讲，“无欲速，欲速则不达”。曾子这句话和《论语》是完全吻合的。不管我们做什么，要有一个踏踏实实的心，沉下来，才能把事做明白。

比如学习，真想学懂，为了自己获益，你得沉下来，不能浮躁，不能着急。说到这儿我是有些感慨的，现在市面上有很多企业家学习国学，热情很高，但就是浮躁、着急，总想速成。今天请老师教两天儒家思想精髓，明天再请老师讲道家的核心思想，一年下来，诸子百家全学完，觉得自己什么都会了，实际上脑子里是一盆浆子。

所以上课伊始，我就跟弟子们守着经典一句一句地解读，不能着急。我若是讲儒家思想的精髓，一晚上也能讲完，但你们能有收获吗？对儒家的理解，你真能学以致用吗？能对你人生带来好处吗？

只有沉下心来，慢慢地去体会、品味，才能真正地学懂，才能真正地学以致用，得到益处。用宋人的说法，把读书叫“涵泳”，就是沉浸在其中，才能真正理解。要沉浸其中就不能着急，越急反而效果越不好。真正能沉浸其中，表面上看起来好像慢，但学一点，懂一点，用一点，才能获益。曾子这句话给我们一个提示，学习上也不要求“数有名”，“数有成”。

“身言之，后人扬之，身行之，后人秉之。”要真正沉下来，不追求结果，结果自然能体现出来。自身去说，这叫“身言之”。“后人扬之”，后人去阐释你的说法，发扬光大。“身行之”，你自己能践行。“后人秉之”，后人会向你学，坚持你的做法，坚守下去，传播下去。虽然没有追求成，追求名，但只要踏踏实实地去做，后人会把它发扬光大。

把曾子的说法放到孔子身上，就是最典型的“身言之，后人扬之；身行之，后人秉之”的例子。孔子一生的思想记载在《论语》里，后代人去阐扬、发扬，可以说中国两千年来思想的基调，就是在发扬孔子的精神，就是孔子自身的“言”，我们后人在不断地发扬。儒家的修行，前人做到了，他们“身行之，后人秉之”，一辈一辈地坚守，一直传到今天，我们还在坚守。说句俗话，就是“但行好事、莫问前程”，只要你踏踏实实去做，结果自然是好的。

如果反过来，你先要追求结果，先要有成、有名，你的心就浮躁了，反而达不到预期效果。把这欲速的心放在一边，自己坚定地去做，后人才会跟着你走，才会把你的思想发扬光大。

曾子总结“君子终身守此惮惮”，惮惮是恐惧的样子。古书的注解还有一种解释——劳心。君子如果坚守着这种方法去做、去践行，给别人的感觉就是思虑很重，很劳心、很辛苦。但君子应该终生保持着这种状态，去践行上面这两句话，这叫“君子终身守此惮惮”。

君子不绝小，不殄微也；行自微也，不微人；人知之，则愿也；人不知，苟吾自知也；君子终身守此勿勿也。

“君子不绝小”，就是俗话说的“勿以善小而不为”。“不绝小”，不要因为事小就放弃，不要因为是小善就放弃不做。“殄”和“绝”是同义词，“殄”也是灭绝，“微”也是小，我们若是笼统地说，两句话的意思是一样的。

但是要细分析，“小”和“微”是有区别的。“小”讲的是大小，讲的是一个体量；“微”是微妙，是不明，是模糊。“君子不绝小，不殄微”的意思是，不因为这件事小而不去做，不因为这件事看不明白而放弃。前面好理解，就是“勿以善小而不为”，虽然都是小事、细节，不要因为这是小的善行就不去做，儒家修行就体现在这些日常生活的小事上，这个好理解。但什么是微、微妙，不是很清晰，人生有很多事我们看得不是很清晰，或者说没有办法进行一个绝对的定性，去分辨这事儿到底是不是善，我们也要去做，不能因此放弃。

小事容易，比如不随地吐痰，就是个小事。现在行人的规范是右侧通行，你从商场里走出来的时候需不需要坚持右侧通行，这就是“微”，很难说清楚。在马路上开车必须右侧通行，有明文规定，这很清楚。但在商场的时候呢？逛商场人很多，经常两个人相对而行，往左还是往右，这就是“微”。没有人要求你必须向右，“微”说不清楚，说不明白，但你也有一定之规，守着一定之规去做，这才是修行。

真正在日常生活当中贯彻修行的时候，在不是很明晰的小事上，你也要有一个做法，提醒自己，到底应该靠左还是靠右，“唯义所在”。义是什么？是妥当，不是顺其自然。在扶梯上别管站左边还是站右边，妥当的方式是别碍事，别妨碍他人。“唯义所在”，这种事儿说不明白，但不等于说不明白你就不做。真正的修行，遇事要留心，也要关注。“义”就是你别碍事，别影响别人。或者咱们再升一个层次，就是要找对你的位置。

“君子不绝小，不殄微也”，就是在日常生活当中，在小事儿上，在细节上，都体现出修身，不要因为事小就不去做，勿以善小而不为，也不要因为这件事不明确，就不去关注它，这就是修身，在日常生活中体现出来。

“行自微也，不微人”，有两种解释。一种是按照前面的微，解释为小。“行自微”就是把自己看得小，这叫自微。“不微人”，不把别人看得小，看人别看低了，但看自己要看得低一点，这叫“行自微也，不微人”。

把自己看得小，你才能谦卑。别把自己看得很大，或者就是俗话说的别太拿自己当回事儿。认为自己比较渺小，你才能有一个谦卑心。如果把别人看得渺小，那就是傲慢心。这是一种解释。

另一种解释，古人认为“微”是通假字，通“徵”，按照这种理解，这句话应该是“行自徵也，不徵人”，就是做什么事情，要对自己进行观照，而不去观照别人。说得再直白点，要求自己，别要求别人，这就是君子的修行。不指责别人，不要管别人做到做不到。上电梯我要求自己别碍事，但不能要求别人，指责别人就不是修行了。修身是自己的事，修自己别管别人。不能因为别人碍事，自己也跟着碍事。

我觉得第二种解释有点绕弯，莫不如就直接理解为小，上下文还匹配，讲的都是小，我们怎么去认识小？“莫以善小而不为”，同时把自己看得小，别把别人看得小，词义是一以贯之的，这么解释也不用改字儿，我认为这样更通畅一些。

“人知之，则愿也”，别人了解自己是我们的愿望、希望。就拿刚才乘电梯的例子，主动地靠边不碍别人事，别人都没有注意到，这个时候你就自微不微人，别去管别人，自己做到就可以了。有的人可能会认识到并理解你，“这人好，知道靠边儿”。

为什么说这是我的愿望？一方面，我们做事情是希望得到他人理解的，这当然是我的愿望。另一方面，我们希望别人理解我们，实际也是一种传播，他如果不理解，对他当然没有影响。如果他理解了我为什么这么做，他就会有一个反思，这对他是一个触动，所以说这是我们的愿望。

“人不知，苟吾自知也”，如果他人不了解，你自己是知道自己的。实际上就是“人不知而不愠”的意思了。大多数人是不了解的，这个时候也别觉得自己愿望没达成，挺郁闷。心里想，你看我修得这么好、做得这么到位，为什么大家都没注意呢！内心就不平衡，就不是修身了。修身是自己的事儿，别管别人理解不理解。如果人家不理解，自己知道自己为什么要这么做，这就足矣。修身不是给别人看的，是为自己而修，学者为己。既然是为自己而修，知道我自己为什么要这么做，就已经可以满足了。别人了解更好，不了解也无所谓，不能因此而心理不平衡。

“君子终身守此勿勿也”，这个“勿勿”也有两种解释。一种解释是通假字，通“匆匆”。我不大认同。我觉得解释成“匆匆”和上面不配套。另一种解释是“勉勉”。解释成“勉”，就是我很努力地去做，这样解释跟前面才匹配。整句话说的都是人生的细节，对这些细节，不管别人了解不了解，自己努力做到位才是君子。君子应该终生坚守这种细节，很努力地去坚守，这叫“守此勿勿”。

为什么说是“勉”？想把这些细节做到位，你得相当努力。人生这些细节都做到位的话，你得一直努力，这叫“终身守此勿勿”。君子的修行，既然“思以殁其身”，修行是坚持一辈子的事，那么就要终身坚守，终身坚守这些小的、细节的方面，努力去奉行。

以上说的统统是细节，都是“微”。为什么要重视细节？往大了说，细节决定成败，往小了说，不注意细节往往导致灾难。人生很多挫败、困难，实际是因为不关注细节而导致的。人生的困难来自大的方面的是比较少的，更多的是来自你没有注意到的细节。由于小的方面没有关注，逐渐地酿成了大的困难，千里之堤毁于蚁穴嘛。人生很多的困难，是从细节积累起来的。因此下面这句话谈的是面对人生的困难、灾难，我们应有的态度。

君子祸之为患，辱之为畏，见善恐不得与焉，见不善者恐其及己也，是故君子疑以终身。

“祸之为患，辱之为畏。”君子为什么要关注细节？因为担心有祸有灾，害怕受辱。如果你不注意细节，会给自己引来灾难；如果你不关注细节，会给自己带来耻辱。人生的灾和辱，往往是细节造成的，所以君子应该始终担心能给自己带来灾难的细节，应该始终畏惧会让自己受到侮辱的细节。

反过来说，如果不关注细节，会有灾，会受辱。就像我刚才说的，乘电梯没注意，没关注细节，站了一个碍事的地方，别人说“好狗不挡道”，这就是受辱。人家说你这句话之后，你怎么办呢？很明显你被人侮辱了，这个侮辱是怎么造成的？是你自己站得不到位，没找对自己的位置。人家说完了，你觉得受辱了，没面子了，但这个时候你怎么办呢？反嘴骂他？然后接着跟他干一仗，带来一灾，事儿更麻烦了！所以说灾和辱，都是由细节造成的。

前面他谈人生要关注细节，这就是君子的修行，君子终生要努力地去守住这些方面。为什么？因为这些方面容易造成灾难，容易带来羞辱。反过来，如果你在细节上能够努力地做到位，就没人侮辱你，就避免了很多灾难。“人必先自侮，而后人侮之”，你首先是自己对不起自己，然后别人才侮辱你，这是永恒的规律。

自己不知道在细节上努力做到位，别人指出你的毛病，脸面上挂不住了，被人侮辱了，都是先自己对不住自己，然后别人才侮辱你。如果自己事情都做得很到位，别人挑不出毛病来，怎么会遭人侮辱呢？

这两句话讲出了上一句的原因。为什么要在细节上做到位，就是为了避免受辱、避免灾难。君子要想在细节上做到位，先得有“祸之为患，辱之为畏”的心，有担心灾难到来，害怕受人侮辱的心。没有这个心，细节肯定守不住。

下面这句话，和前面就不是一个层面了。

“见善恐不得与焉，见不善者恐其及己也。”见到好的事情恐怕自己不能参与，见到不好的事情，害怕落到自己身上。这说的是另一种心态，前一句实际就是“见贤思齐”，看到好的事情害怕自己不能参与，自己没有善。发现别人身上的优点，就担心自己不具备这个优点。君子在修身上应该有这个心，才能进步。总是看别人身上的缺点，就觉得自己什么都行。看人看优点，看见之后“恐不得与焉”，忧虑、担心自己不具备这样的优点，你才能进步。“恐不得与焉”，害怕自己不能够具备，就会“强其所不能”，勉励自己，要求自己向人家学习，努力做到位，就把他人的优点学到手了。但有的时候，如果我们看别人确实有缺点怎么办？“见不善者恐其及己也”，看见不好的东西，担心自己有这方面的缺点。这才是修行。

“是故君子疑以终身”，这一生抱着一种怀疑或者说犹豫的态度。君子要修行一生的话，应该始终在考虑什么是对的，什么是错的，什么是善的，什么是不善的。看人看事始终抱着犹疑的态度，分辨、判断一个人的做法，然后考虑是对还是不对，善还是不善。如果分辨的结果是善，接下来就考虑，自己怎么能够具有这样的善；如果发现这是不善，就反思自己身上有没有，这就是“攻其恶，求其过”。以这样的心态，去面对人生的各种事情。

修行实际没什么大事。在人生的小事上，都应该抱有这种怀疑的心态、分辨的心态。人生的各种小事，各种细节，怎么做是善，怎么做是不善，应该随时动脑去思考，不能忽略。不要认为反正都是小事，无所谓，这就不是修行。真正的修行就是在日常生活的小事上去分辨，然后努力向善，把不善去掉。看见善唯恐自己不能具备，看见不善唯恐落到自己身上，抱着这样的心态才能进步。

具体体现在哪儿？看下一句。

君子见利思辱，见恶思诟，嗜欲思耻，忿怒思患，君子终身守此战战也。

怎么做才能实现“见善恐不得与焉，见不善者恐其及己也”？“君子见利思辱，见恶思诟，嗜欲思耻，忿怒思患”，这是具体做法。

“见利思辱”，见到利要考虑，如果我去获利，会不会给我带来耻辱，造成侮辱。儒家不是不求利，但不能因为求利而给自己带来耻辱，让自己受到侮辱。如果会给自己带来耻辱，这个利宁可不求。如果不能给自己带来耻辱，这个才是我们应该追求的。

做买卖，在秤上做手脚，这个倒是带来利了，然后让人骂缺德，这种利就不应该求。正常做买卖，低进高出，挣的是这个差价，这个利不给自己带来辱，就应该求。儒家求利有自己的一套规矩。君子求财取之有道，前提条件是不能因此而带来辱。

“见恶思诟”，“诟”字最直白的字面意思就是骂。发现错误、缺点，想想会不会挨骂。先考虑这事对不对，如果不对你还要做，那就要挨骂了。见到不好的事情，你要想想之后别人会骂你，那你还做吗？明知道做这件事别人会骂你，你还坚持去做，就不是修身了，就是自己的私欲上来了。

“嗜欲思耻”，自己的欲望、嗜好需要满足，在这件事里要思考是不是可耻的。儒家不是让人禁欲，但满足你的欲望的时候你要思考，满足你欲望的方式是不是可耻的。人要有羞耻之心，儒家有八德，孝悌忠信礼义廉耻，最后讲究的是耻。要用正确的方法去满足自己的欲望。饿了想吃东西，这个欲望是应该满足的，但不管东西是谁的，拿过来就吃吗？人都有性欲，都需要满足，然后就去嫖娼吗？这就是耻。

我认为，人若是没有这个耻字，就不可能修身。人无耻则无敌，你拿他没有办法，因为他已经没有羞耻心了，这个人就已经无可救药。

先有羞耻之心，知道什么事是可耻的，然后不去做，这就是修身。所以先得有一个善恶标准，得知耻，儒家讲“知耻而后勇”，知道什么是可耻的，才能勇于改正错误。如果不知道什么是可耻的，那你就不会改正，甚至再发展一步，走到极端，就是不以为耻、反以为荣，道德评判标准彻底丧失，大家都认为是可耻的事情，他却认为是光荣的事。大家都认为嫖娼是可耻的，他却认为是光荣的，甚至写嫖娼日志在网上发，这现象不也有吗？这就叫不以为耻、反以为荣。这种人就彻底废了，他的道德评判水准和人类不一样了。所以说，羞耻心是修行的起点，是人生的底线。人若是不知耻就没有底线了，“小人穷斯滥矣”，无可救药了。

“愤怒思患”，生气的时候要考虑一下后果。用今天的话说就是，你要发脾气的时候要考虑一下成本。你现在要和人发火，先考虑一下和人发火的后果，会给你带来多少麻烦，这个成本你是不是能消费得起。人往往一想成本就没脾气了，经常发现发完脾气的后果是你承受不了的，或者是你不愿意承受的，脾气就没了。为什么看见老弱病残你敢骂，碰到膀大腰圆的你不敢骂？因为后果你承受不起，你打不过他。当怒气上来的时候考虑一下发怒的后果，这个时候才能把自己的愤怒克制住。

曾子在这里讲了四个方面，由大到小。“利”，是相当空泛的，可以说是事业上的；“恶”，相当于是修养上的；“欲”，是欲望上的；“怒”，是身体上的，落实到细节。他谈了四个方面，说这四个方面都应该认真想一想，都是应该慎重对待、不能轻率的。

这四个方面，和我们今天说的一句俗话有点儿像，人生经常出事的是四个字：酒色财气。曾子这里没提到酒，其他三个都有，财就是利，气就是怒，色就是欲。曾子说的这四个方面，和酒色财气差不多。所以你应该关注的是取利的方法，应该关注的是自己身上的坏毛病，应该关注的是自己身上满足欲望的方法，还有你得控制住你的怒、气，这几个方面都是应该反思、应该遏制的，不应该放纵，不应该顺其自然。

由于这四个方面都要小心应对，所以曾子总结，“君子终身守此战战也”。“战战”就是战战兢兢，也是恐惧的样子。君子一生都要小心地坚守这几个方面，“战战兢兢，如临深渊，如履薄冰”，你要战战兢兢、小心翼翼地面对上述四个方面，才能避免给自己带来灾难。

这也呼应了前文，“祸之为患，辱之为畏”。如果真正担心给自己带来灾难，真正畏惧给自己带来耻辱，那么这四个方面，就要小心谨慎地去应对，去思考，率性随意是不行的。见到利就冲上去，有欲望就想随意实现，用现代的一个时髦话说就是“我的青春我做主”，你什么都能做主吗？如果你真的都能做主，真抱着这样的心态，人际关系就好不了。这四个方面都要小心应对，才能避免给自己带来耻辱、灾难，这是呼应前文“祸之为患，辱之为畏”。

所以我觉得，这两段合在一起更合适，这个排比句才成立。

第一自然段“君子终身守此悒悒”，第二自然段“君子终身守此惮惮”，第三自然段“君子终身守此勿勿也”，第四自然段“君子终身守此战战也”。连着四个排比句下来，应该是四个小的自然段，这四个小的自然段可以合成一个大的自然段，这个自然段讲的是修行的意境。

上一个大的自然段讲的是修行的宏观指导思想，而这一大的自然段讲的是修行的一些细节要求，还讲到修行人的一种生存状态，修行人一生应该悒悒、惮惮、勿勿、战战。其实这四个词含义都差不多，可以说是近义词。悒悒是忧患的样子，惮惮是恐惧的样子，勿勿是努力的样子，战战是小心的样子。用这几个近义词，描述出修行人的一个生存状态。

作为修行人，在他人的眼中，应该是终生谨小慎微、战战兢兢、小心翼翼、勤勉努力的，如果你给人留下这样的印象，才是一个真正的修行人。不能说修来修去，给身边的人留下大大咧咧、无所畏惧的印象，那说明你没修到位。

儒家的修行就是在日常生活中体现出来的在日常生活这些小事上小心翼翼、随处留心，才是真正的修行，给身边人的感觉就是这人做事始终是小心翼翼的，甚至有一点战战兢兢，而且在任何事上都是非常努力的。一方面是小心翼翼，一方面是非常努力、谨小慎微，这是修行之人应该应该给人的一种正面印象。

以上是一个大的自然段，讲的是修行的具体注意事项，顺便提到了修行之人应该给人留下的印象。

君子虑胜气，思而后动，论而后行，行必思言之，言之必思复之，思复之必思无悔言，亦可谓慎矣。

“君子虑胜气”，“胜”按照字面意思讲是超越，但古人把“胜”往往解释为“克”，五行相克也叫五行相胜。“胜”是“克”，也就是说，你的“虑”要能克你的“气”，这才是君子。“虑”就是《大学》里说的“六证”，止定静安虑得的“虑”，指的是思想，更准确地说是思考。

“气”就不太好找与现代汉语对接的词了，但肯定不是生气，也不要简单理解为怒气，那就太简单了。古人也有的把“气”解释成血气，但我认为不是很精确。实际上“气”就是指你日常生活当中种种发自内心的东西，包括你的情感、情绪、意念和所思所想等，这些在人生常态下经常左右你行动的东西，就叫作“气”。古人讲“天命之谓性”，在宋明理学的概念里有所谓的天命之性和气质之性，所以“气”指日常生活中支配你行动的东西。我们可以把它理解为气质、气血、情感或情绪，都对但都不全面，我也找不到一个准确的词来翻译它。

“君子虑胜气”，就是你的思考要超越你的行动，你的思想能控制你的各种冲动、欲望和起心动念，这才是君子。你要用思考来克制、管控你的各种念，这叫“虑胜气”。

打个比方，在日常生活中处理问题，心血来潮，脑子一热，突然间有个想法，有了一种冲动，这都是“气”动了。就这么办了，这时候你就是在“气”的指挥下去行动。君子不应该让“气”来左右自己，而要用“虑”来克制和管控“气”。这时候若是按照“气”的想法去做，往往决策是错的，做法也不合适，事情处理得也不妥当。这时候你需要的是思考，用思考来管控你的这些想法，用思考来指导你的人生行动，事情要经过深思熟虑。所以《论语》上讲：“三思而后行。”所谓“三思而后行”，就是“虑胜气”。“三思”就是“虑”，要思考，思考之后把冲动管控住、调节好。

脑子里冒出的念头、想做的事情、追求的目标和结果等，都未必是正确的，“气”动之时，要思考，现在这件事虽然我想做，但到底应不应该做？我想这么办，但这么办究竟妥不妥当？你要把“气”放在思考的审视之下，用思考来管控它。最后，你的起心动念都经过认真地思考，这件事我不应该干，觉得不合适的要怎么调整，要怎么克制，都想明白了再去行动，这才叫“虑胜气”。

人生的任何决策，处理的所有问题，都应该经过慎重思考，最后落实到行动上时，都是深思熟虑的结果。这件事我办不办？怎么办？办到什么样的效果？这都是经过慎重思考的。

我们应该按照“虑”去指导行动，不能用“气”去指导行动。

如果没有思考，那你就被“气”左右了。这件事心血来潮就做了，之后才后悔。所以说冲动是魔鬼。为什么冲动之后办了一件不应该办的事呢？没“虑”，没思考。一时意气用事，回头一思考不应该这么办，这就是“气”。为什么会意气用事，然后给自己带来一个很不理想的结果，甚至惹麻烦？因为没思考。

《格言联璧》上讲：“喜来时一检点，怒来时一检点。”这个“检点”就是“虑”。你现在高兴，为什么高兴？高兴的时候也要检查和反思一下自己。我应不应该高兴？高兴到什么程度才是妥当的？否则的话，高兴过了，乐极生悲。“怒来时一检点”，我现在生气了，那在这种场合怒气应不应该发出去？发到什么程度才合适？需要思考。能做到这些，才能做到“虑胜气”。

如果没有修身的话，人生正常状态下多数人是按照“气”来指导自己的行动，结果就是意气用事，效果当然也不会理想。修行人要用“虑”来指导行动。首先用“虑”来审视你的想法和起心动念，并且管控你的起心动念。

比如，我知道我不应该发火，但没控制住，那就是没管控住“气”。修身就是要成为君子，而君子就要做到“虑胜气”。如果没有做到“虑胜气”，就不是君子。处理问题随心所欲，还被“气”左右，你就不是一个修行人。

这是曾子讲的第一句“君子虑胜气”，用思考来管控你的各种起心动念，因为我们的起心动念不都是好的和对的。人的念相当快，相当庞杂，需要你去反思才能想明白。要不然你就被一些妄念、杂念牵着鼻子走了，人生的事情也就处理得混乱了。

跟着“气”走的典型就是没有计划。对人生的事情没有思考，所以就没有计划，也就没有预期目标。用我们土话讲就是：“脚踩西瓜皮，滑到哪儿算哪儿。”所以，这一辈子最终的结果就只能是在西瓜皮上栽一个跟头，这是必然的。

为什么儒家修身提倡做日课反思？反思就是“虑”，就是培养和锻炼“虑”，锻炼思考。我们提倡的儒家修身方式，第一步是静坐思心，每天晚上抽十分钟时间，反思一下自己白天做的事情妥不妥当，正不正确。这就是在练习思考，练习“虑”。

“虑”是需要练习的，不是你不会，而是你不用，这是问题的关键。为什么事情过去之后都能想明白，都能发现事情办得不对，给自己惹麻烦了。可见不是不会思考，而是没有去运用思考。这件事若是想是都能想明白的，但你当时并没有动脑子思考就去做了，才做错了。我们每天静坐思心是在锻炼这个“虑”，练习使用“虑”。这就是一个熟练工种，每天都用就越用越熟，当你处理问题的时候，自觉地就先想一想，形成一种习惯，习惯去运用思考。

怎么养成这种习惯？先是每天静坐思心。静坐思心久了形成思考、反思和检点自己的习惯，就达到了修身的另一个境界——随处察心，在日常生活中处理各种问题的时候，就都能去反思，想一想这事怎么处理妥当。变成一种生活习惯和生存状态。这样人生的境界就完全不一样了，也就做到了“虑胜气”，用思考管控你的起心动念和情绪想法，这是随处察心能达到的境界。如果没有做静坐思心这种日课反思练习，你不是不会思考，而是不熟，遇到事的时候就想不起来用这一招。

就像开车似的，前面有状况，本能反应就是踩刹车，因为你总开车早就习惯了，这已经变成一种本能。但是你天生就有这种本能吗？不是。你首先要学会，其次是熟，在熟练之后才变成你的本能。那作为一个生手呢？可能就忘记踩刹车，一脚踩油门上了。他不知道踩刹车吗？还是不会踩刹车？都不是，只是不熟。熟了才能用上，不熟用不上。

做日课很重要的一个作用，就是让我们习惯使用“虑”，把这招用熟，习惯于反思、检点和思考。在日常生活的各种事情上，自动自觉就会思考，并以思考来指导行动，这就是一个理智的人，人生成功的概率就大大提高了。修身是一个逐渐熟练的过程，逐渐把思考变成自己处理问题的方式和本能，这就做到了“虑胜气”。曾子说的“虑胜气”这三个字是对君子的基本要求，但是想达到的话，要经过长时间的练习。

“虑胜气”后面都是对这三个字的具体阐释。什么叫“虑胜气”？具体体现是什么？曾子说就是“思而后动，论而后行”。先思考而后再行动，先研讨而后再行动，这叫“虑胜气”。什么事情都先想一想，想好了再做，或者说这个事情比较重大，自己想不明白，那就和别人讨论一下。就像我们今天常说的做调研，这句话不错，但执行的时候经常是走形式了。

做生意的都知道先做市场调研，这就叫“论而后动”，先调研后再决定做不做。我们不是不知道先要做市场调研，但没有重视，市场调研就流于形式了。最终不管调研的结果是什么都会去做。市场调研不是“论而后动”，而是变成了自欺，把自己骗信了，坚定地相信这买卖能干。

真正的调研，是这件事在“论”之前没有决策，“论”之后才“动”。先做调研、讨论，根据论证的结果再做决策，再决定做与不做，这才叫调研。“论”之前不能有结论和决定，否则“论”就没有意义了。这是曾子教我们做事的方法：“思而后动，论而后行。”什么事情想好了再干，研讨之后再行动。

可能有人还有问题：怎样想才叫想好？我发现很多人不懂

什么叫想好了。我说："这件事想好了再干。"他说："我想好了，就是干!"这不叫想好，这叫下决心。想什么？就是儒家修身方式的起点：情、欲、念。情指情绪、情感，欲是追求的效果，念是起心动念、动机。简单地说，就是你做这件事情的出发点是什么，要达到什么效果，以及自己与此事相关的情绪、情感都是什么？把这些都真正想清楚、想明白，这叫想好了。

《大学》讲，儒家的修身方式就是格物、致知、诚意、正心。所谓格物，从浅层次讲，就是了解自己、了解他人、明白事物，把自己与这件事有关的情、欲、念都想明白，这才是了解自己，在这个基础上才有可能了解他人，才能把事情办明白。

儒家的修身就是格物、致知、诚意、正心。格物是修身的第一步，而了解自己是格物的第一步。了解自己要从了解自己对具体事的情、欲、念入手，这是修身的起点。连自己的情、欲、念都搞不清，从修身的角度讲，你还是门外汉，还没入门呢!

儒家强调"反求诸己"，一定回过头来在自己身上找原因，找解决问题的方法。这是儒家处理问题的思路。实际上曾子这段话，就是对儒家修身方式最好的注解。"思而后动，论而后行"，就是得先格物、先思考，然后才能用思考管控你的想法、意念、情绪等，处理问题才是理性的。但想做到这一步并不容易。我反复地说，儒家修身的起点最难，后面反倒容易。一开始经常搞不清自己的情、欲、念，大多是心不静。所以儒家修身要从静心开始，这是《修身要旨》上的内容，这里就不多说了。

曾子下面的文章越解释越细，越来越具备可操作性。

什么叫"思而后动，论而后行"？他讲"行必思言之"，这是具体方法了。怎么检验这件事你想设想好，别人帮不了你，但你自己可以检验。曾子告诉我们自我检验的方法是："行必思言之。"某件事在行动之前，一定要思考你能不能说明白。如果说不明白，肯定也没想明白。因为想不明白才说不明白。人是用大脑指挥嘴，当然也有那种嘴不受大脑管控的人，说话不过脑子，这种人实际上是非常可气、可悲的。要想"虑胜气"，必须做到用思想来管制嘴。只有想明白你才能够说明白，若是说不明白肯定是没想明白。

可能有人会说："老师，这件事我不是想不明白，是口才不行，表达能力差，所以说不明白。"实际不是那么回事。口才和表达能力的好坏，是有没有文才和逻辑的问题。口才好的人是讲话有逻辑，非常清晰，有文采又动听。但这件事能不能说清楚，它不是口才的问题，你可以没有逻辑和文采，说的不吸引听众，但能把这件事说明白。如果事情交代不明白，就说明你没想明白。所以曾子告诉我们"行必思言之"，这件事要做，必须先想一想怎么表达。如果能表达明白，说明你想明白了。

这是一种检验你是否"虑"、正确思考的一个方法。在做这件事之前，你的动机是什么？要追求什么效果？现在的情绪是什么？这些能说清楚，就说明你想明白了。方法非常简单但非常实用。

比如，你今天来听课，起心动念、动机是什么？周六没去打麻将来听课了，出发点是什么？今天听课想达到什么效果，或者追求什么效果？坐在这儿的心态、情绪是怎样的？这些能说清楚吗？这需要文采和口才吗？如果说不清楚，就说明你没想明白，没真正了解自己，那就是不会格物。最后给个定性，修身还在门外。这就是一个简单的例子，人生处理每件事情都应该这样，"行必思言之"。

从另一个角度我们去解读曾子这句话，就是你所有的行动、做法都应该有与之相应的说法。“行”是做法，是行动。“言”是说法。当然，这里我要解释一下，你的说法未必和你的做法匹配，如果是那样，就容易自欺欺人。自己修身之后，慢慢会意识到经常言不由衷。对某件事情，你表述出来的想法是好的，可是观察你的做法，发现与你表达的想法不吻合，说明你表达的想法是假的，是自欺欺人。所以大家常说：别听人怎么说，要看人怎么做。因为说法和做法不匹配，这也是人常见的毛病。修行的人要注意说法和做法的匹配，这也是“毋自欺”的组成部分。这叫“行必思言之”。

“言之必思复之。”我们都知道，检测谎言最管用的方法是再说一遍，看能不能说的一样。撒谎圆不上，往往就在于之后说的和之前说的不一样。不撒谎的时候，你说的都是可以重复的吗？解释这件事，你跟我解释的和跟他解释的说法能不能一样呢？能一样才叫“复之”，才说明它是你内心真实的想法，不是自欺。如果自欺，说法和做法不匹配的话，说的就会不一样。

某件事和张三、李四都有关系，和张三表达的时候就要想一想，再和李四谈的时候还能不能把这套说辞复制一遍。如果不能，要么是自欺，要么是欺人。如果身边有这样的人，我们会怎么评价他?”我们对这种人都很反感吧！所以君子要修身，就一定要想着这个说法得是能够重复的。如果说完了自己心里都打鼓，这话换个场合不能这么说，那现在就不应该说。

当然这就是一个评判标准，实际情况会更加复杂，确实是有人抱着特殊的目的有意欺骗，但很多人是自己没想明白，还有很多人是根据场景，在这个场景这么说，换个场景那么说，是完全被外在的环境左右的，还有的是干脆不知道自己应该怎么说。曾子的高明就在这里，不用具体区分什么情况，不管是哪种情况，只要说的不一样就是毛病，因此要保持说法的一致，这就是修行。

后面还有一句是补充，“思复之必思无悔言”。“悔言”就是让自己后悔的话。要想让说法可以重复，就一定要掂量着不要说出让自己后悔的话。人在说话的时候，出口之前一定掂量一下，这句话说完之后会不会后悔。我们经常事先就知道，这话说完会后悔，只不过当时被“气”控制，是“气胜虑”了，话冲口而出，说完就后悔。但凡做到“虑胜气”，只要思考一下，如果这事说完恐怕会后悔，那绝对不能说，这种话百分之百是错误的，一定会带来不理想的结果。这也是“虑胜气”的一个组成部分。

在我们日常生活中，很多让自己后悔的话都变成口头禅了，尤其是夫妻之间，关系为什么不和谐？经常就是说了不该说的话。跟领导和同事都知道注意一下，所以说悔言的时候少，但夫妻之间就不用装了，什么话都能说，说完后悔的话都变成口头禅了，经常念叨。我们仔细琢磨一下，夫妻吵架以“你这个人”开头的，经常是后悔的话。“你这人就是自私、懒惰、办事就是这么差劲”等，说完自己都后悔。

我总结，要尽量以“我”开头，别以“你”开头。一旦以“你这个人”开头，后面的话好听不了，基本都是悔言。这时候试试改用“我”开头，表述的话就不会很难听了。尤其在气头上的时候，一定用“我”开头。

总之，曾子告诉我们，“虑胜气”很重要的一个方面在于“无悔言”，不要说让自己后悔的话，否则结果会非常不理想，最后不知道需要用多少句好话去挽救。所以莫不如当时不说，这就是“怒来时一检点”，话到嘴边留半句。我的经验就是最后一句别说，那句往往就是悔言。当你感觉再说一句就可以结束的时候就马上打住，最后一句别说，效果就会好很多。

然后曾子总结，“亦可谓慎矣”。做到上述这些，也可以称作慎重了。我们以前反复强调《周易》上的那句话，“敬慎不败”。什么叫“慎”？曾子给了我们一个展开的阐释，上面那段话若是你能做到，才叫“慎”。“慎”就是“虑胜气”，就是“思而后动，论而后行，行必思言之，言之必思复之，思复之必思无悔言”。能做到这些，才叫作“慎”。能做到敬和慎，人生就立于不败之地了。从另一个角度去理解，把曾子前面说的话落实到生活中，至少可以少犯很多错误，少得罪很多人，少生很多闲气。

曾子下面就在解释君子修身的一些具体方法。这个自然段是第一个层面，当然也有点总论的性质，论的是什么叫作“慎”。下面全是君子修身的具体做法和注意事项，都是可以落实和具体操作的。

人信其言，从之以行，人信其行，从之以复；复宜其类，类宜其年，亦可谓外内合矣。

“人信其言，从之以行”，道理很简单，别人相信你说的话，才能跟着你去做。这也可以理解为对上一个自然段的阐释，是在阐释君子为什么要修“行必思言之，言之必思复之”。曾子给我们的理由是：别人相信你说的话，才能跟你去做这件事。归根结底就是一个“信”字，你能够取信于人。首先要能把自己想明白，别人才能相信你。

这买卖到底能不能挣钱，你自己调研都没弄清楚，现在直接拉我投资，问两个关键问题，答的都不着边际，我能投吗？

你期望我投资 30 万，我只能拿 3000 元当友情奉献，为什么？因为这项目你根本就没想明白。自己能想明白，才能跟人说明白；能跟人说清楚，人家才能相信你；能相信你说的话，“人信其言”，才能跟着你做事，这叫“从之以行”。

就以我们弘扬国学为例，自己还说不清楚，别人怎么能跟着你做？你说修身可好了，好在哪？怎么修？全都说不清楚，别人能跟着你修吗？首先要“人信其言”。要“人信其言”，先得你自己想明白、说明白，你那说法还得能重复。今天跟我说这么修，明天说的是另一样，言不可复，别人能相信你吗？所以修身是我们的基本功，然后才能跟别人说明白，才能做到弘扬。

讲任何课程，学员对老师都没有这方面的要求。讲企业管理，学员不会问讲课的教授自己管没管过企业。他不用真修真练过，学员也能听，也能认可，认为老师讲的有启发、有道理。但是讲修身可不是这样，如果你自己不修不炼，你说不清楚，学员也不认可。讲儒学自己都不修身，听众肯定不认可，这一点是很重要的。

实际上，我觉得讲修身和讲艺术有相通之处，讲艺术就具有这个特点。比如讲书法，你自己写得不好，学员绝对不听你讲。先得你能行，然后才能给别人讲。所以修身这事儿等于艺术，这俩是相通的。这叫“人信其言，从之以行”，相信你的说法，才能跟着你做。

下一步是“人信其行，从之以复”，他人相信你的做法，才能跟着你重复做这件事。大家不仅仅会听你的说法，还会看你的做法。说法得到大家的认同，这叫“人信其言”；做法得到大家的认同，这叫“人信其行”。若是说得挺明白，做起来完全不是那么回事，大家不会跟着你继续做下去；若是说一套，做一套，言行不一，大家也不会跟着你继续做下去。达到

“人信其言”仅仅使事情有个开端，是善始，事情能不能最终达到预期效果，能不能善终，还要看是否做到“人信其行”。

“人信其言，从之以行”，讲的是你的想法、说法得到大家的认同；“人信其行，从之以复”，讲的是你的做法得到大家的认同。必须让说法、做法都得到大家的认同，才能做到善始善终，才能使事情达到预期效果，取得成就。若是仅仅做到了“人信其言”，是能把事情张罗起来，能轰轰烈烈地做起来，但若做不到“人信其行”，注定会半途而废，看不到结果，没有成效。

比如合伙做生意，当时合作方跟你谈融资的时候说得挺好，买卖怎么做，利润空间有多大，也觉得说得很好，才拿钱投资入股。等到启动之后，你发现不是按当时说的做的，那你还跟着干吗？马上就得要求撤股了吧。为什么会这样呢？因为对方没有做到“人信其行”，做法和说法不匹配，人家对他的具体做法不认可。为什么不认可？因为和当初说的不一样。人家当然就不会“从之以复”，不会接着做下去，这才是问题的关键。

曾子的第一句话讲的是说法到位，相信你的说法才能跟着你开始干。第二句话讲的是做法到位，相信你的做法，才能跟着你一直干下去，才有持续性。我们现在讲究可持续发展，必须是你的做法和行动得到大家的认可。

君子修身为什么要追求“思而后动，论而后行，行必思言之，言之必思复之”？就是为了做到“人信其言，从之以行，人信其行，从之以复”。这才是《大学》上讲的“有人此有土，有土此有财”。

什么叫“有人此有土，有土此有财”？“有人”就是得“人信其言，从之以行，人信其行，从之以复”，相信你的话，愿意跟你一起干；认可你的做法，愿意跟你一直合作下去，这才是你的人脉。你得有这种朋友，才叫“有人”；然后才能掌握资源，这叫“有人此有土”；最终才能发财，走向成功，这叫“有土此有财”。怎么能做到“有人”？《大学》说得很模糊笼统，“有德此有人”。怎么叫“有德”？曾子解释，做到“有德”需要“思而后动，论而后行，行必思言之，言之必思复之”；做到“无悔言”，你的说法、做法都能得到大家的认可，大家才能跟你一直合作下去，才算是拥有了广泛的人脉和资源，人生才能走向成功，这叫“有德此有人”。所以“君子必先慎乎其德”，我们要反求诸己，先从修行上下功夫，必须先修这个“德”。

《大学》说的是一种修身的理论指导，具体方法没有。怎么修？曾子这里说的是具体方法。

后面这句话讲的也是可持续发展性。“复宜其类”，你的说法和做法，如果追求可以重复的话，那么它应该具有相似性。“类宜其年”，相似应该是常年的。所以我说这句话讲的是持续性。你要常年如此，至少得坚持一年。不能今天问你，你能说相似的；下周问你，你也能说得差不多、也相似；等到月底问你，你还能说个差不多；但若是三个月之后再问你，说的就完全不一样，那就不是“类宜其年”。这说明你没有恒心，说明你的想法和状态变化得太频。人变化得太频就不能取信于人。可能有人会说，人世间最根本的规律就是变化，唯一不变的就是变化本身，那我怎么能不变呢？变化是应该的，但是你不能变得太快，不能朝令夕改。你的说法和做法都要具有一定的稳定性，才能取信于人。不管是不是真心的想法，如果变得频率太快，大家对你是没有信任感的。

为什么不能和他合作？他总变。比方说，今天他和我来谈投资生意，夏天到了一起卖雪糕吧。我也觉得他说的有道理，就准备投资。下周找他预备投钱，结果他告诉我不卖雪糕了，改卖拉面了。变化这么快，我还能和他合作吗？还敢投钱吗？八月份和我商量开理发店，到九月就变成开火锅城了，变化这么快我能跟得上吗？结果是大家认为这人思路变得太快，我们跟不上他的节奏，只能是不合作，敬而远之。以后他再说什么我们都不会认真，都当作故事听。不具备持续性、稳定性，就不能被信任。

当然，也不是要求你一辈子不变，曾子给出了一个时间段，以年为单位，“类宜其年”。不是要求你从踏入商圈开始一直到死都只能开拉面馆，坚定地不变。曾子告诉我们，人生有变化很正常，但是变化频率不能太高，至少在一年之内是稳定的，这样才能取信于人。如果做不到，那说明你就不是“思而后动，论而后行”，没有慎重地思考，随意决策，所以坚持不了。真正做到“思而后动，论而后行”，你的做法才具备持续性和稳定性，因为是经过深思熟虑之后决定做这件事的，短期内肯定不变。如果短期内想法就变了，只能说明没做到“思而后动，论而后行”。

你当时想做这件事的时候，没有慎重思考，是气胜虑，而不是虑胜气。为什么要做到“思而后动，论而后行”？就是要慎重思考和决策，然后才能坚持，才具备可持续性。你能做到“类宜其年”，至少能持续坚持一年，然后才能“人信其言”“人信其行”。大家对你有了信任以后，才能“从之以行”“从之以复”，你的事业才能达到另一个境界，得道多助。要是做不到这一点，就是失道寡助。

总之，这一段曾子讲的核心就是一句话：建立信任。信任是建立在修身的基础上，通过修“思而后动，论而后行，行必思言之，言之必思复之，思复之必思无悔言”，才能树立起大家对你的信任。获得信任之后，才是“有德此有人，有人此有土，有土此有财”，这才是修身带给我们的切实的益处，也是修身的意义之所在。所以说这个自然段像是对上一自然段的阐释，进一步阐释为什么要这么修。

然后曾子总结：“亦可谓外内合矣。”如果你能达到这个状态，也可以称得上是外内相合了。所谓外内相合，用今天的成语说，就是表里如一，内心的想法与外表的做法、说法都是吻合的。

人为什么能得到大家的信任？就是表里如一。如果大家发现你说一套做一套，表里不如一，那就彻底屏蔽你了。这是无法装出来的，是修出来的。《大学》上讲“人之视己，如见其肝肺然”，别人看你，就像做 X 光片似的，看得清清楚楚。心里是一种想法，表面上伪装成另一种想法去骗人，这是做不到的。在日常生活中，别想通过伪装达到效果，要表里如一，“外内合矣”，才能真正地取得他人的信任。如果自己表里不如一，内外不吻合，甚至在自己都没有意识到的时候，别人就已经看穿了。

这个自然段，实际谈的是与人沟通的问题。

君子疑则不言，未问则不言，两问则不行其难者。

“君子疑则不言”，某件事如果心存疑虑就不要说。曾子这句话和《论语》完全是相匹配的。《论语》有“子张学干禄”，所谓干禄，就是怎么能当官，能给自己混出俸禄来，孔子教子张怎么说话，怎么做事，其中一句是“多闻阙疑，慎言其余，则寡尤”。多听听别人怎么说，然后把别人那些说法里令你心存疑虑的内容放在一边，谨慎地说出其余的内容，能够这样说话，就很少犯错误了。可见曾子的思想完全来自孔子。曾子很多的言论，就是对《论语》的阐释。“君子疑则不言”就是“多闻阙疑，慎言其余”。这是讲跟人沟通，教我们怎么说话。

事情还没有搞明白，别着急表态，先多听一听别人怎么说。但别人说这件事的时候，你不能不走心，不仅听、还得想。有些说法你可能比较认可，有些说法就不认可，或者对某些说法心里有疑虑，那就叫“疑”。实际后一部分我们可以再细分，有一部分内容你认为是错的，还有一部分内容你不认可，但也不敢肯定他说的就是错的。错的肯定不说，有疑问、不敢确定的也不要说。多听听别人怎么说，然后把有疑问的内容放在一边不要说，慎重地去说其余的。其余的是什么？就是你认为正确的。把你高度认可的那部分内容拿出来，而且还得谨慎地说。在和人沟通的时候，如果能做到这一点的话，孔子告诉我们“则寡尤”，你就很少会在语言上犯错误。

我之所以提到这则《论语》，是因为与曾子这句话的内涵是一模一样的。《论语》更细致一些，曾子就是四个字“疑则不言”。这是第一个“不言”，就是不要说。

第二个“不言”是“未问则不言”。人家没问你，你就别说。没人问你为什么要说？你觉得这事你明白，主动去帮人摆事，这不就是傲慢心的体现吗？想表现自己有能耐，这不是管闲事吗？结果就必然生闲气。

在日常生活当中，曾子这段话是我们应该随时默念的。尤其在家里过日子，没谁等着问，全主动说，最后说得让人讨厌。媳妇在那做菜，你来句“少放点盐，放醋没”？这不是自己找不痛快吗！在公众场合和在单位办事尤其如此，跟领导尤其如此。领导问你，你说；领导不问，别说，就是听着。

实际上《论语》里也有类似的话：“言未及之而言，谓之躁，言及之而不言，谓之隐。”没轮到你说话你就说，尤其有领导和长辈在场的时候，那就叫急躁。如果你在单位总这么办事，那人际关系能好吗？所以“未问则不言”，跟领导、长辈、不熟的人在一起尤其如此。有的时候熟人还好一点，因为关系特别好、特别熟了以后，抢两句话，人也不挑理，也不影响人际关系。尤其跟那些不是很熟的人在一起或者正式的社交场合，绝对是“未问则不言”，抢着说就是急躁、浮躁。

这是曾子讲了两个“不言”，两种话不说。第一讲的是说话内容，第二讲的是说话场合。什么不说？第一句“疑则不言”，有疑问的，叫不准的不说，讲的是谈话内容；第二句“未问则不言”，没有人问你不要说，讲的是谈话场合。这是与人沟通，在语言方面的注意事项。

后面这句“两问则不行其难者”，是一种特殊情况。也就是说，他问你这件事应该怎么干，问了两次，你两次回答，难易程度不一样，你不要把那个难的方法推荐给他。为什么？既然问两遍，就说明他犹豫，心里有顾虑，这时你再来个难的，他直接就崩溃了，就不干了。这时你不能把难的推荐给他，要把容易的推荐给他。当然，一般来说，难度大的往往效果好；难度低的，往往效果不好。这个时候就不能考虑效果了，要考虑他有没有那个决心，能不能做下去。

我读到这句时，想到《论语》中的一段对话。我们举《论语》里的一段故事，能更好地理解曾子这段话的意思。

《论语》上记载，孔子回答子路关于修身的问题。孔老夫子讲，修身是“修己以安人”。子路接着问，那其次呢？做到修己以安人之后呢？孔子告诉他“修己以安百姓”。这就是两问，关于这个问题子路问了两遍。之后，孔老夫子告诉他，“修己以安百姓，尧、舜其犹病诸”，尧、舜这样的大圣人，可能都不是那么容易做到的，所以还是先做前面那个吧，就是“修己以安人”。很显然，孔老夫子的做法就是“两问不行其难”。后面那个难，前面那个容易，问了两遍，孔老夫子给出两个答案，然后孔老夫子说后面这个太难，连尧和舜这种大圣人想做到这一点都很难。这是孔子给子路一个台阶下，不能直接说这个太难你做不了，这伤人自尊！孔子的言外之意是，尧、舜做这个都很难，若是你却要做这个难的，你就是有傲慢心。孔老夫子这样讲，就是让子路选择前面那个容易的。

《论语》上这个故事，孔子和子路师生之间的这一番问答，就是给我们一个具体的案例，向我们展示了什么叫“两问则不行其难”。如果有人就同一个问题跟你探讨两遍，那么可能你给他推荐的备选方案也是两个，最后应该建议他做那个容易的，而不是建议他做那个难的，这是与人沟通的智慧。

比如说，现在你问我：“什么叫格物?”我回答：“格物就是了解自己，了解他人，明白事物。”你问：“还有呢?”我回答：“第二层面是了解人性，理解社会，明白大道。”如果我直接建议你开始反思人性，去理解社会，开始参悟大道，这合适吗？显然不合适，这太难了！得循序渐进。所以我们一般把这个放后头，先说格物是了解自己，了解他人，明白事物，先把事办明白！“两问则不行其难者”就是这个意思。

这一句话谈的是君子与人沟通的时候应该注意些什么，都是可操作层面的内容。

君子患难除之，财色远之，流言灭之，祸之所由生自孅孅也，是故君子夙绝之。

“君子患难除之，财色远之，流言灭之”，作为修身的君子应该达到以下的境界，面对患难，能够把患难除掉，也就是能克服患难，能够解决困难，君子得有这个能力。不要以为儒家是修道德的，实际上儒家更重视事功，没有解决患难的能力，那不叫君子。后代有个讽刺宋明理学家的对联，“平时袖手谈心性，临危一死报君王”。国家面临危难的时候，拿不出解决方案和解决办法，不能免除患难，只能豁出来去死，这不叫君子。君子得做到“患难除之”，遇到患难能把患难解决掉，把国家从危难之中挽救出来，“挽狂澜于既倒”，这才叫君子。

君子有解决患难的方法，同时还要做到功成身退，“财色远之”。解决患难，解决危局，不是靠这个给自己换来多大的财，多大的色，对于得到的财和色要“远之”，即远离、不要，准确地说是不屑一顾。要有更高的追求，不要那么俗。

“流言灭之”，当听到流言蜚语的时候，你应该把它打住，这叫流言止于智者。为什么说流言止于智者啊？你若有智慧，就能看清楚流言蜚语是假的，能识破流言，就是智慧。各种流言蜚语到有智慧的人这里，一下就能看出纯粹是假的，是不可能的，也不会去传播的，于是流言就被消灭了。君子能够“流言灭之”，体现了一种智慧。

曾子这段话前面的三句，讲的是君子应该达到的三重境界，或者能搞定的三个事。

“祸之所由生自孅孅也，是故君子夙绝之。”“祸”是灾祸。孅，读 xiān，孅孅，意思是细微的、细小的。灾祸往往生自那些细微的、微小的地方，也就是说，灾难往往是从细节方面逐渐养成的。君子能早早地就把灾难消于无形。

灾难往往都是由细节积累而成的，君子有一种预见性，因为他会格物，就会对事物有一种预见和预判，当灾难处于萌芽状态的时候，君子就能够发现，就早早地把它灭掉，这叫“夙绝之”。我们讲“千里之堤，毁于蚁穴”，千里大堤，蚂蚁在上面打洞，最后打穿了、决口了，形成一个灾难。这个灾难起源于一个蚂蚁在大坝上打洞，如果没有注意到这是危机，任其发展，最后便是决口，带来大的灾难。等到河决口了，再想救灾，就很麻烦。怎么让大坝合龙啊？怎么安排灾后重建啊？有很多的麻烦，很难挽救，损失是不可避免的。但如果能提前预见到这个危机呢？巡视大坝的时候发现有个蚂蚁在这儿打洞，你预见到这是个灾难，就能早早解决。这个时候解决起来也非常容易，一脚把它踩死问题就解决了。能做到这一点的才是君子，而不是追求善后。大坝决口你去指挥怎么把大坝重新修起来，灾后重建家园，怎么安置灾民，不论你怎么忙活，在儒家看来也不是一个合格的君子。合格的君子是“夙绝之”，有预见性，对事物有预判，能够提前发现问题，把灾难消于无形，这才是君子。

我觉得，这里有点儿受道家思想影响，就是老子《道德经》上说的“太上，下知有之”。真正高明的领导，提前把问题消于无形，在他那儿就没有那么多问题，你会觉得他非常平淡。他在位的时候，什么事都没有，也看不出他哪儿高明，也看不出这人哪儿好，因为没事。他当领导的时候风调雨顺，河也正常，什么都正常，他一天天过得挺滋润，啥也不用管，这个领导也看不出高低深浅来。但等换了领导我们才发现，那位领导在位的那几年真是太好了，太平无事啊！因为他提前把所有问题都消于无形了，他自己过得也滋润。如果换一个无能的领导，事先没有意识到蚂蚁打洞会决堤，等大坝决口了，再亲临前线指挥，把自己累得孙子样，才把大坝重新修上，老百姓还说这领导真爱民、真敬业。实际这不是君子，因为他不知道“夙绝之”。在儒家看来这是低档次的，君子要追求“夙绝之”。

君子己善，亦乐人之善也；己能，亦乐人之能也；己虽不能，亦不以援人。

“君子己善，亦乐人之善也”。君子是自己有好的一面，也喜欢别人有好的一面。我们把“善”理解为好的话，那么“己善”就是自己好，“人之善”就是别人也好。引申来说，君子是自己有什么特长的时候，也喜欢别人具有这样的特长，这才是君子。嫉贤妒能就是小人了，君子不是这样的，君子是自己行，也希望别人这方面行；自己有这方面的优点，也希望别人具有这样的优点。这是君子的心态。实际上这也就是《大学》上讲的，“人之有技，若己有之；人之彦圣，其心好之”。

“己能，亦乐人之能”，自己有这方面的能力，也喜欢别人有这方面的能力。上下句意思差不多的，如果我们要硬性地做一个区分的话，“善”可以理解为好的素质，“能”是能力，这样上下句就有一个微妙的区别。君子是自己有好的素质，也希望其他人同样有好的素质；自己具有某方面的能力，也希望别人具有这样的能力。这是君子的心态，叫“乐人之善”“乐人之能”。

但君子也不是什么都能，“己虽不能”，自己这方面不行，作为君子的心态是“亦不以援人”。

“援”，古书上有两种不同的注解。

一种是把“援”理解为引，“援人”就是引入他人来说事儿，就是给自己找借口开脱。我自己这方面不行，然后拿别人来说事，这就叫“援人”，这就不是君子。君子虽然有些地方做得不到位，就算他没有这个能力，也不会把别人拿过来说事。我这方面不行，就承认我不行；我这方面修得不到位，就承认我修得不到位；君子坦荡荡。事情办砸了，不要拿别人说事。比如说，开车刮了，承认是自己没注意、疏忽了，这才是君子，非得找借口给自己开脱，“不知是谁家的狗在道上跑，要不是那狗，我能撞上吗”？这就叫“援人”，当然这时援的是狗。我们在生活当中经常“援人”。说这件事本来是我办的，就因为老张在这儿搅和，若不是因为他的话，也不至于这样，这就是“援人”，给自己找借口，那就不是君子了。

君子不给自己找借口，不拿别人来说事，这叫“己虽不能，亦不以援人”。不能就是不能，不找借口，然后才能反求诸己，到自己身上找原因，到自己身上找解决问题的方法。如果往别人身上找，那就叫“援人”。

人生的事就像一场球赛，你最后没踢进，事情效果不理想，到自己身上找原因，是起脚慢了，还是力度不够，还是没瞄准，还是没站对位，都从自己身上找原因。别往人家队员身上找原因，对方守门员太厉害了，对方的三名后卫拦着我，要不我就踢进了。是啊，他的责任就是干扰你，你还能怨人家吗？对方后卫还能帮着你进球吗？不能在人家身上找原因。人生能不能成就，球能不能踢进，到你自己身上找原因，不要“援人”，这是君子应有的心态。

别给自己找借口，“援人”就是给自己找借口、开脱，把责任记到意外事件上。不要什么都是不可抗力造成的，这就是借口、托词。

另一种对“援”的理解，认为“援”是嫉妒。君子即使自己不行，但也不会因此而嫉妒别人。

按照这句话的字面含义，两种解释我认为都能说得通。但我更倾向于前一种。一会儿我们结合上下文再说。我们往下看，我认为这个自然段和下个自然段分成两段不是很顺畅，它们的语境是连着的，合为一个自然段更好一些。

君子好人之为善，而弗趣也，恶人之为不善，而弗疾也。疾其过而不补也，饰其美而不伐也，伐则不益，补则不改矣。

“君子好人为之善，而弗趣也”，“趣”是促，急促、督促的意思。君子喜欢别人为善，但也不会急着去让人为善。或者说，君子喜欢别人为善，但也不会督促别人为善。

如果理解为督促，“弗趣”就是不要督促。你督促朋友修身，这也不能说不对，但是也不应该，你自己觉得修身好，希望朋友学，这叫“乐人之善”；你自己行善，也喜欢朋友们行善，但不要去督促他，如果天天在后面逼着他，效果不会好。

但我认为，“趣”更标准的理解是“急”，“趣”就是促，促就是急，“弗趣”就是不急。君子自己行善，也喜欢别人为善，但是他不急。比如，你修身了，觉得非常好，也希望你的朋友来修，但这事急不得，你天天逼着他修身，最后的结果是他一遇见你就绕着走了。欲速则不达，效果反而不好。这叫“弗趣”。

所以我觉得，上面两个自然段应该合到一起比较好，它谈的内容是相连的。“君子己善，亦乐人之善”，就是“君子好人之为善，而弗趣也”，这是有连带关系的。分成两个自然段就容易忽视这种连带关系，君子自己好，也喜欢别人好，但你喜欢别人好，可不能急。你本来是好心，但如果太急，适得其反，反而朋友离你远去了。

“恶人之为不善，弗疾也”，君子讨厌别人不好，但是也不要“疾”。“疾”和“趣”是一个意思，就是快。“疾”在古书里也有两种注解，放在这里都能解释得通。一种解释为快，另一种解释为怨、痛恨。按照后一种理解，这句话的意思是，君子讨厌别人不好的方面，但也不能因此就痛恨他。他是不太好，可是人无完人，你得包容，不能因为这个恨他。这句话的意思就是，君子讨厌他人身上不好的方面，希望他改正，但也不能急。

这两句话合到一起，就是君子劝人行善，劝人改过，都不要急于求成。我们如果从格物的角度来讲，这就是人性的问题。格物的第二重境界：了解人性，了解社会，明白大道。劝人行善，劝人改过，如果劝得太急，想立竿见影，马上收到成效，这不符合人性。这毛病在身上五十来年了，你想两天就改了，那也做不到啊。如果说这毛病我改不了，你还逼我着改，最后只能离你远点了，省得你啰嗦，人际关系反而处得不和谐了。你的出发点是好的，但这种做法不符合人性。

我们从素质和能力的角度说，人身上好的素质和能力的养成是一个长期的工作。人身上的缺点毛病也是长时间养成的，所以要改掉这些缺点毛病，也不是一天两天的事，得给人时间。关键是看有没有向善之心，有没有改过之心。你和朋友交流，说他这方面不太好，他自己也认识到了，也承认这方面是不太好，只要他有这个心，足矣。那下面他改没改呢？你得给他时间。改毛病可不像踩刹车似的，踩完就站住了。所以要“不疾”，急是不对的。

劝人行善、劝人改过都不要操之过急，这是君子具体的和人交往的方法。作为君子就是要传播正能量，所以朋友之间交往，要劝朋友发扬他的优点，改正他的错误，这才是传播正能量，这才是一个好的朋友。如果反之，那就是损友。所谓损友，我的理解就是，他专门成就你的缺点。比如，我自己知道我一喝酒就喝多，一喝多就耍酒疯，这个朋友每次吃饭都劝你喝酒，这杯刚喝完他马上就给你满上，这叫损友，他专门成就你的错误。作为好的朋友应该做什么？在这种情况下应该劝你，今天喝得差不多了，现在就刚好，再喝容易多了，这才是好朋友。

这句话因为核心词“趣”和“疾”有两种解释，所以有两种解读方法。我倾向于把它俩理解为同义词，就是快。你不管劝人行善，还是劝人改过，都不要操之过急。另一种解读呢，劝人行善不要督促和逼迫；劝人改过，不能因为他不改就恨他。这都是君子应有的与人交往的准则。

为什么要这么做？下面的话是解释原因。“疾其过而不补也，饰其美而不伐也，伐则不益，补则不改矣。”如果对他的“过”，也就是对错误着急，这叫“疾其过”，那么你就没有办法去弥补他的过错。如果对他的优点看得比较重，就是“饰其美”，你会去修饰他好的一面。“伐”是夸耀，一种过分的赞誉。君子应该是“饰其美”不要做到“伐”，这叫“饰其美而不伐”。

如果把他的缺点错误看得很重，痛恨、急着让他改，那么反而没有办法弥补他的缺点和错误。比如我就恨他喝酒，如果你抱着这种心态，那么他喝多犯错误的时候，你就不会去给他弥补。为什么？自己心态不对，就不能帮朋友弥补过错。看他讨厌，你赌气走了，最后事情不可收拾。

反过来，对于优点应该做到的是“饰其美而不伐”，你要装饰他美好的一面，就是成就他。比如跟人介绍，我这个哥们特仗义、人非常厚道，这叫“饰其美”。彰显出来让大家看到，但不能达到过分赞誉的程度。过分赞誉之后，你就把朋友捧杀了。比如，你先说这哥们为人非常厚道、重情谊，说到这儿叫“饰其美”；下面又来二百多句，形容他如何厚道，这就叫“伐”。过分效果反而不好，你把这哥们的傲慢心夸出来了。听你这一番表述，夸了他半个多小时，他才发现原来自己如此光辉伟大啊！一下把他傲慢心夸起来，就不思进取了，以后他就该走向不厚道了！这是一种理解，君子如何对他人。

古书上也有另一种理解，把这句话理解为君子对自我的要求。“补”是弥缝，按现代汉语的意思，就是给自己开脱。“疾其过而不补也”，意思是君子痛恨自己的过错，对自己的缺点错误深恶痛绝，不给自己找任何借口开脱，这样才能真正地改正。我们经常说自己这方面是有这些缺点，但是……一说“但是”就是找借口开脱，所以别说但是。我发现，如果不让我们说但是，就不会说话了。可见我们经常在为自己找借口开脱、弥缝。这是第一个方面，君子对自己的缺点是痛恨，而且不给自己找借口开脱。

对自己的优点呢？“饰其美”，要彰显出来，让大家看到。君子对自己的优点是彰显，但不自夸、不自我表扬。

曾子这句话有两种含义，两种解读。两种出发点不一样，主语不一样。一种是君子对自我的要求，一种是君子对他人的要求。两种解读按字面意思都通，但是放到上下文里就不是了。上文是“君子好人之为善，而弗趣也，恶人之为不善，而弗疾也”。那么这里应该说的是君子对人的态度，不应该指自我。我是这么理解的。

这个自然段完整地解释下来是这样：君子喜好他人为善，但不会着急；君子讨厌别人的不善，希望他改正，但也不会操之过急。因为你如果对别人的错误操之过急，就不会弥补他的错误；对别人的好处要赞美，但要注意不要达到过分的程度。如果你对别人的赞誉达到过分的程度，那么他就不会提高了。如果你不去弥补他的过错，那么他的缺点就改不了。这个自然段讲的是与人交往应该注意的事项。

把这个自然段和上一个自然段联系起来再看“己虽不能，

亦不以援人”这句话，显然若是把“援”理解为嫉恨的话，和上下文就没关系了，所以我倾向于理解为不拿别人来说事。

这两个自然段合在一起可能更顺畅。君子自己有善的一面，也喜欢别人有善的一面；自己有能的一面，也喜欢别人有能的一面；自己虽然有不能的地方，也不因此而拿别人说事。因为提到了别人，下面接着说君子对别人应有的态度。对别人好的一面，我们劝他行善，不操之过急；对别人不好的一面，我们劝他改正，也不操之过急。为什么这样？因为欲速则不达，急了的话反而效果不好。将这两个自然段合到一起，我觉得可以理解得更准确一些。综合起来，这两个自然段谈的都是君子和别人交往的时候应该持一种什么心态和方法。

下面还是接着说的，连着这几个自然段都是与人交往时的注意事项，非常具体。

君子不先人以恶，不疑人以不信；不说人之过，而成人之美；存往者，在来者。朝有过，夕改，则与之；夕有过，朝改，则与之。

“君子不先人以恶”，君子不提前把人往恶的方面想。就是没有任何征兆，事情还没开始呢，就把人往坏了想。比如说，我打电话约他来听儒学课，电话铃正响着他还没接呢，就想他会不会拒绝？不往好了想，专往坏了想，这就叫先人以恶。“不疑人以不信”，也不怀疑人不诚信。

不要什么事一开始就往坏处想，往坏处想常见的就是怀疑人家不诚信、撒谎。比如，请人明晚吃饭，对方说不行明晚有事，你就想，他是真有事还是假装有事？君子修身要注意“不先人以恶，不疑人以不信”，不要提前就把人往坏的方面想；

也不要没有证据地怀疑人家不诚信，怀疑人家说谎。

如果有这种心态，就是给自己增加心理负担，对别人没有任何影响。如果总是“先人以恶，疑人以不信”，会活得非常累。比如，跟别人沟通时想他是不是要坑我啊？人家对你有一个眼神，就想他是不是对我有意见、有想法啊？是不是心里恨我啊？明天约个事，他会不会撒谎啊？明天他到底会不会迟到啊？会不会放我鸽子啊？……总这样想多累啊！如果养成“先人以恶，疑人以不信”的习惯，人生就活得非常纠结。为什么不要“先人以恶，疑人以不信”？为自己好，这跟别人没关系。怀疑人家不诚信，对别人生活没有影响，只影响自己，这是给自己传播负能量，最后是自己活得纠结、心累、不痛快，幸福指数降低。

我们要注意，修身很重要的一个目的是提升自己的幸福指数。“学者为己”嘛。我们为什么要修身？不为别人修，为自己修，是为自己好。俗话说，谁修谁得，修一分得一分，修十分得十分。曾子这句话充分地体现了这一点。不要提前把别人往坏了想，不要去怀疑别人不诚信，要让自己有一个健康良好的心态，才能使自己心胸开阔，幸福指数提高，日子过得顺畅。

下面的内容才是说出来能影响到别人。“不说人之过，而成人之美”，不去讲究别人的缺点错误，而成就别人美好的一面，这也是修行。“静坐常思己过，闲谈莫论人非”，这才是修行。静坐思心，思的是自己有什么缺点和毛病，就是闲谈也不要说别人的不好。

比如，今天我们没事在一起喝茶聊天，聊着聊着就变成某某人的专场了，因为这个人不在这儿，所以我们谈的全是他的缺点，大家当乐子讲。一个人说：“这人办事多么掉链子，上回他这事办的多么丢人。”另一个人说：“哎呀，你别说了，我给你讲一个他去年的事……”然后就纷纷讲他的段子，讲的全是别人的缺点和错误，津津乐道，把别人的缺点和错误当成谈资，这是有损于道德的事情。“闲谈莫论人非”，就是不要去谈论别人的缺点和错误。

别人有缺点、有错误还不让我们说吗？可以说，但是和他本人说，不是对别人说。你如果真拿他当朋友，发现他身上有缺点和毛病，找他本人交流，给他提意见，这才是正确的态度。曾子说的“不说人之过”，指的是对方不在场的情况下，不跟别人说他的缺点和毛病。你说他的缺点和毛病，他又不在，起什么作用？不就是败坏人的名誉嘛！有人说，他真有这缺点和毛病啊！那你也不能在背后说，这叫修行。他若是没有这个缺点和毛病，你还这样说，那就是诽谤、造谣了，人家可以告你诬陷。所以，不在背后去谈论人的缺点和毛病，这才是修身的君子。

“成人之美”，成就别人美好的一面，就是帮人行善。他有善念，我们成就他，这是君子。比如说，他今天终于有修身的心了，你明天马上告诉他修身方法，这叫“成人之美”。他今天说自己喝完酒总耍酒疯不太好，想把酒戒了，你马上成就他说：“太好了，以后我看着你，咱们在一起保证不给你上酒。”“不说人之过，而成人之美”，这是君子的修行。

“存往者，在来者”，对于过去的事情，持保留态度，这叫“存往者”；“在来者”，主要是观察他下一步怎样做，将来怎么做。我们对人应该是持这样的态度。但是“存往者”不是你揪住小辫子不放。他 2012 年办错一件事，然后你“存往者”，保留了，记住了，每次见到他都说这件事，这叫揪住小辫子不放，不是“存往者”。“存往者”是你不能忘了他从前是什么样的。你和这个朋友交往，他以前都做过什么，有什么缺点优点，以前是什么样的一个人，你应该记得、知道，不应该忘了。但重点是“在来者”，观察他下一步有什么变化，这才是最重要的。为什么呢？是对照。他以前是什么样你都忘了，就看不到他的变化。“存往者”的目的是比较，既不是让你拿出来说，也不是让你记恨他。他以前是个什么样子，他以前有哪些优点、哪些缺点，作为比较，你才知道这个人现在发生了哪些变化，他是向好的方面提升了，还是退步了。然后你和他交往才能有针对性。

这句话实际上还是接着前文来的：“好人之为善，恶人之不善。”我们要传播正能量，要劝人为善，劝人改过，要知道他有什么过，然后才能有针对性地劝他改正。我们若是想和人妥当地交往，就得“存往者，在来者”。

比如，这个人我现在跟他谈国学，他没有任何反应，那我应不应该接着谈？若是不能“存往者”，不知道他以前什么样，就想不明白了。虽说我跟他谈国学，他一点反应也没有，对牛弹琴一样，但是半年以前我一谈国学他就骂我是骗子，现在毕竟我谈国学他不说话了，这是进步了嘛！那下一步应该接着谈。如果说半年前还跟我积极互动讨论呢，现在谈像对牛弹琴一样，都不发言了，那下面就不应该谈了，聊点儿别的，改谈红酒吧，也不能因为他对国学不感兴趣我们就不做朋友了。

人的距离和聊的内容成正比：距离越近的，谈的事情离我们越近；距离越远的，谈的事情离我们越远。谈的问题远说明你俩距离远，谈的问题近说明你俩关系近。关系很远的朋友，一上来聊的问题都是很近的，那能不出事吗？两人关系本来很远，上来之后开始打听人家和媳妇离婚没？这就容易出事。反过来也是，两人铁哥们这些年，你和他谈天气，他最后就得问你："哥们你啥意思？你今儿没吃药啊？"要记得谈话的内容和我们的距离成正比。但是，你若是想把这个事搞清楚，一定要"存往者，在来者"，才能把人看明白，才知道自己怎样和他相处才能达到最佳效果。

下面说的是一个特殊情况，对他人的一种肯定。

"朝有过，夕改，则与之；夕有过，朝改，则与之。"这个人早上有了缺点，晚上就改了，我们得赞同他，肯定他；晚上有错，第二天早上就改了，我们得赞成他，肯定他。要给人一个及时的肯定。这个人能做到"朝有过，夕改"，行动力相当强了，不是每个人都能一直做到的，往往能做到这一点的时候，都是热情高涨的时候。那人的热情怎么能持续呢？需要肯定。我现在这么积极、这么精进，也没有人肯定我、表扬我，过一阵热情就消退了。对他人的好处我们及时地给予肯定，这才是"成人之美"，才是"好人之善""乐人之善"。

我们讲修身要达到的第一个效果——齐家，若是我们反思一下就会发现，在家里往往做不到这一点。老公有优点，你肯定过吗？恐怕天天挑老公的毛病。也许你会说我老公挺好，但我挑他毛病是为了他更好。那么你就快把他弄崩溃了。对优点得给予肯定，不能养成一个批判的惯性。

我认识一对儿老两口，老太太批判老头就是惯性，从来不肯定。就拿买菜这事来说，老头出去买菜，回来之后，老太太今天批判这菜不新鲜，明天批判买贵了。若是有一天老头买的菜也新鲜，也便宜，非常好，老太太接着批判，这么新鲜、便宜的好菜，为什么买这么少？这就是批判成为惯性，导致优点也成为缺点了。

我们应该把肯定变成惯性，应该看到他人的优点，并及时加以肯定，人际关系才是和谐的。不要总是看人家的缺点，让批判成为一种惯性，这样的话人际关系肯定好不了。

夫妻关系是这样，子女教育呢？好像我们肯定的少，挑孩子毛病的时候更多吧：你成绩怎么考后面去了？你怎么考第二呢？第一是谁啊？最后孩子考了全年级第一，还说这道题我给你讲过，怎么还错了？这也是批判成为惯性。

西方有一个寓言故事：这孩子今天表现非常乖，父母完全满意，但是父母就没有表扬。等到晚上上床的时候，孩子就哭了。妈妈就问他："马上睡觉了，哭什么？"孩子说："我今天不是一个非常乖的宝宝吗？"妈妈说："你今天非常好、非常乖。""那为什么你和爸爸都没有表扬我？"这是值得我们思考的小故事。

当人家改过时，要及时给予肯定。实际就一句话的问题，还不能多说，多说就是"伐"了，要"饰其美而不伐"，不能多说，一句肯定的话足矣。这是曾子讲的"则与之"。

"朝有过，夕改，则与之"，就已经把意思表达清楚了，为什么后面还来一句"夕有过，朝改，则与之"，反反复复地说？这是为了强调，强调别人改过的时候要及时给予肯定。这对我们是非常有启发的，而且这就是修身啊！作为一个修行的君子，就应该做到这一点。当别人改正错误的时候，及时给予肯定，要不然你说你"好人之为善，乐人之善"，体现在哪儿？你说你"恶人之为不善"，他现在把不善的改了，你都没给予肯定，怎么能体现出你"恶人之为不善"呢？

但你要能做到及时给予肯定，就必须"存往者，在来者"，为什么这两句话连着？因为做不到"存往者，在来者"，他改过你就没注意到，所以没有给予肯定。他以前什么样，现在什么样，你一对照，发现他进步了，这个缺点在改啊！然后你才能及时给予肯定。人的变化不是一个断崖似的，它往往是微妙、缓慢的，若是没有“存往者，在来者”的心，没有比照，你就没有发现他在缓慢地向好的方面转变，就不会及时给予肯定。你得“存往者，在来者”，才能发现别人在改过，才能及时给予肯定，这是君子与人交往的时候应有的态度和方法。

君子义则有常，善则有邻。见其一，冀其二；见其小，冀其大。苟有德焉，亦不求盈于人也。

“君子义则有常”，作为君子来讲，讲究义，要恒定。“常”就是恒，永恒的恒，表示恒定、持久。按儒家的定义，“义者宜也”，就是追求处理问题妥当、恰当、恰如其分。从这个角度解读曾子这句话，君子追求处理问题妥当，并且要追求恒，发挥得稳定，要持之以恒地这样做。不能说这件事追求处理得妥当，下件事就不管妥当与否了。作为君子追求妥当要恒定，能持久的坚持，这才是君子。古人讲究避讳，汉文帝叫刘恒，为了避汉文帝的讳，很多古书里将“恒”字改为“常”字，恒与常是同义词，就是恒定、持久。

“善则有邻”，追求善就一定会有邻居。“邻”的字面意思是邻居，但我们要引申为同伴。“则”是那么，追求善那么就会有同伴。实际曾子这句话跟《论语》中的一句话是相通的，或者说完全一致的。《论语》上讲“德不孤，必有邻”，追求德，就不会孤单，会有同伴。与曾子说的“善则有邻”，意思是一样的。从这里我们能看出，曾子的很多思想是与孔子一脉相承的。

这两句话的字面意思是，君子追求妥当要持久，追求善就一定会有同伴。

第一句，君子追求义，追求处理问题妥当，说的是较低层面，也可以理解为日常生活的一种常态，所以曾子讲要“常”，要永恒。第二句，在这个基础上拔高了，不仅仅是追求处理问题妥当，还要追求善，但没谈是否持久。我们注意，追求“义”，要恒定、要持久、发挥稳定、意志坚定，但谈到“善”，告诉你有邻，没要求有恒。因为这是一个较高境界，首先要做到“义则有常”，然后才能做到追求善。因此对于君子的要求，“求善”不能一开始就要求有恒，一上来就要求你“求善”，还得能坚持、能持久，这太难，谁都做不到，容易崩溃。

求善，可能最后发现就你一个人在行善，最后怎么受伤的总是你，容易坚持不了。所以在追求“善”的过程当中，只要有对善念的追求，就已经是君子了，没有要求永恒。但是告诉你“有邻”，肯定会有同伴，会有你的邻居，有人陪伴着你。所以你不要觉得在追求善的道路上是孤独的。只要追求善，肯定会有同行的人，一定会有跟你一起修行的人。这实际上是对我们行善之心的一个勉励，鼓励我们行善，告诉你会有同伴，不要觉得你是孤独的。

这句话你要再仔细想一想就会发现，它和《论语》第一条能配合。《论语》第一条讲“学而时习之，不亦说乎”，讲自己在修行；然后接着就是“有朋自远方来”了，这就是“德不孤，必有邻”，就是“善则有邻”。“有朋自远方来”，你的同行者从远方来了。我们以前说过，古人把朋、友二字是分开的，同志为友，同门为朋。有共同志向、共同理想的，叫友，同门师兄弟才叫朋。“有朋自远方来”，你的同行者从远方来了，你不是孤独的，远方有你同门师兄弟跟你一起在修行，现在来看你来了，这是多么高兴的事情！

接下来是具体操作方法，怎么能做到有同行者，怎样做才能在这条路上不孤独、有人陪伴？

“见其一，冀其二；见其小，冀其大。”你看见别人做到了一，就寄希望于他能做到二；看见了他做到小的方面，就寄希望他能做到大的方面。这个人在小的方面做到了善，做到了“勿以善小而不为”，你就应该寄希望于他在大的方面也能做到善；你见到这个人在一个方面做到了善，你就要寄希望于他在第二个方面也能做到善，这是君子对他人的一种心态。不能对别人有过高的要求，人无完人，要追求完人就没朋友，就会“孤”，就不会“有邻”。

看人好、别看人坏，看人优点、别看人缺点，这样才有朋友。例如，我们看到朋友身上小的优点，我们就盯着这个优点，我们期盼着他在大的方面也出现优点，向好的方面转化。或者只要他在一个方面做到位了，做到了“义”，做到了“善”，就盯着他这一点。然后我们期望、期盼他能在第二个方面也做到位，做到“义”，做到“善”。抱着这种心态，就会“善则有邻”，就不会孤独，会有朋友跟你一起前行。但你如果对人求全责备，想追求完人，眼睛里总看别人的缺点和毛病，看他这方面做得挺好，但那方面怎么不行呢？这种心态就不对了，这样就没朋友。对人不要求全责备，曾子说的是这个道理。

以前我们讲过，我们通常的说话方式：“他这方面做的是挺好，但是……”这么做没朋友。所以，说话别说“但是”。“见一”就行了，“见其一，冀其二”，这方面做得非常好，然后我期望着他以后另一个方面也好。但这是你的期望，你盼望着，同时也要等待着，你得有耐心等待人向好的方向转变，不能心急，上来就批评。

“苟有德焉，亦不求盈于人也。”假如你真的有德，也不会追求别人是完美、完满的。这是对前面“见其一，冀其二；见其小，冀其大”，也就是不追求完人、别求全责备的一个归纳、总结和提升。

提升到什么高度？不“求盈于人”是衡量自己有德没德的标准。如果你自己真的有德，就不应该追求别人是完美的，如果你追求别人是完美的，你就是无德！这就提升到道德层面，进行道德评判了。之所以这么上纲上线，就是要提醒我们高度注意，给我们敲响警钟：与人交往，不能求全责备，不能追求对方什么都好，那就是“求盈”。追求对方是完美的，各方面都好，能有朋友吗？这个世界上只有圣人才是完美的，而圣人早已失传了，没有圣人就没有完人，都不完美。抱着这个心态跟人交往，不能“求盈于人”，不能追求别人是圆满的。

实际上我们追求的不是圆满，是符合自己的心思。仔细想想，这是我们的一个劣习。跟人交往、办事、说话，都对自己心思才行，什么事都得符合自己的要求，怎么做都得让自己舒服，然后才会说这人是好人，是好朋友。实际上你的要求就不对，要抱着这种心态跟人交往，就不可能有朋友了！用今天流行语问一句：“凭什么？你当你是谁？”所以跟人交往就一定不要抱着一个“求盈于人”的心，想让人各方面都得对你存心思，认为这才是真正的朋友，才能和他深交，那你就永远没朋友。

有句话大家都知道，“岂能尽如人意，但求无愧我心”，这才是正确的态度。我不可能把你伺候得百分之百满意，反过来你也不可能让我百分之百满意。“尽如人意”是不可能的，所以要包容，看人的优点，有包容之心，有容人之量，这才是君子。

前面告诉你只要追求善，你一定会有同行的人，会有伙伴，会有好朋友的。后面这句话可以说是“善则有邻”的方法，是方法论。怎么做才能有朋友，要“见其一，冀其二；见其小，冀其大；苟有德焉，亦不求盈于人”，然后才能做到“善则有邻”。只有这么做才叫善，才叫德。做不到这些，而是“求盈于人”，那便是无德，就是不善，最后没朋友。善才能有邻，才有朋友，没做到善，是无德之人，怎么能有朋友？

下面讲的还是具体方法。

君子不绝人之欢，不尽人之礼；来者不豫，往者不慎也，去之不谤，就之不赂，亦可谓忠矣。

“君子不绝人之欢，不尽人之礼”，意思是不断绝别人给你的友谊，不断绝别人对你的礼貌。

“不绝人之欢”，“欢”是示好，当别人主动向你靠拢的时候，你不应该拒人于千里之外。但这里要分析着看，“欢”指的是对你友好的关系，亲密的、亲近的态度。不能是抱着功利性的目的，那不叫“欢”。现在要求你办事，千方百计讨你喜欢，这不叫“欢”。功利性很强的示好，我们是可以绝的，东北话叫“撅”，不知道是不是从这儿来的。但如果人家对你没有功利的目的，不是因为有事需要你帮忙搞定，只是觉得你人挺好，主动想和你拉近距离，我们就不能撅人家，这叫“不绝人之欢”。

“不尽人之礼”的意思与之相似，别人对你有礼貌，你不能对人没礼貌。俗话说“礼尚往来”。什么叫礼？礼崇尚的是有往有来，是互动关系，不能单方面的，单方面的就不叫礼了。人家给你拜年，你也给人家拜年，这叫礼尚往来。什么叫“尽人之礼”呢？人家对你尽到了礼，你没有回应，结果礼到你这里结束了，这不可以。礼尚往来，要坚持这种互动，别人对你尽到了礼，你对他就要守着这个礼。不能因为你烦他，人家主动跟你问好却不理他。这是人家尽到了礼，你没尽到礼。

“君子不绝人之欢，不尽人之礼”，这是对君子的要求。如果你“尽人之礼”，礼到你这绝了，你就不是君子。用今天的话说是没有君子风范，你再怎么讨厌这个人，也必须有礼貌。用东北俗话讲，就是面儿上得过得去！人家主动伸手要和你握手，你把手背起来不握，因为他人品不行，这不是君子所为。人品不行是他的事，但是你没有做到礼，你就不是君子了。人家主动做到礼的情况下，我们必须把礼维持住。说得更直白点儿，事儿办不办另说，面子活儿得做，礼不能差了，不能让人挑礼，这叫“不尽人之礼”。这是对君子的行为要求。

实际上“不绝人之欢，不尽人之礼”，也是做到“善则有邻”的一个重要方面。如果“绝人之欢，尽人之礼”也容易没朋友！主动来的你都撅回去，你的朋友从哪儿来呢？这句话还是教我们“善则有邻”的方法，怎么能做到有朋友。不管对这个人评价如何，看法好坏，要“不尽人之礼”，得保持礼貌。

“不绝人之欢”，也要斟酌人家是哪种主动示好，没有功利性的，我们要保持联系，虽然这个人不是很招你喜欢，但是人家非常欣赏你，非常愿意和你来往，友谊还得保持，不能拒人于千里之外；若是抱着功利心来找你办事的，来占你便宜的，就应该敬而远之，总之要区别对待。

君子，一方面是要修养，另一方面也得格物。儒家修身从格物做起，先格对方到底是真的想交朋友，还是想让你帮他办事，要区别对待！这些讲的还是“善则有邻”的具体方法，下面也是。

“来者不豫”，“豫”一般解释为快乐、高兴。人家主动来和你交往，你也不要高兴，别沾沾自喜，别以为是自己修行进步了，做到《大学》上说的“亲民”了，所以大家都与你亲近。若是有这种心态就证明你没修到位。应该怎么办呢？“不绝人之欢”，和人正常交往，别让人寒了心。年轻的时候和别人关系处得挺好，就认为是自己修的好，到老了才发现和人关系处得好不是自己修得好，而是人家修得好！所以没什么值得高兴的。人家都来和你交朋友，如果你沾沾自喜，那傲慢心就出来了，人际关系就处理不好了。

“往者不慎”，“往者”就是离我而去，与“来者”是对应的。“慎”字有不同的解释。第一种说法认为慎是顺，古代顺字和慎字是相通的。按照这种理解，这句话的意思就是，如果这个人离你而去，和你越来越远，你对这个人也不要“不顺”，就是不要心里不平衡，恨上这个人。用东北土话来讲就是看他不顺眼。比如：去年这家伙儿成天在我家，今年这家伙就见不着面儿了，这叫什么人啊？这种心态要不得。

第二种说法认为慎是悔，后悔。按照这种理解，“往者不慎”，这个人和我越来越远，我也不后悔。比如：他去年和我关系那么好，我对他那么好，对他付出那么多，他现在却和我越来越远，早知道他是这样的人我当时就不应该帮他。这种后悔是没必要的。“往者不慎”，就是他离我远了，离我而去了，对这种人我也不会为当年和他的交往而后悔，自己无怨无悔。为什么要无悔？因为没有用，给自己找罪受，把自己弄纠结了，对他却没有什么影响。他已经离我而去了，都不知道我现在什么样，而我却天天在家后悔，有什么用？所以要无悔，无怨无悔，去了就是去了。

打个比方，人生就好比是一列火车，你是司机，乘客们每站都有上来的，每站也都有下去的，都只能陪你一程、一段时间，谁能陪你一辈子？为什么说夫妻关系近？因为你俩后半辈子可能一直在一起，相依为命、相濡以沫，一直到死。但是她也没陪你走完完整的一生，因为你恋爱之前不认识她，前面的时间她没陪你，她是后上车的。父母、兄弟姐妹关系近吧？从你出生开始他们一直陪你，陪的时间比较长，但好像也陪不到你死，正常情况下他们是先下车。这都是陪的时间比较长的我们最亲近的人，都不能陪我们一辈子，更何况是朋友，谁能陪你一辈子？你这列火车走到哪一站都有上的，也都有下的。在你人生的不同阶段，这个阶段可能和这几个人关系走得近，下一个阶段和那几个人关系走得近，这很正常，你要把这事儿看开，这是人生的常态！

所以，这站上车来的，欢迎；到下一站他下车，不陪你了，欢送。这就是“往者”，不怨不悔，就是“往者不慎”。人生就是这样，没有什么值得懊恼的。你现在和这几个人关系不错，过段时间你搬家去香港生活了，距离他们远了，不能常见面了，关系就淡了，这很正常。你也别怨、别悔，距离虽然能产生美，感情肯定是越来越远。所以要做到“往者不慎”，离你而去的不要追悔。

第三种说法认为慎是通假字，通“嗔”，和悔差不多，只不过程度加深了，是怒、恨。按照这种理解，“往者不慎”是你不要恼怒那些离你而去的人，不要恨他们。本来和他相处得不错，怎么突然之间就不理我了，我哪儿得罪他了？我哪儿对不起他啦？产生这种怒气，没必要。若是你做得完全到位，没有得罪和对不起他，但是他就是不和你交往了，难道就等于他对不起你吗？前一阵子和你走动密切，难道就等于卖身给你了？非得和你一直在一起吗？没有理由生这个气。这叫“往者不嗔”，离你而去的，不要恨、不要怒。

第四种说法认为慎是忧，忧愁。那么“往者不慎”的意思是，原来的朋友离你而去，你也不必忧愁。其实，朋友之间想长期维系亲近关系是很难的，导致疏远的因素太多，兴趣变了、距离远了、想法不一样了、工作环境不同了、妻子孩子拖累、老爸老妈离不开人等，都可能导致与朋友的交往淡下来。所以，朋友之间疏远了，有一段时间没有联系，真的没有必要为之忧愁，因为这是人之常情。如果你真的在意这个人，你主动联系一下他，了解一下他的状况，询问一下为什么最近见不到人；如果你觉得这个人不值得你这么做，那就随他去吧。往事如烟，不如让往事随风。

这四种不同的理解，我倾向于最后一种。因为“来者不豫，往者不慎”，明显是对仗句，“来”和“往”是反义词，“慎”应该也是“豫”的反义词。“豫”是快乐，把“慎”理解为忧、忧愁，正好是相反的意思。若按这种理解，意思是，人来与自己亲近不必高兴，朋友离自己而去也不必忧愁。宽泛点儿说，就是得之不喜、失亦不忧。顺便说一句，古人认为这句结尾的“也”字是衍文，是多出来的字，我认为是对的。

我们选的是阮元的版本，阮元对这句话另有一种解释，他把这两句话串起来讲，“来者不豫，往者不慎”，“豫”不是理解为快乐，而是提前。“凡事豫则立，不豫则废”的“豫”，不管什么事，提前准备就能立住；不提前准备到时候就废了。所以将“豫”理解为提前准备，把“慎”理解为慎重。人家来主动和你交往的时候，你没有做好充分的准备，结果因为你没有高度重视，没有慎重对待，最后导致人家寒心，离你远去了。

阮元的这个解释是比较另类的，我不太赞同他的理解。就这句话本身来讲当然也可以这样理解，所体现的人生哲理、为人处世的道理也是对的，但是理解古人不应该脱离上下文，否则就是断章取义了。下文是“去之不谤，就之不赂”，明显是对仗句。既然下一句不能串成一句讲，把上面这句串成一句讲，就不合适了。我是这么理解的，所以不赞成阮元的解释。

除了阮元的解释之外，另外四种说法我们不考虑谁对谁错，综合起来也许更好。他人离你远去，不要心理不平衡，不必后悔，不必忧愁，更不应该怨恨。

“去之不谤”，离你而去的人不要诽谤他、攻击他。以前关系处得不错，现在离你而去，关系越来越远了，因为关系远你心生怨恨，嗔怒出来就诽谤人家，背后说人坏话。不能这么做事，君子交绝而不出恶言，跟这人不交往了，也别背后说人坏话，这叫“去之不谤”。

“就之不赂”，“就”是来，“赂”是贿赂，在古汉语里指送礼。人家来跟你接近，也不要贿赂他，这不是正确方法。这么做事人与人之间就没有纯洁的友谊，全是功利了。你今天来看我，赶紧给你带点东西走，这就是“赂”。

“去之不谤，就之不赂”，合起来就是：离你而去的不诽谤，向你主动靠近的也不送礼拉拢，收买人心，这才是君子所为。所以古人讲君子之交淡如水，平淡才能持久，这是关键。这两句是接着“来者不豫，往者不慎”说的，可以说，“来者不豫，往者不慎”是心态，是内心的想法；而“去之不谤，就之不赂”，是状态，是外在的表现。也可以把后一句视为前一句的结果，面对“来者”，如果你“豫”，高兴，结果必然是“赂”，拉拢；面对“往者”，如果你“慎”，忧愁、怨恨，结果必然是“谤”，诽谤。

这两句合到一起，讲我们与人交往所应有的态度。主动向我靠拢的，我心里也不沾沾自喜，这是心态。做法上不会小恩小惠拉拢你，不会向你行贿、收买你。君子正确的做法应该是怎样的呢？就是上句说的“不绝人之欢”，就是不要断绝这份友谊。离你而去，和你关系越处越远的，你也不必心理不平衡，或者忧愁、怨恨，更不要诽谤人家，背后说人坏话，而是应该“不尽人之礼”，保持一份礼貌，这是态度、做法。

只有做到不嗔、不恨、不怒，才能做到不谤、不说人坏话。如果心里有忧愁、怨恨，必然会诽谤，肯定就控制不住嘴，就会说人坏话。不管怎么忍着，终究会有一天在某种场合忍不住。关键是要调整好自己的心态，心里没有忧愁、怨恨，才能管住嘴、不谤。这个人虽然离你越来越远，但你心里不恨他，嘴上不诽谤他，不论在哪个场合再见面，还能“尽人之礼”，守着一份礼貌，这才是君子。

想想你若是和人相处能做到这种程度，你身边的朋友如何评价你？这人有修养！这才是关键。不是为他做，而是为自己做。如果因为人家离你远了，某天聚会就开始诽谤人，专门说人缺点、错误，大家怎么评价你？嘴上不说，但心里对你就打折了吧，你这人的心胸、气量好像差了点儿。再和你交往的时候人家就会小心了，就要有所保留了，你的朋友圈、人脉就在萎缩了。别人会思考，我跟他处不处？跟他往近了走，过两天远了，他是不是也得骂我？我还是和他保持一定距离吧！若是身边的人都这么想，你还哪有人脉可言？还能“善则有邻”吗？对于远去的人，我们的心态应该是不嗔，状态应该是不谤，要做到“不尽人之礼”。

另一类是和你处得越来越近的，我们的心态是“不豫”，不要沾沾自喜。看别人都向你靠拢，便以自我为中心，认为自己就是圈子中的老大，沾沾自喜，那么和人交往的状态肯定就不对，就做不到“不赂”了。别人主动来看你，就想有点儿表示，不能让人白来，得让人带上东西走，或是想想对他有什么好处，帮他找个机会，等等，这都是“赂”。

上面两句话讲的是人与人之间关系的两种类型。第一种类型是和你越处越远的，你应该是什么心态、什么状态、什么做法。另一种类型是和你越处越近的，你应该是什么心态、什么状态、什么做法。不沾沾自喜，就能做到君子之交淡如水，“不赂”，不追求小恩小惠，这种淡淡的关系才能处得长久，才能做到“不绝人之欢”，不断绝别人的友谊。

想一想，为什么有人说婚姻是恋爱的坟墓？就是因为恋爱的状态持久不了。两人恋爱的时候，蜜里调油，一天不在一起都难受。结婚之后还能保持这种状态吗？可能正相反，如果某天媳妇不在家，你可能会想：太好了，终于可以想干什么干什么了。这是因为感情变了吗？不是。其实是前面过于亲密的交往是不正常的，无法持久。

我有一个“歪理邪说”，越热烈的感情越持久不了。就像梁山伯与祝英台，如果他们能结婚的话，恐怕最后也得离婚。为什么？爱得太热烈，结婚之后的平淡会让人感觉反差太大而无法接受，过得长长久久的老夫老妻，往往没有经历过惊天地泣鬼神的爱情。相处得长长久久，一辈子不弃不离的夫妻，谈恋爱的时候往往不轰轰烈烈。人与人之间的交往就是这样，你和某个朋友处得密切了，送人东西、帮人办事，一天不见面都想，天天晚上出去喝茶，到热度降下来维持不了的时候，反差太大难以接受，反而就“绝人之欢”了。

这是曾子讲的人与人之间交往的基本心态、状态和方法。曾子虽然仅讲了两个方面，但我觉得基本讲全了。从长时段来看，人与人之间的交往不外这两种情况，一种是离你越来越远的，一种是离你越来越近的。若是能把这两种情况都能调节好，把心态摆正，你身边的人际关系基本就都能理顺了。不管来的、去的、亲的、近的、疏的、密的，就都能处和谐了，大家也就都不说你坏话了，这就是我们追求人际关系上的“义则有常，善则有邻”。

我觉得这还是对“义则有常，善则有邻”的进一步阐释。这也是曾子行文的特点，先给出总原则，然后再进行具体阐释。在这里“义则有常，善则有邻”是为人处事、与人交往的一个总原则，下面这些都是对总原则的阐释，具体说明怎么做才能达到“义则有常，善则有邻”，这些都是具体做法，是与前面的行文相配合的。

最后这一句值得我们思考！“亦可谓忠矣”，也可以称得上是忠了。

儒家提倡“八德”，孝悌忠信礼义廉耻，忠字怎么理解？儒家的忠指的是尽心尽力。《论语》上记载，曾子曰“吾日三省吾身，为人谋而不忠乎”，跟朋友办事是否尽心尽力了，这是曾子每天要进行自我反省的。但是如果只读《论语》，你还不能深刻理解什么是尽心尽力。曾子这里做出总结“亦可谓忠矣”，证明将曾子前面说的都做到，才是曾子所说的忠。那么，忠就是“不绝人之欢，不尽人之礼；来者不豫，往者不慎，去之不谤，就之不赂”。

曾子每天反思和朋友交往做没做到忠，其实就是反思和人交往的时候，有没有绝人之欢，有没有尽人之礼，有没有做到来者不豫、往者不慎，去之不谤、就之不赂。具体说，这一天和人交往，有没有不给人面子的事儿？有没有对人不礼貌的事儿？朋友主动来和你交往，是不是私心窃喜，沾沾自喜了，心动没动？朋友离你而去，心里头有没有忧愁、怨恨？对于离开你的朋友，你有没有诽谤人家，说人坏话？主动向你靠拢的朋友，你是不是给人小恩小惠了？这是曾子修身的一个基本原则。曾子每天反思的三个方面，这是其中之一，甚至可以夸张点儿说，这句话就是曾子修身的三分之一的内容。

曾子毕生的学问核心就俩字，一个字是“孝”，另一个就是“忠”。我们一定要理解曾子修的“忠”是什么意思，怎么修的。理解之后我们才能效仿。曾子是我们的光辉榜样，我们在与人交往的时候，就应该守着曾子这六项基本原则：“不绝人之欢，不尽人之礼，来者不豫，往者不慎，去之不谤，就之不赂。”这就是修身的方向，这就是儒家的修行。

我认为这就是“义则有常”。什么叫义？“义者宜也”，宜是妥当。人与人交往当中怎么做是妥当的呢？应该保持一种什么样的心态才是妥当的呢？曾子都告诉我们了。我觉得这两个自然段合到一起也许更好一些，其中心思想就是阐释怎样做到“义则有常，善则有邻”。这些方面你若是做到了，就是“义则有常”。为什么曾子每天坚持反思这些内容？就是要做到“义则有常”，持之以恒。做到了“义则有常”，结果就是“善则有邻”，朋友一定越来越多，人际关系处理得会越来越好，人脉也越来越广，生活的圈子会越来越往好的方向发展，朋友们对你的评价也会越来越高。

君子恭而不难，安而不舒，逊而不谄，宽而不纵，惠而不俭，直而不径，亦可谓无私矣。

这句话还是对君子的要求。先说最后一句，阮元写的是，“亦可谓无私矣”，但其他的版本是，“亦可谓善矣”。我们就不详细解释了，大概的意思是，能做到上面这些，也可以称得上无私了，或者也可以称得上好了。

君子怎样做才是好的？他用排比句和对仗句提出了六个方面的要求。曾子越讲越细，这六个方面，是讲人与人之间交往的具体方面。前面是六个美德，后面是六个注意事项。每一句话都是两个方面，君子要做到前面六个字，就是恭、安、逊、宽、惠、直，做到这六个字同时要避免后面的六个字，难、舒、谄、纵、俭、径。我们需要理解，这是排比、对仗的，然后才能正确地去理解曾子讲的内容。

“逊而不谄”，谦逊而不谄媚，这个是最容易理解的。谄媚，就是谦虚过分，巴结讨好。人与人之间交往保持谦逊的态度，是正确的，但过分谦虚就不对了。什么叫谦逊？谦逊就是低姿态，把自己放低，而不是把自己抬高。对这句话最好的注解，是陈佩斯和朱时茂在 1988 年春节晚会上表演的小品《王爷与邮差》，陈佩斯扮演的邮差给朱时茂扮演的王爷示范请安那一段，就是典型的谄媚，陈佩斯表演得淋漓尽致，那个态度、表情就是谄媚。

君子和人交往的时候要做到谦逊但不能谄媚，这是一个度的问题，儒家讲过犹不及，做过分了和没做到位是一样的毛病。见人没有保持谦逊的态度是毛病，谦逊过分就变成谄媚了，也是毛病。我们见到领导或者长辈，鞠一躬，这是低姿态、谦逊，但若是见面就趴下磕头，就过分了。

礼是因时代而变的，要注意这一点。古代日常生活当中就行跪拜礼，大家都这么做，这才表现谦逊，那不过分，现在我们已经不实行跪拜礼了，你看见领导来了，马上就跪下磕头，这就过分了，就叫谄媚。君子与人交往记住要保持谦逊，但谦逊不能达到谄媚的程度，要把握好这个度。

“宽而不纵”，就是君子要做到宽容但不纵容。与上一句是同样的句式。人与人交往的时候，君子应该对他人有一份宽容之心，包容之心，但包容不等于纵容，这叫“宽而不纵”。君子宽容而不纵容，也就是要有底线。在与人交往中，有的事能容忍、能原谅，可以包容、不计较，但有的事就必须计较，要有底线。你开玩笑说我两句，或者说我缺点错误，都可以包容，但是指鼻子骂娘还能包容吗？必须一个巴掌打过去，这才叫君子。虽然咱们是修行的人，不想和他一般见识，但也不能纵容他。如果你什么都能容，你就不是君子。君子是宽容而不纵容，这是我们为人处事的一个基本原则。

“恭而不难”，“难”字古人认为是通假字，通“戁”，读nǎn，意思是畏惧。古书上把戁注为惮，忌惮、畏惧。君子与人交往要做到恭敬，但不能达到畏惧、忌惮的程度。这也是度的问题。我们与人交往要对人有恭敬心，但不能恭敬到忌惮、害怕的程度。我们讲敬畏，实际上敬和畏不一样，与人交往要的是敬，不是畏。人与人之间交往，应该保持一份对人的恭敬心，这就是儒家修行中“敬慎不败”的“敬”字。敬有两重含义，一个是对人有恭敬心，一个是对事有敬畏心。这是我们修行应有的组成部分，我们要修这种心态。但是恭敬不能发展到望而生畏的程度。因为对人尊敬，最后见到他就浑身发抖，话都不会说了，人家一瞪眼，你就吓得钻桌子底下去了，这就是忌惮，这是不应该的。

“安而不舒”，是君子与人交往的时候，应是一个安稳的状态。“舒”是舒展的意思，“安”可以理解为从容。君子与人交往的时候是非常安稳的，也就是从容不迫的，但不能达到舒展随意的程度。我们拿坐姿来讲，君子与人交往，坐得稳重，坐得从容，坐得放松，叫安。但不管怎么放松，你都不能舒展。舒展了，充分展开就过分了。有别人在场的公共场合，要安稳从容，需要有一点自我约束，不能完全放松，这叫“安而不舒”。

“惠而不俭”，君子和人交往，要施恩惠给人，也就是知道向人示好，帮助人。“俭”是悭吝。君子和人交往要给予，而不要吝啬，与人交往的时候不是体现节俭的时候。“俭”是对自己的要求，不是对人际关系的要求。如果自己吃饭，修行人追求节俭，吃碗面条就可以了，但如果请朋友吃饭，请人家吃面条就不合适了。君子和人交往要体现你的恩惠，而不是体现你的悭吝，吝啬节俭。

“直而不径”，君子与人交往要直。“直”可以理解为正直、直率。走捷径、抄近道、走小路叫“径”，放到人际关系中就是不能太直接。与人交往，不论是心态还是态度都应该是正直的、直率的、真实的，但不能太直接、太直白，要把这两个区别开。

我们不撒谎，不委曲求全，但在这个基础上，不要做过分了，你的语言、态度不能太直接，要委婉一点。即便你的意思是直接的、直白的，但是你的语言和表达方式要委婉一点，直接容易伤人！

如果你媳妇儿穿一件衣服，问漂不漂亮，你心里感觉不漂亮，但是为了照顾她的心情，你说假话，告诉她好看，这样你就有罪受了。她会认为你喜欢她穿这身儿衣服，非常重视你的意见，以后每次陪你到重要场合一定穿这件衣服，这不是给自己找罪受吗？所以说，假话、违心的话往往是给自己挖坑，这样做就不是君子。君子要直，你应该直接表达自己真实的想法，但要委婉一点。“媳妇，我觉得这衣裳不太适合你。”这就明白了。如果你直白地说：“还问我好看不好看？你那么胖，还穿个紧身衣，你自己觉得能好看吗？”这样就太直接了，太伤感情了。

君子和人交往的时候，是内心真实想法的表达，不违心，叫直，但是说话之前要斟酌，不能直接说大实话，一点都不修饰，要说得委婉一点，就是“不径”，这才是君子。为什么要这么做呢？第一是不伤人，第二是别给自己惹麻烦，这叫“直而不径”。

如果天天做到“径”，别人得有多强的包容心才能和你相处下去，这个“径”字是千万要不得的。比如，你对朋友说句实话：“你这人能力素质太差。”这话没人喜欢听，如果你换个表达方式：“你的能力素质还有比较大的提升空间。”意思相同，但这么说就不伤人了，人家就能听进去。这就是语言的艺术。

君子在与人交往的时候，这六个方面是非常重要的，所以曾子单独拿出来谈。能够做到这六个方面，就做到了“善则有邻”的“善”。

我们总结一下。最关键的是，和朋友相处的时候，要把握好度。如果把对人的恭敬做过分，就变成了对人的忌惮、畏惧；把从容安稳做过分了就变成了舒展，就太随意、没有礼貌；如果把谦逊做过分了就变成了谄媚；把宽容做过分了就变成了纵容；施恩于人很特殊，他没有谈过分，告诉你不俭，仁者爱人，给予他人的时候是没有过分这一说的；如果把直率、正直做过分了就变成直接，就伤人了。这是曾子讲的与人交往的六个方面。

曾子的文章到这儿告一段落，从“君子义则有常”一直到这儿，中心思想是一个，围绕怎样与人交往展开。如果你把曾子上面说的内容都做到了，就是做到了“义则有常”，就能达到“善则有邻”，朋友就一定越来越多。这三个自然段都是一个核心思想，所以我觉得把他们作为一个大的自然段也是可以的。

下面曾子换了个话题。

君子入人之国，不称其讳，不犯其禁，不服华色之服，不称惧惕之言。故曰：与其奢也宁俭，与其倨也宁句。

君子进入别人的国家，不去说别人避讳的事情，不触犯别的国家的禁令。这叫入国问俗，你到了另一个文化氛围里，要入乡随俗。

“不称其讳”，别人避讳的东西你别去讲。当然这是宽泛地理解“讳”，狭隘地讲就是名讳，古代讲避讳叫名讳。例如，皇上的名字不能随便叫，那个字就得避讳。你进入这个国家要先问问皇帝叫什么名，你不要说出来人家的名讳，这是狭隘的理解。宽泛的理解就是进入另外一个国家，不要说人家国民忌讳的话，这是文化差异。用今天比较时髦的说法，这就叫跨文化适应。

例如你去美国，美国文化和我们不一样，你要知道美国的文化避讳、忌讳什么，虽然这个东西在我们的文化里不忌讳，但是到了美国，他们忌讳，你就不要去说，这就叫“入人之国，不称其讳”。

“不犯其禁”，不要触犯他国的禁令，通俗点说，不要触犯他国的法律。各国法律不一样，禁令不一样，可能在你们国家这事儿不犯法，但到其他的国家，这事儿就是犯法。举个最简单的例子，执行伊斯兰法的国家，通奸是犯法的。在中国不犯法，是道德问题，缺德但不犯法。但是到执行伊斯兰法的国家，两相情愿也不行，这是犯法的。如果你去伊朗调戏姑娘，这事儿就大了，这不是道德问题，而是触犯了他们国家的法律。

“不称其讳”说的是尊重他国的文化风俗。“不犯其禁”是遵守他国的法令法规。要往高大上了说，这种做法是对异文化的尊重，对别国法律的尊重，要往小了说，是别给自己找麻烦。所以“君子入人之国，不称其讳，不犯其禁”，君子进入另一个国度，进入另一种文化氛围的时候，要尊重他人的文化和风俗，要遵守他国的法令法规，这也是君子的修行。

“不服华色之服，不称惧惕之言”，这里仍旧是在说进入别的国家的注意事项。别穿特别艳丽的服装，不要说让人家害怕的话，就是在其他国家的时候要注意自己的言行举止和着装。

如果这句话的前面用句号，就不是指“入人之国”的特殊情况了，这句话就应该理解为普遍的原则，也是可以的。在你自己的国家，着装也应该尽量庄重、从俗，和大家差不多，别大红大紫极其鲜艳；跟人聊天儿不要说让人心惊胆战的话，散布谣言让人恐惧不是君子的言行。所以作普遍原则也是可以解释得通的，当你到另一个国度的时候尤其如此。总体来讲，曾子这里说的是君子对于跨文化的适应，对于异文化的适应。

我觉得曾子这话说得非常超前，几乎就是对我们当代人说的。古代中国文化是统一的，都很难接触到异文化，但是今天世界各国交往密切了，大家都有出国的经历，这方面才尤其需要重视。到了国外，进入另一个文化背景，就要“不称其讳，不犯其禁”。到欧洲去旅游，基督教世界都是信上帝的，对上帝是非常恭敬的，你到那儿去侮辱上帝，就是犯忌讳了。所以曾子这句话在当下尤其有意义。君子修身，不仅要在本国、本俗里边修得好，到另一个国度、另一个文化背景下，也不惹人讨厌，这才是君子的修身。

《论语》里记载，孔子的弟子子张问孔子什么是君子的品行，孔子说：“言忠信，行笃敬，虽蛮貊之邦，行矣。”如果语言方面做到实在、诚信，行为方面做到厚道、恭敬，即使在其他文化氛围里，也能行得通。这与曾子谈的是一回事。

所以要注意跨文化的适应，君子修身能修到这种境界，到另一种国度、另一种文化里面，也能和人处得好，也能打开人脉。这是曾子谈的另一个问题。

还有一个细节，“故曰：与其奢也宁俭，与其倨也宁句”。怎么去把握这个度？“与其奢也”，与其奢侈过分，“宁俭”，宁可节俭一点。当与人交往的时候，把握不好度的时候，宁可稍微节俭一点，也不要做得奢侈过分。“与其倨也”，“倨”是傲慢。“句”是通假字，通“拘”，就是拘谨。为人处事的态度，把握不准度的时候，与其显得傲慢，宁可显得拘谨。

曾子告诉我们两个基本原则，也是人与人交往的原则。如果你把握不好度，不能做到恰如其分，宁可显得节俭一点也不要过分和奢侈，宁可显得为人有点拘谨也不要让人感觉你傲慢。拘谨和傲慢是相反的，在社交场合，感觉手也不知道放哪儿，脚也不知道放哪了，很局促、很紧张，这是拘谨，是没放开。其反面是彻底放开，在社交场合完全放得开，给人的感觉就是傲慢。所以宁可显得拘谨一点也不要完全放开，人若是完全放开，就让人感觉傲慢了。

比如，我们到一个新的社交场合，说话声音要低一些，这就显得拘谨了。如果完全放开，一进门就大声说，“这儿是讲国学的吗”？给人的感觉就是傲慢。放得开了，到哪儿都像到自己家，也不合适。给人一个拘谨的印象，别人可能会笑话你或是可怜你，但是不会讨厌你；若是给人留下傲慢的印象，别人会讨厌你。君子修身修到最后，是要做一个受欢迎的人，不能做令人讨厌的人。所以这两句也很重要。

下面谈的是另一个问题，连着三个自然段都是曾子教我们怎么说话。人与人之间交往，最重要的就是说话、沟通。曾子下面讲的是说话的注意事项。

可言而不信，宁无言也。君子终日言，不在尤之中；小人一言，终身为罪矣。

先看第一句，“可言而不信，宁无言也”。你可以和别人谈一些事，如果谈完了他不信你，宁可不说。你明知道说完他不信还要说，那就会自取其辱，不如不说。这是谈话的第一个注意事项。

例如，明明知道这个人讨厌国学，还专门跟他谈国学，这不是给自己找不自在吗？你说国学好，他肯定不相信，但你又偏要跟他说国学好，最后的结果必然是他和你辩论，反驳你，你生一肚子气。这不是传播国学，这是给自己惹闲气。明知道他不信，就不要说了。生活中大家是不是都遇见过这样的人？他问你，还抱着不信的态度，对这种人你还跟他说吗？“宁无言也”，宁可不要说，免得惹一肚子闲气。

我以前在网上看过一个笑话，有人向高僧请教人生幸福的秘诀是什么？高僧回答：“不要跟愚人辩论。”那人说：“这句话虽然对，但也算不上人生秘诀啊。”高僧说：“你说的是对的。”他向高僧请教人生秘诀，高僧告诉他了，然后他质疑高僧，这是不是愚人？高僧是坚守这条人生秘诀的，不与愚人辩论，所以说“你说的是对的”。人生幸福的秘诀就是避开愚人，别跟愚人辩论。所以曾子这句话很关键，如果感觉他不相信你，你就别说，说不如不说。你说完了他反驳你，怎么办？就是高僧那句话：你是对的！

曾子这句话应用最多的地方就是夫妻之间，夫妻在家里别抬杠，容易影响夫妻关系。实际夫妻闹矛盾，很多是抬闲杠抬出来的，只要有一方不抬这杠，就闹不起来！修身不能改变别人，只有改变自己，自己变了，整个环境也就变了。你要承认媳妇儿是对的，这不就和谐了吗。所以我以前跟男弟子们提过一个要求，家庭守则就两条：第一条，太太永远正确；第二条，如果发现太太错了，请参照第一条。这就和谐了。

不要跟不信的人去说，他如果不信你，宁可不说。如果能做到这一点，那么，“君子终日言，不在尤之中”。如果你能守着前面这一条，那么君子即使一整天都在说话，也不会犯错误，也不会陷到错误之中。曾子这句话是强调前面的这个原则，“可言而不信，宁无言也”。这个谈话原则很重要，所以曾子特殊强调，若是能做到这一点，哪怕你一整天都在说话，也不会犯语言方面的错误，也不会说错话。

曾子对这一条非常重视，我们也应该高度重视。我们经常争吵的原因就是人家不信还说，人家不信非要让他信，找各种证据证明让他信，这就容易犯错误，语言就可能不妥当。正确的做法是，他不信就不要说了。

如果不注意这一条你就是小人。“小人一言，终身为罪矣”，作为小人很可能说了一句话，这句话就成为他终身的罪过。这辈子什么时候想起来都很后悔，成为终生的一个错误，这就是小人。

所以，君子在言语方面一定要慎重，谨言而慎行。在言语方面慎重，具体应该怎样做呢？看下一段。

君子乱言而弗殖，神言而弗致也，道远日益云。众信弗主，灵言弗与，人言不信不和。

“君子乱言而弗殖”，“殖”是增加、增值，“乱言”指胡言乱语。别人说的胡言乱语你不要再添油加醋，这叫“乱言而弗殖”。他说的本来就不靠谱，你再添油加醋，这不是君子的做法。现在有人传言，大樱桃有虫子不能吃，然后你就说："对呀，我上回吃完就有病了。"这种做法就叫增加乱言。"乱言而弗殖"讲的是君子修口德的一个方面。

"神言而弗致也"，"神言"，神神道道的话，"致"是达，转达。别人说的神神道道的话你就不要再去转达了，或者说就不要去传播了。我们在生活中都能遇到这样的人，他告诉你有一个狐仙可灵了，你听完之后就不要再转达，不要再传了。作为君子说话要靠谱，这是以上两句话的中心。

《论语》上讲"君子多闻而阙疑，慎言其余"，语言方面的慎重体现在哪儿？把你自己把握不准的、不能确定的东西放在一边不要说，这是君子语言方面的修养。这两句话的中心意思都是君子说话要靠谱。日常与人聊天的时候说话靠谱，人家对你才会信任，才敢和你办事，等你有困难求人帮忙时，别人才敢帮忙。

后面这五个字"道远日益云"，和上下文都不对接，所以很多版本认为是衍文，就是多出来的。这句话的字面意思是，修道是很遥远的，应该每天增加。修道就是修行，修行是很遥远的事情，不是说修行这件事离我们很遥远、可望而不可即，是指修行是一项长期的工作。也就是《论语》上讲的"任重而道远"。"仁以为己任，不亦重乎？"把追求仁义道德作为自己的使命，这个任务不是很重嘛，这叫"任重"；"死而后已，不亦远乎？"追求这事儿要做一辈子，一直做到死才停止，前面的路不是很远吗？这叫"道远"。

曾子说的"道远"，指的是修行这件事儿是"死而后已"，要坚持一生的，是一个长期的工作。但你也不能因为是长期的工作就放松，你要追求"日益"，每天增加一点，这叫"道远日益"。

就像我们跟孩子谈学习，每天背 3 个英文单词，坚持一年是多少？1000 多了，坚持两年就是 2000 多了，日常会话就没问题了。汉语常用字也就 2000 多个，你若是掌握 2000 个常用汉字，看报纸就没问题了。如果你每天背 3 个单词，两年过后，英语日常对话就没问题了，这叫“日益”。学习是这样，修身也是这样，贵在坚持。不能一曝十寒，今天兴致上来了，有时间就多背，接下来连着十多天都没背，回头一平均，一天还不到 3 个，这就坏了。不管是学习还是修身，都要追求“日益”。明末清初三大思想家之一的顾炎武，他的代表作叫《日知录》，意思就是每天知道点儿新知识。我们修身和学习都应该持之以恒，追求日益。

老子《道德经》讲：“为学日益，为道日损。”求学，学知识，追求的是每天学一点新的。修道呢？每天追求减少。减少什么？减少的是毛病。每天减少自己的一点点小毛病。这叫“为学日益，为道日损”。你要追求每天进步一点点，持之以恒，到一定程度之后，效果就显示出来了。人生是一个长跑，不是短途冲刺，不拼一时、一事的得失，这叫“道远”。有长期坚持的心，然后一点点积累，过三两年回过头再看，就超越不学不修的人了。如果你不能做到日益，不能每天增加一点，过三两年你会发现，你让别人落下了，这时候也就追不上了。这叫“道远日益”，是对学习和修身的规律性总结，也是我们作为修行人应该注意的。“道远”是要树立恒心，“日益”是要每天做一点点，这才是正确的态度和方法。

这句话说的固然是至理名言，绝对是正确的，但放到这里和上下文搭不上。上下文都是曾子教我们怎么说话，所以有很多版本都认为这五个字放错地方了，原文不应该有这五个字。

我们往下看，下面讲的还是怎么说话，是君子跟人谈话的注意事项。“众信弗主，灵言弗与，人言不信不和。”现在一般认为这句话存在错字，“众信”应该是“众言”。

这里和大家说一下，古书不能随便改字。是古书没有错误吗？当然也有，但一般我们不改字。什么情况下可以改字？有版本依据才能改字。比如说《曾子》，阮元本是“信”字，如果我们发现《四库全书》本这里是“言”字，依据《四库全书》本就可以改字。但没有版本依据不能改字。因此，古人虽然认为“信”字错了，应该是“言”字，因为没有版本依据，就保留“信”字，然后做注释说明，怀疑应该是“言”字。这是做学问的一个原则，要秉承严谨的态度。

“众信”应该是“众言”，就是大家的言论。“弗主”，你不要去主张，“弗”是不要，“主”是主张。大家的言论你不要去主张，要有自己独到的见解，不要随声附和。大家都这么说你就不要再说了，重复没有意义。你应该有自己独到的见解，有独立的思考，而不是人云亦云。例如，在单位开会，前面几位教授的发言都说过了，这个人又把人家说过的话重复 20 分钟，导致会议延后 20 分钟。大家都这么说，你就不要说了，简单重复是很讨厌的。

这句话从高层面理解，是鼓励我们有独立的思想，有和人不一样的见解，作为君子要追求有独立的思想。著名历史学家陈寅恪给王国维写的碑文里面很有名的两句就是“独立之精神，自由之思想”，这才是君子的追求，不人云亦云，不受他人干扰，能独立思考，有自由的精神。你在精神上是自由驰骋的，有自己独到的见解，也就是孟子说的“虽千万人吾往矣”，这才是君子的精神境界。你永远跟着别人屁股后头跑，永远人云亦云，就是一个俗人。如果你看今天大家都学国学，你才去学国学，你肯定落在别人后面。你要有独立的精神，独立的思想，当别人都说国学不好的时候，你认为国学好，并且开始传播，才能走到前头，才能引领潮流、引领时尚，这才叫时代的弄潮儿，才能走向人生的成功，才是天之骄子、时代楷模。

“众言弗主”，是要追求独立的思想，有创见的思想，而不是低水平重复的内容，这是君子学习和修身应该追求的境界。

“灵言弗与”，“与”是赞同，那些很灵奇的事情你不要去赞同。“灵言”与前面的“神言”是同义词，“灵言”就是“神言”，神神道道的话。“弗与”，不要去赞同、附和。他给你讲狐仙怎么灵，你不要去赞同、附和，这才是君子。

“人言不信不和”，“不信”就是不诚实。“不和”，不要附和。他说的话虚头巴脑的，不诚信、不实在，你就不要再附和了，这叫“人言不信不和”。如果有人说：“杨老师哪天上我家吃饭呗。”明显虚头巴脑，然后你在旁边附和：“老师，咱们明天去呗。”你这一附和我就不知道怎么办了，他也不会了。其实，遇上这种不实在的人，我会说以后找机会，他也不当真，我也不当真。你若是附和就坏了，我俩就都不会了。因为他没想真请。

曾子这三句话说得越来越细，“众言弗主”是不要人云亦云，这样才能独立思考，有自己独立的思想。“灵言弗与”，不要去赞同那些神神道道的话，给人的印象才靠谱。“人言不信不和”，与人交往的过程中，不要因为你的话给大家带来尴尬。把这三个方面合到一起，就是我们与人谈话的基本原则了。这三句话你若是都能做到，首先你会聊天儿，不给人带来尴尬；其次你说的话都是靠谱的，大家对你有信任感；最后你还有自己独到的见解，大家从你的话里能得到启发。如果一个人是这样的，那我们就都愿意和他聊天，愿意和他交往。能做到这三点你在语言方面就相当优秀了，人际关系也就基本理顺了。

下面说的是另一个说话的注意事项，说得就更细了。

君子不唱流言，不折辞，不陈人以其所能；言必有主，行必有法，亲人必有方。

“君子不唱流言”，君子不首创流言蜚语，也不倡导流言蜚语。就是说，不靠谱的流言蜚语不能是第一个从你嘴里说出来的，传播也不行。前面讲到“乱言弗殖，神言弗致”，胡乱的、稀奇古怪的言论，不要传播也不要增加。这里再补充一点，第一个造谣也不行，你也不能去倡导流言蜚语。

“不折辞”，言辞上不曲折。说话不要拐很多弯，云山雾罩地兜圈儿，谈不到点子上，让人家听不明白，君子表达思想要追求直，不能追求曲。

“不陈人以其所能”，不要向他人陈述你哪方面能，就是不要主动对别人讲自己的长处、长项。大家一聊天，你就去给人讲你的特长是什么，这是招人讨厌的。求职招聘会你必须把闪光灿烂的一面表现出来，好让老板聘用你，那是特殊场合，但在朋友正常聊天的时候，你总是谈你哪方面厉害，这就是傲慢心，自我吹嘘。

“言必有主”，“言”是说话，说话一定要有主题，这样才不至于把嗑唠散了。比如，我们正在探讨儒学，你上来就问老子，这就很搅局。你自己说的时候，也要有主题，有中心思想，守着中心去聊天。经常有人聊半天，大家都不知道他要说什么，这就是糊涂，不会聊天。你和大家聊天的时候，也得知道大家谈的主题是什么？不管别人聊什么，你就说你想说的，等你把想说的说完就走了，别人会讨厌你，下回就不带你玩了。

“行必有法”，行动要有一定之规。为人处世，不能今天想这么干，明天想那么干，今天朝东、明天朝西，行动要有一定之规。

“亲人必有方”，跟人亲近，跟人家处好关系，一定要讲究方法。只有好心不行，好心办坏事的时候很多。想跟人把关系处近，跟人亲近，只有一颗想跟人亲近的心不行，还一定要有方法，也一定要追求适当的方法。

上面这三个自然段的主题和中心思想，就是教我们怎么说话，怎么与人沟通，说得更直白点，就是曾子教你怎么聊天。

多知而无亲，博学而无方，好多而无定者，君子弗与也。君子多知而择焉，博学而算焉，多言而慎焉。

这一段曾子是讲学习的注意事项。“多知而无亲”，就是你了解很多知识，但没有践行，没有把你学到的东西用到实践上。这是曾子说的学习当中不应该出现的现象，应该回避的。

“博学而无方”，广泛的学习却没有主攻方向，也就是没有固定的领域、专业，这就叫博而寡要。学习应该讲究术业有专攻，“博学”是对的，知识面不应该太窄，不应该把自已局限住，但另一个方面的问题也应该注意，你光知道“博”，面儿铺开了，却没有一个突出的重点，这也不对。在广泛学习的基础上，要有主攻方向，这才是一种正确的学习方法。曾子指出了学习当中的误区，是从反面去说明的。

这句话倒过来理解，正确的学习方法就是：一方面要广博，另外一方面要有一个主攻的方向。

通常我们的知识结构可以分为三种类型。

第一种，别墅型。三层小楼，非常精致。这个比喻是什么意思？就是在他的主攻领域里，他的知识结构是非常完善、精致的，但是除了他的主攻领域之外，别的他什么也不懂。他的知识结构就像一个别墅一样，小而精，他的专业领域里，是绝对的专家。

第二种，大杂院型。就是曾子说的“博学而无方”。广泛学习，什么都知道一点，但哪个方面都不精。大杂院，一片平房，二楼都没有，在很多的领域他都知道一点儿，但他知道的都是这个领域的基础知识、常识，总之都是比较浅显、低端的，不上档次的。他的知识不仅杂，而且乱，也没有一个系统，就像大杂院一样，不仅没有高度，连二楼都没有，而且还没有规划，随意搭建。

第三种，金字塔型。这才是我们提倡的类型。金字塔的特点我们都知道，有一个非常大的底座，而且有一个比较高的顶点，这与曾子说的“博学而无方”正好相反。它是博学有方，有一个非常广博的知识基础，然后又有自己的主攻方向，在这个广博基础支撑下，他的主攻方向能够达到非常高的境界和层次。

大体上来说，我们常见的知识结构也就是这三种。我感觉我们应该追求金字塔型，要有一个广博的基础，然后有自己的主攻方向，在这个广博基础支撑下，你的主攻方向才能达到很高的高度，两者相辅相成，相得益彰，这才是一个正确的、有益的知识结构。

别墅型可以说是专家，当然现在专家这个词有点儿要变成反义词了，我们以前有很多褒义词目前逐渐变成贬义词了。以前大师是一个赞美，现在一提大师，马上就想到骗子。以前专家也是一个褒义词，现在一提专家，大家的感觉也不怎么好了。我心目当中的专家是什么？就是他在专业领域有很精深的知识，有很精致的知识结构，像别墅一样，超出这个范围我什么都不懂，但是在我研究这个领域，我搞得相当专业，这叫专家。知识结构非常专精，这也不能否定，我们需要这样的专业人才。但是这种专家，如果没有“博”，没有广博的知识储备和基础，在他专业领域里也达不到顶尖程度。所以别墅可以盖两层、三层、四层，再往上就上不去了，为什么呢？基础不广博，支撑不了高度，谁家别墅能盖出十八层来？那不是别墅，那是烟囱。这种是特殊领域的专业人才，但不应该大力提倡。

至于大杂院型就是应该彻底否定的，就是曾子反对的“博学而无方”。大杂院型什么都懂，聊什么都能跟你聊两句，但哪方面都弄不精通。这样的学习，这样的知识结构，对人是没有好处的。学习不应该这样，所以曾子这里重点批判“博学而无方”，批判的就是我说的“大杂院型”。

曾子这句话拿到当下，我觉得对我们也是很有警示作用的。因为我发现，现在有一些人，特别是一些爱学习的企业家，好像基本都是“博学而无方”，把时间精力都浪费了。出发点是好的，学习热情也是非常高涨的，每个周六周日都在外面听课，一年培训费花好几十万。学什么了呢？什么都学，从企业管理到绩效薪酬、人力资源，听完觉得没什么可听的了，就改学国学了。儒、释、道、中医、风水、奇门遁甲都学，最后所有课都听完了，还要辟谷和灵修。你会发现我们身边这样的朋友很多，没他不听的课，没他不学的东西，最后学完一大堆，收获是什么？哪个真正对你生活有益了呢？无用功做得多，就是曾子这里批判的“博学而无方”，没有方向感。这种学习，事倍功半，白花时间精力，得不到益处。这是曾子批判的第二个类型，广泛的学习却没有一个固定的、专攻的方向。

接下来曾子批判的类型，叫“好多而无定”，也是“博”，喜欢多学，但没有固定的领域。就是兴奋点总变，今天喜欢儒家，下个月可能就喜欢老子了，等明年你再遇见他，他跟你谈的是宗教，没有一个固定的方向。

“好多而无定”，不能稳定地在一个领域里向深钻研，总换方向。你要说他没方向、没专业，还不太对，而且人家也不能承认，不能接受你这个批评。人家会说我怎么没什么专业，最近我就喜欢佛学，最近在专门研究佛学。研究佛学的确是一个方向，问题是你研究多长时间了，研究五个月之后，就改基督教了，总换叫“无定”。刻苦学习十年，能学出十七个专业来，“好多而无定”。

“多知而无亲，博学而无方，好多而无定”，这三种都是曾子批判的。然后曾子做了个总结，“君子弗与也”。“与”有两种解释，一种解释读成 yǔ，交朋友的意思，就是对上述三种人，君子是不和他交朋友的。哪三种人？第一，知道的事情很多但不去亲身实践；第二，广泛学习，但没有一定的方向；第三，喜欢多学，但是方向不固定。实际都是贪多，“多知”“博学”“好多”都是贪多。但我们一定要知道，贪多不是毛病，你若是能把这三个问题回避掉，贪多就是优点了。虽然追求广泛学习，但是你有自己的主攻方向，而且你的主攻方向是稳定的，并且在主攻方向里你是勇于实践的，落实到行动中的，那么“博”就是优点了。如果没有这三个方面，“博学”就变成了缺点，对于这三种类型的人，君子不和他交朋友，这是第一种解释。

第二种解释读作 yù，意思是赞成、称赞、赞同。“君子弗与也”，就是君子不赞成这么做，认为这么做不对。

我个人倾向于后一种解释。因为别人怎么学习是他的事，还能因为他学习方法不正确我就不和他交朋友吗？这说得有点太严重了，如果我们抱这种态度，我们就没朋友了。怎么学是他的事，不影响我们和他交朋友，学习方法不得当，毕竟不是劣习，不是道德修养的缺欠，我们为什么不和他交朋友？所以我赞同后一种理解，“君子不与也”是君子不赞成、不认同这种学习方法。

那么作为君子应该怎么做？曾子前面谈的是负面的，君子不赞成的，下面谈的是君子应该怎么做。

“君子多知而择焉，博学而算焉”,“算”是通假字，通“选”。选和择是同义词，所以上下句的意思是相同的。君子追求“多知”，然后要进行选择，君子追求“博学”，然后也要进行选择。

“多言而慎焉”，君子说话也很多，但说得慎重。我们注意，“慎”实际也是一种选择。我们评价一个人说话慎重，什么叫说话慎重呢？有的话说，有的话不说，有选择地说。所以“慎”也体现为一种选择。君子的学习也追求“多知”“博学”，但是要有所选择。整个自然段谈的是一个意思，就是要有所选择，这才是问题的关键。

最后一句，是曾子给我们一个提示，人学习之后还容易有一个毛病，就是好为人师。君子追求“多知”“博学”，而且学习是有选择的，但学了很多之后就经常犯一个毛病——喜欢给人讲，话多。话多的原因是知道得多，就要显摆一下。这事儿我不懂，我只能听别人说；如果这事我懂，就忍不住了，必须跳出来说。尤其是感觉他人说得不对、说得不太靠谱的时候，这种冲动是很难压抑的，这叫“多言”。

曾子不是不让说，有说的冲动可以说，但要慎重。如果你学了满腹知识烂在肚子里，没发挥出来，那也不对。学完了之后教给别人，这也是君子的义务。所以“多言”也是应该的，把知识和别人分享也是有意义的，但是在这个过程当中要慎重，要有所选择，要讲究场合，讲究受众。

讲什么不讲什么，也要有选择。把你知道的都讲出来，对方能不能领会，能不能听懂？要根据受众对知识有所选择，这也叫“慎”。

曾子后面三句，核心词就在选择，但是他用了不同的词，第一句用了“择”，是选择；第二句用了“算”，“算”就是选，也是选择；第三句用了“慎”，还是选择。曾子是在强调不管是学习还是分享，选择都是很重要的。作为君子不管是学习还是与人分享都要重视选择，这是慎重的体现。

自己学习，除了选择之外，前面还谈到了“亲” “方”“定”。要有主攻的方向，然后稳定住这个方向，这个方向不能三天两头总变，而且要身体力行落实到实践中。这是学习的注意事项。

下面这个自然段曾子谈的还是学习的注意事项。

博学而无行，进给而不让，好直而径，俭而好偻者，君子不与也。

这里的“君子不与也”，与上一自然段的“君子弗与也”，意思是完全一样的，只不过是换了一个否定副词。如果我们忽视“弗”与“不”的差异，实际上曾子下文连着说了四个“君子不与”，类似排比句。曾子连着用“君子不与也”来结尾，都是君子不赞成的做法。上一个自然段说的是君子不赞成的学习方法，下面这个自然段更进一步，不仅仅是君子不赞成的学习方法，还谈到与人相处的方法。

曾子谈了四个方面，第一个方面是“博学而无行”。“行”不能理解为行动，前面那个“无亲”是指不亲自实践，是行动。这个“无行”是没有品行，没有德行，不仅仅是学习的问题，还涉及做人，所以结尾用“君子不与也”分开，因为谈的是不同层面的事情。“博学”却没有品行，不是君子，这是第一个方面。

第二个方面“进给而不让”，“进”就是前进；“给”有特殊含义，《论语》上解释，便捷叫“给”。《论语》上的“口给”，用东北话说就是“话跟得上”，语言便捷叫“给”。“让”是谦让。朋友在一起，聊到什么事，马上就接茬，话来得也快，抢着说，不给别人发言的机会，这叫“进给而不让”。语言便捷不知道谦让，这是君子不赞成的做法。

“好直而径”，喜欢直率但是太直白。前面讲过类似的一个句子，“直而不径，亦可谓无私矣”。这两句话意思差不多，行文方式正相反。“直而不径”是正确的，“好直而径”是错误的。为人正直、直率是对的，但是你的表达方式还要婉转、委婉一点，不能太直白，太直接。你说的在理，但话难听、伤人，这不是君子的做法。

“俭而好偄”，“俭”是节俭，“偄”是阻塞不通，行不通。节俭但是行不通，就是节俭达到了过分的程度。节俭是美德，但是过分节俭就不是美德了，就叫吝啬，所以“俭而好偄”是走向反面了。

然后曾子总结，上述四个方面是错误的做法，说“君子不与也”，君子是不赞同的。这四种为人处事的方法君子是不赞同的，君子不那么做。

作为君子，不仅要追求“博学”，广泛地学习，而且要修炼自己的品行；作为君子知道的很多，但是不能人前人后总抢着说，得知道谦让；作为君子要追求直率、正直，但是不能太直白、直接，得让人容易接受；作为君子要追求节俭，但是不能追求得太过分。

下面就更进一步，涉及品行了，也是“君子不与也”，提了三个方面君子不赞成的。

夸而无耻，强而无惮，好勇而忍人者，君子不与也。

“夸而无耻”，夸夸其谈，说得再直白点，这个“夸”就是夸海口，就是吹牛。夸夸其谈，吹牛而不知道羞耻，说大话没有羞耻感。“强而无惮”，“强”是彪悍，强悍；“惮”是有所忌惮、忌讳，“无惮”是为人强悍而无所忌惮。“好勇而忍人者”，喜欢“勇”，“忍人”是对人很残忍。这三种品行君子不赞成，也就是不应该有这三个方面的品行。第一是说话方面，第二是做事方面，第三是为人方面。

君子说话方面要避免“夸而无耻”，夸夸其谈不知羞耻，上来就谈我怎么行，面不改色心不跳地吹牛。古代有个笑话，两人比个高，一个人说我比你高，我头顶蓝天，脚踩大地，看你还怎么高？另一个人说，我上嘴唇挨天，下嘴唇挨地。第一个人说那不对，你上嘴唇顶着天，下嘴唇顶着地，你脸在哪？另一个人说，我们吹牛的人就不要脸了。这就是典型的“夸而无耻”。君子在言语方面要回避的是，不能夸夸其谈，不知羞耻。

第二个是处事方面要回避的。处事强悍、彪悍，无所忌惮，没有恐惧感，从来不怕什么。为人处事的时候，没有任何畏惧的东西，这是勇敢吗？勇敢分用在什么地方。在日常生活当中无所忌惮，这是大毛病。孟子讲人必须有所不为才能有所作为。为什么有些事我们不为？那就是有所忌惮。修行人在日常生活当中是谨小慎微的，“战战兢兢，如临深渊，如履薄冰”，这才是修行人的心态。你必须有所顾忌，然后有些事你是不能去做的，不肯去做的，有所不为，这个人才能真正成大气候，将来才能有所作为，才能干出一番轰轰烈烈的事业来。若是无所忌惮，那就是小人的特点。在日常生活当中，没有什么可怕的，无所忌惮，那这个人是成不了大事业的。

若是“强而无惮”，为人彪悍，无所忌惮，那还有什么不敢干的？人一旦无所忌惮，最后就会无所不为，这个人就彻底废了。所以曾子强调，彪悍而无所忌惮的处事方法是君子不赞同的。

第三个方面讲的是一种修养。“好勇”，胆子大；“忍人”，对他人忍心下手。什么事都敢做，对他人下得了狠手，心硬、很残忍。这种人也很可怕了，人心一硬之后就不会有慈悲心。佛家讲慈悲心，儒家讲就是仁者爱人，若是“忍人”的话，就不会有爱心、慈悲心，心如铁石，那这个人也就废了。

人如果没有了慈悲心，没有了仁者爱人的精神，对同类的人都能忍心、残忍，能下得去手，这等于自绝于人类。对同类都能这样，这种人好像就不是垃圾的问题了，应该是全民公敌了。为什么呢？对人这个物种他能下得去死手，那我们作为人这个物种的成员，是不是应该和他坚决地对抗，应该把他消灭？因为这是全人类的敌人。

曾子讲的三个方面是递进的，一个说得比一个重，都是为人方面要避免的，君子不赞成这样做的。下面的“君子弗与也”，谈了几个方面，相对来讲都是人生的细节。

亟达而无守，好名而无体，忿怒而为恶，足恭而口圣，而无常位者，君子弗与也。

“亟达而无守”，这句话有两种解释。关键在“亟”字通常有两种含义，一是指快、快速，一是指多次、屡次。因为对“亟”字理解不同，古人对这句话有两种不同的解读。

第一种，将“亟”理解为多次，“亟达”就是多次的通达。“无守”，没能守住。“达”，在古汉语里面跟“穷”是反义词，“达”是通达，“穷”是陷入困境。人生屡次达到通达的状态，多次达到人生的顺境，相当有成就，但是每次都没守住。曾经辉煌过，又败落了；东山再起又辉煌了，然后又败落了，没守住。每次都冲到一个辉煌的顶点，却不能守住他的辉煌，三起三落。人生和过山车一样，就是“亟达而无守”。

这种人好像我们生活当中也有很多，尤其改革开放以来，当年最先下海的那一批成功的企业家，后来好像淹死在海里的也很多，当年都很辉煌，后来都没守住。这就是“亟达而无守”，守不住自己的业绩和成就，人生总在波峰波谷中倒来倒去，最后的结局不是在波峰，而是在波谷，这叫“亟达而无守”。这是第一种解释。

第二种解释，将“亟”理解为快速，也就是着急，急于通达，就是想要快一点达到人生的通达状态。为了追求人生快速成功而没有操守。

我更倾向于后一种理解。为什么？这种解释和后面几句话能够相匹配。“亟达而无守”，为了追求人生快速成功，没有操守，没有底线，无所不用其极。人生最大的追求就是发财，为快速挣钱，什么来钱快做什么，没有操守。

这和前面曾子说的话也配套，“强而无惮，好勇而忍人”，有这个特点，最后就容易“亟达而无守”。为什么君子得有所忌惮？无所忌惮，什么都不怕，那就坏了，最后会“亟达而无守”。为了快速成功，就可以什么招都使，不仅没有道德操守，最后连法律都不怕了。这种人生就始终走在危险的边缘，只不过就是让子弹再飞一会，他再等一会儿子弹，肯定不会是成功的人生。“君子弗与也”，这是第一个曾子不赞成的做法，就是着急取得成就而丧失了自己的操守。

所以人生必须要有底线，要有原则，那就是操守，不能“无守”。到任何时候都不能破坏自己的人生原则，不能冲破自己的底线。太着急追求成功，丧失了人生的操守，这是君子不赞成的。

“好名而无体”，喜欢名誉但没有实际内容，就是虚名，这也是君子不赞成的。我们讲实至名归，做到了自然就享有名声。“无体”，没有本体，没有真正做到，还要追求名声，这是不对的。你根本就是很吝啬的人，还追求慈善家的美名，那最后怎么能得到呢？想各种技巧或者造假，人生就始终活在虚伪之中，“好名而无体”的人生，就是一直在参加假面舞会，始终在伪装自己，而假面总有摘下来那一天。

人追求虚名而无实，这是一个错误的选择，有了这个心，人生事情的抉择就选不对了。首先考虑的是怎么要名，怎么有面子，然后就把里子扔了。想问题的思路一下就偏了，对问题不可能做出正确的选择。

“忿怒而为恶”，“忿怒”就是生气，怒气上来就要作恶，干坏事。不生气还行，但若是一生气，不一定做出什么坏事来，经常给自己惹麻烦，这也是要不得的。英雄一怒为红颜，不知道给自己惹多大麻烦。路怒症，今天在马路上一怒，给人车砸了，结果摊上了官司。因为愤怒，就要作恶干坏事，这也是要不得的。所以修行的关键是要止怒，首先要和自己的怒气做斗争，控制不住自己的情绪，就不是君子，也就不会有所作为。

“足恭而口圣”,“恭”是恭敬，对人非常恭敬，叫“足恭”。但问题是“口圣”，嘴上是圣人，修行全修在嘴上，那么他前面的“足恭”就是虚伪的，这是君子不赞成的做法。对人非常恭敬，但是全在嘴上，用一句歇后语来说，“狗掀门帘子全凭嘴对付”。东北还有一句方言，说“这人能空着肚子送你二里地出去”，就是典型的“足恭而口圣”。为什么对人这么恭敬、热情，说得天花乱坠，朋友走了送二里地，俩人都饿着呢，实在点儿留人吃饭多好？这就是典型的“足恭而口圣”。儒家讲的礼要落到实处，你如果不能安排人住宿，别问人今晚住哪儿；你如果不想请人吃饭，别问人吃没吃。这就是礼貌。你不注意这一点，就是“足恭而口圣”。

“而无常位者”，“位”古人理解为“立”，“无常位”就是没有一个恒定的能立得住的方面。另一种按字面解释，没有一个稳定的位置，不能给自己谋一个稳定的位置。若是稍微引申一下，把这个“位”理解为“立”的话，就是没有能使自己立得住的东西，这是君子不赞同的。

孔子说自己“三十而立”，就是在社会上有立足之处，有自己的职业、事业，有自己的一亩三分地，有自己的位置，这就是“而立”。引申一下，有安身立命的看家本事，这也叫“立”，人到 30 岁，就应该有安身立命之本，在社会上就应该有立足之地。

当然前提是孔老夫子“十有五而志于学”，从 15 岁开始修行，修行到 30 岁，才有自己的安身立命之本，在社会上有立足之地。这是修行 15 年的结果，孔子 30 多岁已经开始授徒了，在社会上有很大的名望，也有人请他做官。可以说孔子的“三十而立”，是有社会名望、地位和自己的安身立命之本。我们不要纠结于 30 岁了，纠结的话，我们就都崩溃了，我们都过 30 了。所以我特殊强调是修身 15 年，修的晚点可以晚点成就。现在开始修，15 年之后怎么也得在社会上有一席之地，有安身立命之本，这是孔子给我们立下的光辉榜样。

可能有人会说自己岁数大了，已经50岁了，再修来不及了吧。50岁也不晚啊，“蘧伯玉年五十而知四十九年非”，蘧伯玉50岁的时候，知道了自己以前49年的错误，不就说明蘧伯玉50岁的时候仍在修身吗！现代人的平均寿命远远高于古人，50岁开始修，15年以后，65岁有所成就也不算什么。一切都来得及，关键是修不修，能不能坚持。

最后要追求安身立命之本，在社会上有自己的一席之地，这叫“常位”，这才叫人生最基本的成就。

“无常位”，就是人在社会上没有安身立命的本事，没有影响力，得不到大家的尊重。所以曾子说“君子弗与也”，君子不赞成的是什么？不赞成你混日子，不赞成你庸庸碌碌过一生，不在乎你多少岁有成就，关键是你得往那个方向走，有追求，这才是君子。

以上一共五个方面，曾子说，都是作为君子不赞成的。实际他语言描述得非常有意思，首尾相扣。最后一条，他说的是你不能在社会上没有自己的一席之地，没有自己的成就，要与第一条合着看，但你也不能为了追求成就而没有操守。两句话，一头一尾，首尾呼应。曾子说话非常严谨，所以要实打实的成就，而不能追求虚名，想要有实打实的成就，就不能有恶行，要能制住自己的怒，所以修身要从控情、控欲入手，整体都是配套的。

以上连着四个大的排比句，曾子全以“君子不与也”作为结尾。“不”和“弗”是同义词，当然也有一种说法，认为在古汉语里，“不”和“弗”意思差不多，但程度不一样，“弗”的程度比“不”要更加深一些，说“不”程度浅，说“弗”更重。“君子不与也”，是君子不赞成；“君子弗与也”，是君子极其不赞成。曾子说了两个“弗”，两个“不”，我们要深究的话，好像还有一个程度的差异。而且我们要注意，说“不”的这两个方面，恰恰是修养和人生大的方面；说“弗”的两个方面，恰恰是学习和人生的小的方面。如果我们要从这个角度理解的话，可见曾子更加重视的是人生的细节，为什么呀？人生任何大的成就，都是从小事做起的，千里之行始于足下，九层之台起于垒土嘛！所以曾子更重视的是小的方面，要从一点一滴做起，因此小的方面他语气反而重，这也是一种理解。

以上的行文也可以看成是一个大的自然段，曾子从学习、为人，谈到修身、处事，都用“君子不与也”来结尾，君子不赞成什么，从负面讲作为君子应该回避哪些缺点和错误。第一个自然段讲了四个方面，第二个自然段也是四个方面，第三个自然段三个方面，第四个自然段五个方面，共是十六个方面，曾子在给我们指导修行注意的事项。作为君子修身的时候，上述十六个方面都应该注意，都应该回避，曾子谈得非常细致。

下面谈的就是更细的生活细节问题了，没有说“君子不与也”，但实际意思差不多，也是一些细节上的注意事项。

巧言而无能，小行而笃，难为仁矣。嗜酤酒，好讴歌巷游，而乡居者乎，吾无望焉耳！

“巧言而无能”，说得很巧，花言巧语，而没有实际的能力。“小行而笃”，在小的方面有行动，而且能坚定地做。“难为仁矣”，恐怕很难达到“仁”的境界。曾子给我们一个提示，儒家追求的最高境界是成为仁者，曾子说你要有上面这两点，就很难达到仁，很难成为一个仁者。两个方面，第一个“巧言而无能”，只是说得好听，但实际能力跟不上，达不到君子修行高境界的“仁”。第二，你只能在小的方面去做、去坚持，那也达不到较高的修行境界。这是不是有点矛盾呢？刚才曾子不是说修身就是从日用平常、小的方面做起吗？这怎么又告诉我们小的方面能做，又能坚持，也达不到仁了？这个“小”指的不是行为的大小，而指的是善恶评判中的小善。不是这件事大小，是善行小，你只是坚持一些很小的善行，没有其他的追求，那就很难达到仁。

修身从日用平常做起，从生活的点点滴滴做起，修不随地吐痰也可以，但你这一辈子就修不随地吐痰吗？这是作为公民应有的基本道德，仅满足于这一点点小善，那你达不到仁，在修行上达不到高境界。不能说这件事不是善，而是这个善太小。但是“莫以善小而不为”，这事你必须做，除此之外你还得有别的追求，不能到此为止，那就是“小行而笃”。修行应该像爬台阶一样，一个台阶一个台阶往上走，而不能一直在第一个台阶上站着。这是曾子说的第一个方面，他的评判还是比较客气的，“难为仁矣”，若是这样的话，你就很难达到仁者的境界。

我们要知道，仁者的境界在儒家是一个最高的追求，儒家修身达到的几种境界，君子上边才是仁者，仁者上面就只有一种人了，内圣外王，那是可遇不可求的。古往今来，尧、舜、禹、汤、文、武，到孔子，就这几个。实际上儒家修身的最高境界就是达到仁者。所以，曾子说很难达到仁者，这话说得还比较客气，若是追求不高的话，没追求达到最高境界，小富即安，比普通人强就行了，若是这样，你就可以不用注意“巧言而无能，小行而笃”了。这是一种解释。

“难为仁矣”还有一种解释，在先秦古汉语里“仁”通“人”，如果将“仁”字理解为“人”的通假字，那这个问题可就大了，“难为仁矣”，意思是，你就很难称得上是人了。

曾子这句话可大可小，关键是怎么理解，我就不多阐释了。

下面说得更细。“嗜酤酒”，喜欢买酒喝；“好讴歌”，喜欢唱歌；“巷游”，在街上逛；“而乡居者”，前提条件，住在他自己的家乡。这个人在他自己的家乡，喜欢出去买酒喝，喜欢唱歌，喜欢在街上游荡。曾子的评价是“吾无望焉耳”，“无望”就是不指望什么了。我对这种人也就没什么指望了，没有指望言外之意就是彻底绝望，不可救药。这个是应该引起我们注意的。

“嗜酤酒，好讴歌巷游”，用我们今天话说，先找个地方开个饭局喝点酒，然后去唱歌，接着在街上走一走，这是多少人的正常生活啊！但是曾子怎么评价这事的？曾子说对这种人我已经没有什么期望了。喜欢这样过日子的话，曾子说已经没救了，已经没有什么期望了。“无望焉”，后面还加个“耳”，“耳”就是而已、罢了。

从曾子这句话可以看出来，这不是小毛病，当然他指的不是正常业务应酬。和客户谈业务喝点酒，然后陪客户唱歌拉近一下感情，这个不在范围之内。这里是“嗜”，“嗜”就是好，嗜好。人生最大的愿望，就是喝点酒，唱点歌，街上逛一逛，这是一种生存状态，我们要引以为戒。曾子说得很清楚，对于这个人他已经没什么指望了，已经绝望了。

关键不在酒上，也不在歌上，而是在这种心态上。“嗜”字是最重要的，这是你人生最大的爱好，最大的追求。只要捏着酒瓶子，对着麦克风，就是人生最潇洒最满足的时候，什么都不想了，若是这样一种心态的话，这个人就废了。这个人没有进取心，而且也不追求学习了。日常生活就变成这样一个节奏，你说这人还能干什么？就像我说的酒囊饭袋。曾子这话说的是相当重的，“吾无望焉耳”，对他已经没有任何期望了。

出入不时，言语不序，安易而乐暴，惧之而不恐，说之而不听，虽有圣人，亦无若何矣。

“出入不时，言语不序”，也是从负面说的。“出入不时”，出来进去没有一定的时间。几点从家出来，几点回家，没有一定的时间，也许早晨十一点才起，也许后半夜三点才回来。“言语不序”，说话没有次第，没有顺序，颠三倒四。

“安易而乐暴”，安于这种安逸的状态。“易”可以解释为平，但是也可以解释为安闲的、散漫的状态。“乐暴”，喜欢暴力。这是一个什么样的人？这种人还有一个特点，“惧之而不恐”，吓唬他，他不害怕，胆大不信邪。“说之而不听”，劝他，他听不进去。你劝说他别喝酒，他不听，说严重点儿吓唬他，他还不惧，那你拿他有什么办法，或者说还能劝得了吗？所以，最后曾子总结，“虽有圣人，亦无若何矣”。即使有圣人也拿他没有办法。“无若何”就是“无若之何”，就是这种人即使圣人活过来，拿他也没有办法。

因此我经常讲，我们不能改变别人，我们只能去寻找有缘人，你要是碰见一个“惧之而不恐，说之而不听”的人，还能改变他吗？圣人拿他都没有办法，我们还能有办法吗？

临事而不敬，居丧而不哀，祭祀而不畏，朝廷而不恭，则吾无由知之矣。

“临事而不敬”，面对事情没有敬畏心。“居丧而不哀”，处在丧事期间，却没有悲哀的表情。“祭祀而不畏”，举行祭祀的时候，也没有敬畏心。“朝廷而不恭”，上朝了拿不出恭敬的态度。“则吾无由知之矣”，曾子的意思是说，对这种人，我也不知道怎么去说他，言外之意就是拿他没办法，没指望了。这种人对事情没有敬畏心，办丧事没有悲哀的表情，举行祭祀的时候没有敬畏的表情，而且到朝廷这种正式场合，都拿不出一个恭敬的态度。

这四个方面我们要总结一下会发现，关键就是一个“敬”字。为什么修身重点要修敬？儒家的敬是什么？对人有恭敬心，对事有敬畏心。“临事而不敬”，是对事情没有敬畏心；“朝廷而不恭”，是对人没有恭敬心；“祭祀而不畏”，也是没有敬畏心；“居丧而不哀”，还是没有恭敬心啊！家里老人去世了，都不悲哀，没有悲痛的表情，能说你对老人有恭敬之心吗？所以这四句话，分开讲是四个方面，串起来讲核心就是儒家的“敬”字。从两个方面去理解，就是对事有敬畏心，对人有恭敬心。

《周易》讲“敬慎不败”，就是这个“敬”。那么曾子这里讲，如果做不到敬，我也不知道怎么说你了。可见这也是很严重的一个问题，因此修行上我们要从“敬”字入手，对人有恭敬心，对事有敬畏心，修敬是非常重要的，也是曾子非常强调的。

三十、四十之间而无艺，则无艺矣；五十而不以善闻，则无闻矣；七十而无德，虽有微过，亦可以勉矣。

“三十、四十之间而无艺”，关键是“艺”字。古人的说法不一致，有人把“艺”理解为技艺、技能，有人把“艺”理解为道义，也有人理解为事业。我认为应该理解为技能、技艺。如果理解为道义，与下面“五十而不以善闻”的“善”就重复了。若是理解为事业呢？与后面的“亦可谓无业之人矣”就重复了。《曾子》上下文应该是不会重复的。若是从技艺、技能这个角度去理解，“三十、四十之间而无艺”，就是到了 30 岁和 40 岁之间还没有一技之长，没有自己的特殊技能、才能，那你也就没有才能、技能了。能力的学习和培养要尽早。如果理解为事业、道义，好像也不太符合实际情况。三四十岁的人若是没有事业，他就没有事业了吗？好像不太合适。齐白石 57 岁才开始定居北京，开始“北漂”，能说他后来没有事业吗？所以应该理解为技艺、技能。

“五十而不以善闻，则无闻矣”，到 50 岁而不能因为你的善而知名，那你也就没名了。“无闻”就是不会有名望了。

“七十而无德，虽有微过，亦可以勉矣”，关键是这个“勉”字怎么理解？一种解释认为是通假字，通“免”，免除、免去，意思是，这个人到了 70 岁还没有德行，即使有一些小的错误也应该把它罢免了。另外一种解释不理解为通假字，而是理解为勉励、努力的意思。如果人到了 70 岁还没有德行，那么即使出现了小的错误，也应该自己勉励自己努力改正，这是古人的两种解释。

我认为前后谈的是两个方面，一是人生的技能要早点形成，但是品德修养却不是。行善这事，你到 50 岁还没有知名，那就不会有一个善名了，这讲的是名。二是关于自我修养，不能到 50 岁就停止。50 岁还没开始修，已经来不及了，断定是“无闻”，不知名了，那我就不修了，放弃了吗？那你到底为什么修呢？为名吗？你要为名而修，那是前面批判的那句“好名而无体”。

为什么说是 70 岁？我们应该明白古今的差异。古代“人生七十古来稀”，古人的平均寿命比较低，70 岁就相当于今天的 90 多岁了。“七十三、八十四，阎王不叫自己去”，因为孔子活到73岁，孟子活到84岁，才有了这句俗话。孔老夫子周游列国，68岁回到鲁国，鲁国国君称他为“叟”，“叟”就是老人家，在当时已经是老寿星级别了。今天随着生活条件的改善，人的寿命越来越长，68岁好像还比较年轻呢，现在得过80岁才能称得起是老。

理解了寿命的古今差异，那么，“七十而无德”？按古人的平均年龄来讲，就是已基本到达生命的尽头了。即使到70岁发现自己有小的错误，也要努力改正。修身这件事，是活到老修到老。所谓“任重道远，死而后已”，没有结束那一天，一直到死才是停止。“七十而无德”，即使你活到70岁，可能生命马上就要结束了，这个时候即使发现自己还有小的错误，也要努力改正。

曾子用技能和修身相对照，对比着谈，技能的培养不是活到老学到老。技能的学习是有时间段的，应该在三四十岁的时候就掌握必备的技能。比如开车，这是技能。如果70岁还不会开车，你想去学，交警也不让你上路了，因为过70岁按规定就不发驾照了，你70岁之后再想学这个技能已经来不及了。但修身、品德的修养是无止境的，是一直要修到死的。两个方面对比着谈，一方面鼓励我们修身任何时候开始都不晚，另一个方面也启示我们技能的培养要尽早，曾子给出了很准确的年龄，30到40之间，就应该形成自己的一技之长。保守一点不能过40岁，过了40岁还没有自己的一技之长就有些晚了，就要来不及了。

古今社会变迁，我们今天成才的周期要比古人长，因为要学的知识技能太多。古人20岁行冠礼，就是成年礼，然后就步入社会了。孔老夫子19岁娶亓官氏之女，20岁就生了儿子伯鱼，而且古人说的是虚岁。古人需要学习的东西少，步入社会也早，可能技能的养成比我们相对要早一点。但我个人觉得，即使在当下社会，虽然教育时间在拉长，如果到 40 岁之前还没形成自己的一技之长，恐怕也有点儿晚了。曾子这句话就是放在当下依然适用。

当下还有一个特点，不仅培训时间拉长，退休还提前了。我说的退休不单指法定退休年龄，法定退休年龄往后延，那是特殊原因造成的，实际上我们在某一个行当里退出竞争的时间提前了。什么事都讲年轻化，最起码干部在年轻化。因此曾子的话尤其值得我们重视，必须提前具有专业技能。为什么？社会节奏快，退出竞争的时间提前了。

虽然有些行业，越老越值钱，像中医，但大多数领域退出竞争的年龄在降低，这是我的感受。现在有很多行业是吃青春饭的，这在古代是没有的。二十多岁是正当年，三十多岁就要退出竞争了，比如新闻、传媒、演艺圈，四十多岁已是大叔级人物了。退出竞争的时间既然在往低走，那不更需要提前形成自己的专业技能吗？所以在当下想走向成功非常不容易，若是想让自己的机会多，不管做哪一行，出道要早，因为机遇期长。仔细体会曾子这句话，我们应该尽量往前提，尽早拥有某方面的技能。30 到 40 岁之间我认为是最后期限，你可别非等到 30 到 40 岁之间，最好 30 岁以前，为什么？孔子还说过“三十而立”。

其少不讽诵，其壮不论议，其老不教诲，亦可谓无业之人矣。

“其少不讽诵”，年轻的时候不努力学习。“其壮不论议”，壮年的时候不和人交流、切磋，也不去讨论、研究。“其老不教诲”，到老年的时候不去教别人。“亦可谓无业之人矣”，这也可称得上是没有事业的人了。这里谈的才是事业。

曾子讲，一个人年轻的时候不学习，中年、壮年的时候不研究、不讨论，到老的时候也就没有什么东西能教给别人。如果这样过一辈子，曾子说，也可以把他称为没事业的人了。

曾子是从反面讲人生的道理，那我们换个角度去理解呢？君子应该怎么做？年轻的时候要努力学习，壮年的时候要跟人研究、讨论、分享，到老要把自己一生的积累讲出去，教给别人，这才叫人生的事业，这就是曾子理解的事业。不管你从事什么职业都是适用的，与前面“三十、四十之间而无艺，则无艺矣”是衔接的。

往大的方面说，将之理解为修身和道德修养，年轻的时候要学怎么修身，壮年要研究、实践修身，到老给人家分享怎么修身，教别人去修身。这是人生最伟大的事业。

若是接着前面的“艺”，就是技艺、技能来理解，不管你从事哪个专业，哪个职业，年轻的时候要努力学习专业技能，到中年去研究、钻研而且有所发展，到老能把这一辈子的从业心得教给别人，这也叫事业。人生的事业就体现在这三个方面，这就叫事业有成。

我们讲七十二行，行行出状元，不管你从事什么职业，都可以事业有成。一个普通的工人，也可以事业有成。体现在哪儿？年轻的时候努力学习工作技能，到中年的时候去研究它，和别人讨论、研讨，对专业技能有所发展，到老的时候把这一辈子在工厂的实践教给别人，这就叫作事业有成。人生的事业就体现在这里，你就是这个行业的状元，在这个行业里就是知名人物，就能得到大家的尊重。这也是我们今天讲的工匠精神。

基础是学，不学怎么能会？年轻的时候学是学会了，当年师傅手把手教，但是不知道研究，不知道突破也不行。哪一行是僵化不变的？你到壮年的时候，师傅教你的都继承下来了，但是社会在变，时代在变，你要继续去研究、去推进、去发展。有时候你会发现我们的老工人，外语一句也不会，新进口设备，说明书就是一本书，全是英语。专业英语翻译都译不过来，因为专业词汇太多。老工人看不懂，就靠着年轻时积累的经验研究新机器，看不懂说明书机器依然玩得转。这就是壮年时候要达到的境界，到壮年要去议论、研讨、琢磨，然后才能进步。当然最后一点也很重要，那就是分享。

少不称弟焉，耻也；壮称无德焉，辱也；老称无礼焉，罪也。

“少不称弟焉，耻也”，“弟”就是“悌”，通假字，和兄弟姐妹友爱叫悌，这个人小的时候以不友爱兄弟姐妹著名，这是可耻的。“壮称无德焉，辱也”，中年的时候以缺德出名，这是可耻的。“老称无礼焉，罪也”，到老了以不讲理出名，这是罪过。这是按照人的老中青三个时间段谈的，前面的自然段谈的是学习技能，这个自然段谈的是品德修养。

前面两句说的是可耻，后面这句更重，说的是罪过。曾子为什么这样强调？凡是曾子这样强调的，往往是我们忽视的。比如小孩子以不友爱出名，我们都能知道并解决。人到中年以缺德出名，我们都能重视。但到老了不讲理，我们一般是忽视的。不管老人有什么大问题，我们很容易就会想：“他都 80 多岁了，还和他计较什么？”正因为我们容易忽视，所以曾子说得很重，强调不管年纪多大都要讲理。其实我们生活中都会遇到不讲理的老人，使我们极其无奈。因为你纠正他，他就会给你搬出道德标准，最终无法收场。曾子评价这样的老人，是犯罪、罪过。曾子的话前后文都是串联的，前面讲“七十而无德，虽有微过，亦可以勉矣”，这才是正确的，活到七十有小的错误也要努力去改正，不能说七十了，我就可以不讲理了，那是罪过。

这两个自然段按人的不同年纪去谈学习和修身应该注意哪些方面，曾子是从反面说的，我们要注意回避。我们从正面去谈就是，人在年轻的时候重点要努力学习，和同龄人处好关系，人到中年要努力钻研业务，而且要重视品德修养，不能让人说你缺德、无德。人到老年，一方面从学习技能的角度要把一生的从业经验传授出去，要教别人；另外一方面要重视自己的修养，不管办什么事也要守着“礼”字，不能倚老卖老不讲理。人生的三个阶段，少年、壮年、老年的学习和修身的注意事项，曾子把最重要的方面举例跟我们谈清楚了。

下面是一系列的排比句，批判人生常见的错误。

过而不能改，倦也；行而不能遂，耻也；慕善人而不与焉，辱也；弗知而不问焉，固也；说而不能，穷也；喜怒异虑，惑也；不能行而言之，诬也；非其事而居之，矫也；道言而饰其辞，虚也；无益而厚受禄，窃也；好道烦言，乱也；杀人而不戚焉，贼也。

“过而不能改，倦也”，有错误却不能改正，这是懈怠。“倦”按字面意思是疲倦，引申为懈怠、怠慢。

“行而不能遂，耻也”，行动不能完成，是可耻的。不管这事完没完成，要把这事办到底，要有结果这叫遂。这事要么别做，要么做出结果来，有始有终，相对容易做到，所以我们首先要追求“遂”。在此基础上再追求善始善终，有好的开始还要有好结果。尤其是打工的，领导交代你的事，不管办没办成，要给领导一个反馈、一个结果。不能领导交代你一件事你就没有下文了，领导不问你就不吱声，这绝对是大忌。一定要有终，哪怕事情没办成，也要向领导汇报你是怎么推进的，为什么没办成，要给领导一个结果。所以“行而不能遂”是可耻的，要从这个角度去理解。儒家修八德，孝悌忠信礼义廉耻，什么叫耻？曾子这里解释了：如果你做事情最后不能给人一个结果，这就是犯了儒家八德的“耻”。

“慕善人而不与焉，辱也”，仰慕贤人却不与他交友，这也是耻辱。实际上就是《论语》上讲的“见贤思齐”，看见贤能的人要和他们看齐。为什么？不是让他帮自己办事，而是为了近距离地、更好地学习他身上的优点，受好的影响并接受他身上的正能量，然后自己逐渐地提高改善。仰慕还不交朋友就是耻辱，因为口不对心。

有人说，老师国学讲得真好，可是你一天都不来听，那不是骗人吗？这就是可耻。孔子讲“三人行，则必有我师焉”，生活中仔细观察就会发现有很多比你优秀的人，这就是王阳明讲的“满大街都是圣人”。只要放下你的傲慢心，客观冷静地去观察身边的人，就会发现你不用向远处求，身边就有比你优秀的人值得学习。好好与这样的人相处，潜移默化地就会受到好的影响，在不知不觉当中提高。

“弗知而不问焉，固也。”“固”有两种解释，一种是固执，这种解释我觉得不是很贴切。另一种是鄙陋。这件事情不知道，还不向人请教，这是鄙陋，粗俗一点说就是毛病。儒家强调的是不耻下问，什么事不知道没什么不好意思的，谁也不能什么都知道，不知道可以问，学问的关键是要问，不问就是没学。如果这件事你不知道，还不去请教，这是你的毛病。

“说而不能，穷也。”有古人怀疑“不能”后面有丢字，不能什么呢？好像缺个字。我仔细体会，感觉不是缺字，因为“能”是动词，能够把这件事谈清楚，“不能”就是说不清楚。“穷”是陷入困境。语言表达都不行，不能说清楚，就是你人生的困境。

如果现在要和别人谈一件事，旁边人都在等着你往下说，你却不会说了，这就是困境。当老师的站在黑板前忘记要说什么了，这是最可怕的。课讲得不好或大家不喜欢听都没关系，最可怕的是站在前面大脑短路想不起下句说什么了，这就是“说而不能”。

“喜怒异虑”，高兴的时候和生气的时候想法不一样，这是人生的一大误区，必须从这个误区里走出来，否则你人生的事情是处理不明白的。

《大学》说“心有所忿懥，则不得其正”，生气的时候看待问题心不正；“有所喜乐，则不得其正”，高兴的时候看待问题心也不正。子女教育方面我们经常会出现这样的问题，孩子把东西打碎了，正赶上你心情愉悦的时候就不是个事儿，若是赶在你气头上就发作了，这就是“喜怒异虑”。不能这样办事，什么事要有一定之规，不能因喜怒而改变。如果这样教育子女，孩子就不知道你的评价标准是什么了。不仅仅教育子女是这样，和别人处事也是这样，如果没有一定之规，朋友之间聊天，指出你的缺点和错误，心情好的时候就愉快地接受了；哪天赶在气头上，直接就吵起来了。下回看到你的缺点、毛病，作为朋友是提还是不提呢？以后怎么和你相处呢？所以说“喜怒异虑”是人生一大误区。

“不能行而言之，诬也”，“诬”就是虚妄。甚至我们可以说这就是撒谎。明知道做不到还答应人家，这就是虚妄。做不到千万别说。

“非其事而居之，矫也”，“矫”是撒谎，说得严重点儿就是欺诈。不是你干的事却居功，认为是自己干的，这叫欺诈。

“道言而饰其辞，虚也”，道听途说还修饰这个说法，把它讲给别人听，这叫虚妄。

“无益而厚受禄，窃也”，你没给人家好处，就接受了人家很多俸禄，这就是盗窃了。我们讲无功不受禄，与此正好相反。本来没有帮忙，不仅是“非其事而居之”，还拿了很多报酬，这就是“无益而厚受禄”，罪加一等，等于盗窃。

“好道烦言，乱也”,“道”是说，喜欢说那些繁杂的话，喜欢胡言乱语，这就是制造混乱。

“杀人而不戚焉，贼也”，杀人了连一点悲戚、伤感的情绪都没有，这叫贼。

曾子用了一大段的排比句，把修行上应该回避的诸多事项、具体问题列举出来。这些方面都是需要我们努力去修正的。

上面谈了 12 个修身方面的毛病，包括倦、耻、辱、固、穷、惑、诬、骄、虚、窃、乱、贼，一共 12 个问题，从简单说到复杂，从小毛病谈到大毛病。下面两句话是对照，从正反两个方面说善与不善如何处理。

人言不善而不违，近于说其言；说其言，殆于以身近之也；殆于以身近之，殆于身之矣。人言善而色葸焉，近于不说其言；不说其言，殆于以身近之也；殆于以身近之，殆于身之矣。

“人言不善而不违，近于说其言。”“说”是通假字，通悦。“违”不仅仅是指当面说，有时候没说出来，但你心里认为对方说得不对不妥，这也是“违”。别人讲不好的言论，你不能违背，还顺着往下听，没有识别对错，就更别说嘴上反驳或者更正了，几乎就是你喜欢他说的话，你心里没有觉得不好、不妥当。如果你不喜欢，你心里怎么连抵触的情绪都没有？

“说其言，殆于以身近之也”。如果你喜欢这种不好的言论，就接近于你自身去靠近这种言论，等于认同。“殆于以身近之，殆于身之矣”，如果你自身认同了这种言论，那就等于你亲自去做了。如果不能从语言上更正反驳，至少在心里有一种抵触，意识到这种言论是不对的，这是善恶道德标准，如果连这个都没有，就几乎等于自己亲身去做了这个事情。

打个比方，有一个人谈自己的嫖娼经历，谈得眉飞色舞，你听得津津有味，没觉得这是错误，还听得很入迷。这种特殊的经历你没经历过，听人家讲讲也挺有意思。那么，按曾子给出的定性，“殆于身之矣”，几乎等于你自己去嫖娼了。你对这个事情没有产生抵触情绪，就等于你认同这种做法。如果认同，就等同于你自己去做了。这句话曾子一点点往下推，最后推到“殆于身之矣”。为什么把事情说得这么严重？因为这是道德标准、是非观的问题，这件事到底是对是错，你都没有评判，就会很容易犯这个错误。

曾子这句话要从另外一个角度去理解，他人有不好言论的时候，你至少在心里要对这种言论有抵制，这是最低标准，也是我们道德修养的底线。如果你连这个心都没有，就等于你自身犯了错误。

内心对错误言论的抵触，是修身的底线。当然在这个基础之上，如果可以进一步的话，这个“违”可以表达出来。你可以纠正这种不好的言论。但是有很多的场合直接反驳未必妥当，对人际关系有影响或有副作用，所以可以不说，但是心里要有反感和抵触。

前面这句话曾子说的是“不善”，不好的言论。下面这句说的是好的言论。

“人言善”，别人这句话说得很好，很正确，也有道理，说的也妥当。“蒠”是不高兴，人家说对了，你反而不高兴。“近于不说其言”，接近于你不喜欢人家有正确言论。“不说其言，殆于以身近之也”，如果你不喜欢正确的言论，就等于接近他说的反面。别人现在谈的是好事，可是你却表现出不高兴。我们谈到儒家思想，经常遇到这种情况，他表示很反感，这是典型的“人言善而色蒠焉”。比如我谈人应该修身，你表现出不高兴，那就等于你反对修身。如果你反对修身，反对这种言论，就等于你自己不修，你实际上在胡作非为，这叫“殆于以身近之也”。

这段从两个方面谈，上面一句谈的是面对他人不好的言论，应有的正确的态度；下一句是面对他人好的言论，应有的正确的态度。当然曾子都是从反面说的，正确的应该是“人言善”要表现出悦，表现出高兴。人家传播正能量的时候，要从内往外表现出喜欢，这也是一种价值观，一种评判。人家说得对，就是你不表现出来，至少心里得认同，否则就等于自己作恶。

上面谈到的是自我修养容易犯的 12 种错误，常见毛病谈完后，讲与人交往，面对他人言论的态度。我们都是靠语言来交流的，当别人说得对的时候，你应该怎样；当别人说得不对的时候，你应该怎样。前面说的是自修，这儿说的是和人的沟通。作为一个修行人，在与人沟通时需要注意的事项。

下面谈的是对他人的理解或者识别，我们可以理解为儒家识人术。

故目者，心之浮也；言者，行之指也；作于中，则播于外也。故曰：以其见者占其隐者。故曰：听其言也，可以知其所好矣。

“故目者，心之浮也”,“浮”，“浮”本意是指浮标，生活中比较常见，水下面有什么变化你看上面的浮标。眼睛就是你内心的一个浮标，内心到底在想些什么，那是属于水下的事，但看你的眼神，就能猜出来你的心里是什么想法，这叫“目者心之浮也”。用今天的话说，眼睛是心灵的窗户。

古人早就认识到这一点了，所以儒家识人术讲看人。第一点就是看眼睛，眼睛能体现人内心深处的一些东西。了解自己，了解他人，了解事物，这是格物的第一个层面，第一个境界。怎么能理解他人呢？曾子告诉我们的第一个方法，非常具体，看他的眼睛。当然你在实际操作的时候也要变通，跟人聊天的时候，别直勾勾地盯着人家的眼睛，这是很不礼貌的，一会儿就把人看懵了。

第二点“言者，行之指也”，“指”，古书注解是示，指和示是同义词，所谓示就是标志物、标牌。人的言论是行动的标牌，这也是识人应该注意的。这个人下一步会怎么做，听他说的话就能推理出来。

正常来讲，我觉得这句话有两个方面的含义。一是我们会有意地给对方传达信息，示意下一步你要怎样做，你要把握住。当然有的时候出于礼貌，出于中国人含蓄的传统，他下一步要怎么办，不会很直白地说，而是暗示给你，你得会听。比如：他现在就是想揍你，只是怕打不过你。这层意思显然不能直说，但是他的这种情绪，肯定会用语言点给你：哎呀，你就不是我亲弟弟，要是我亲弟弟，我就揍你。这就已经是一种直白的表达了。

第二种，与人交谈的时候，下一步要怎么做会不自觉地表露出来。人想要隐瞒是很难的，《大学》里讲“人之视己，如见其肺肝然”，已经说得非常明确了。即使你不想表达，你的语气、用词都会把你的真实想法流露出来。真正会格物、会了解他人的，就能猜到你下一步的做法。

总结这两种情况：一种是人家主动告诉我们，一种是他不自觉地流露出来，你要善于捕捉别人言语中暗示的东西，才能真正理解对方话里的含义，才能真正猜到对方下一步的打算，这是格物重要的一面。怎么了解他人呢？都等着人家给你说清楚、说明白，甚至掰开来、揉碎了说你才能理解吗？你得善于倾听他人言语里面包含的有用信息，能不能把有用的信息提炼出来，就是你格物的本事了。曾子告诉我们，对他人做出准确了解可以采用两种方法：第一，观察他的眼神、表情；第二，听他讲的话。

然后曾子总结，“作于中，则播于外也”。“作”，应该理解为兴，兴起。“播”是传播。只要在人内心当中升起，同时就在向外传播。换句话说，人内心的活动一定有外在的表现，这是瞒不住的，所以才“人之视己，如见其肺肝然”。

是什么从心中升起？就是情、欲、念，你的情欲念在心里一动，外在就有表现。比如，和朋友聊天，他说的话我爱听，但是出于礼貌，我没表达出我喜欢，可是朋友仍旧会感觉得到你情绪的变化。

西方有句格言，上帝为什么给人类创造了两个眼睛、两个耳朵、一张嘴呢？就是想让我们多看、多听、少说。可见东西方的智慧在这一点上是相通的。我们还要注意到，曾子把看排在前头，他为什么不先说“言者，行之指也”，后说“目者，心之浮也”？因为有次第，重要性不一样。要想了解他人，看比听更重要，学会观察比学会听还要重要，所以曾子才把“目者，心之浮也”排在前面。

曾子没有展开说，我个人觉得还有第三种方法，就是用嘴说。没看明白，没听明白，可以问，问也是与人沟通很重要的一点。当然，如果你需要用语言去问，也就落为下乘了，说明你格物格不明白。盯着对方的眼睛，认认真真地听对方说，听了半天，冒出来一句，你到底啥意思？这人是不是太糊涂了。但我们俗人有时候还真就得来点儿低档次的，当实在看不明白、听不明白的时候，也得会问，靠语言去了解人，靠语言去格物。这也是需要我们修炼的。

然后曾子引了当时的一句俗话，凡是行文用“故曰”的地方，都是曾子提到了当时的俗话，不是曾子本人的话，是他引用的谚语或者当时的成语。“以其见者占其隐者”，“占”是推测、占卜，就是预测。“见”，我认为是通假字，通“现”。通过表现出来的东西去推测他隐含的东西，通过表情来推测他想表现的东西，他内心中那些没有直白表达出来的想法、念头、情感、动机等，这样才能对人有完整的把握和了解。

我觉得曾子告诉我们的方法，在社交场合尤其适用。正式社交场合直接问是很失礼的，在中国人看来，这小子有点愣，太莽撞。正确的方法应该是曾子说的“以其见者占其隐者”。“故曰：听其言也，可以知其所好矣”，这句话就更直白了，听他说的话就知道他喜好什么。

但这一段的核心不在后面而在前面，就是“目者，心之浮也；言者，行之指也”，这两句才是这一段的核心。曾子告诉我们观察和了解人的具体方法。从这一段往下，我认为都是识人术的内容，先是说了一个总原则，看表情、看眼睛，听人说什么，下面接着说具体事项。

观说之流，可以知其术也；久而复之，可以知其信矣；观其所爱亲，可以知其人矣。

“观说之流，可以知其术也”，“流”，古人一般解释为主流，也有人解释成部分、一部分。曾子在继续阐释识人术的内容，前面告诉我们“言者，行之指也”，听别人的话就能猜出他的行动来，怎么听啊？要观察他所说内容的主要部分、主流，然后你就知道了他的术，“术”一般指方法，你就知道了这人所要采用的方法。这么理解也可以。但是，古书里的“术”还指心术。这一自然段谈了三个“观”，都是大的层面，所以我觉得理解为心术这一大的层面可能更准确一些。我们可以把两种理解捏到一起，那么，这句话的意思就是，观察人说话的主要内容，或者谈话的部分内容，就能知道这个人的心术是什么样子，就能知道他对待事情会采用什么方法。

曾子在教我们怎样听别人说话，不是要把别人说的话听全，或全部拿来分析，这样做是错误的。“观说之流”，对他说的话进行过滤，把有用的那一部分摘出来，以此了解这个人在面对问题时所用的心术和将要采用的方法。在这里体现出“少则得，多则惑”。

如果他说的话像录音机一样录在你的脑子里，由于信息量过大，反而分析不清，抓不住问题的关键了。“观说之流”就是把没用的话屏蔽掉，把有用的信息过滤出来。因为聊天的时候会说很多闲话，有些话没有什么实际内涵。比如：说今儿天挺热，这句话你去分析他有什么内涵吗？体现他什么心理活动吗？就随口说说。曾子告诉我们，听人说话要能非常敏锐地捕捉到对你有用的信息，这才是格物的本事。这是曾子谈的三个“观”的第一个。

“久而复之，可以知其信矣”，久而久之就知道这个人是否诚信了。我觉得，这里的“信”，应该理解为信实才更准确，用东北方言讲是实诚、实在。怎么分别这一点呢？“久而复之”，过一段儿时间再重新谈这件事，看他怎么说，关键是能不能“复”。“复”是重复，看他这次说的和上次说的是否一样，这是问题的关键。如果他上次的表达不是发自内心的，不是真实的想法，是应付你的话或者是场面话，等过段儿时间你再问他，他说的保证和上次不一样，不会是重复的，这就证明他上次说的不是真心话，是违心的、不真实的想法。

实际工作中经常有这样的案例，找朋友办事，他说这次肯定不行，因为这事情我说的不算。你过段时间再去找他，结果他又说出个理由，有相关规定不允许啊，和上次完全不一样。那你就应该明白了，他两次说的都是假话，都是糊弄你的，这件事他是不想给你办。他说的不是真的，没有诚信。分别一个人的真假，是否有诚信，关键是过一段时间看他还能不能说出一样的话来。这是曾子谈的三个“观”的第二个。

第三个观是“观其所爱亲，可以知其人矣”，就是看他喜欢什么人，看他和什么人亲。物以类聚，人以群分，这是规律。这个人我就见了一面，聊了 5 分钟，他到底是个什么样的人，怎么把握？打听打听他和谁走得近，然后看看那位是个什么样的人，他们基本是一类人。

人都是不自觉地就经常和同类人在一起，见到同类人就觉得亲，因为彼此的思维模式差不多，喜好差不多。你和他在一起才觉得舒服，没事就愿意和他在一起，这是必然的，可以说是人的一种本能反应。当然，我们作为修行的人，就要在这方面下功夫，不能停留在本能反应的阶段，那就不是修身了，和什么人在一起不是出自本能反应，而是有意识地“见贤思齐”，要和贤人在一起，和比自己优秀的人在一起，和比自己修得好的人在一起。你要有意识地去找贤友，别找损友，这也是修行。而对于没修的人来说，他会自动地找和他一类的人，因为他觉得舒服。比方说喜欢喝酒的，他必然找喜欢喝酒的，在一起能喝尽兴，喜欢唱歌的也必然找喜欢唱歌的朋友，这是普通人的状态，但不应该是修行人的状态。

在这里曾子说了三个原则，我称之为“三观”，三种观察方法。第一，观察一个人的谈话内容，经过滤后，留下主要部分，通过分析就能知道他的心术，或者他应对问题的方法。第二，观察这个人的言语是不是很久以后还可以重复，通过这种方式了解这个人是不是诚信、真实。第三，观察他和什么人亲近，你就可以知道他的为人。这是三种观察人的总原则。

下面这一大段仍旧是观人的具体方法，共提到了 9 种具体方法，差不多都是观察人的不同层面的，也可以视为从 9 个方面对人进行观察。行文也很讲究，都是排比句。

临惧之，而观其不恐也；怒之，而观其不惛也；喜之，而观其不诬也；近诸色，而观其不逾也；饮食之，而观其有常也；利之，而观其能让也；居哀，而观其贞也；居约，而观其不营也；勤劳之，而观其不扰也。

“临惧之，而观其不恐也”，古人一般认为，“临”字应该是衍文，是抄书时多写的一个字。这句话应该把“临”字去掉，就是“惧之，而观其不恐也”。

我们对古书应该采取谨慎的态度，不能轻易改字，即使认定这个字是后来抄书时发生错误，多出来的字，也不能把它删了，为了慎重起见，原文必须保留，而在讲解的时候加以说明。

“临惧之，而观其不恐也”，意思是跟他谈一些可怕的事情来吓唬他，通过这个来观察他是不是不恐惧，或者是不是勇敢，这是对人的性格、品行的考察。当然不是指讲鬼故事，也不是那种谁听了都会害怕的事情，而是指人生的具体事情。比如说，一起炒股票被套牢了，说一说人生的灾难，人生可怕的事件后果，看他是不是恐惧。这个人心很大，你说啥他都不往心里去，这是不恐。但有人会想，股票又跌了，自己好像被套牢了，损失不少钱呀，结果晚上就睡不着觉了，这就是恐，心理素质不行。所以你和他就干点小买卖吧，别做什么大事了。这是第一条“观其不恐也”。

第二条“怒之，而观其不惛也”，激怒他，让他生气，看他生气之后乱不乱。普通人，生气之后乱是正常的，人一生气看问题也乱，说话也乱，被气得说不出话来，说出话来也颠三倒四的。如果这人生气之后跟你拍桌子讲理，说得还非常有逻辑、有条理，那这个人才是比较可怕的，你轻易斗不过他。愤怒是最容易让人混乱的，他在愤怒的状态下思维都非常有逻辑、非常严谨，他还有什么情况会不严谨、不合逻辑呢？这个人思维非常缜密，不容易犯错误。

第三条讲的正好相反，“喜之，而观其不诬也”，观察他高兴的时候会不会说一些不真实的话，会不会有一些虚妄的成分。这是人的常态，一高兴，往往说话就要有水分，就有虚妄的东西了。不管怎么高兴、怎么兴奋，说话还能不走板，不嘚瑟，这是不容易做到的。因此曾子讲，你让他高兴，观察他是不是有虚假的成分，这考察的是什么？看一个人能不能沉得住气。

第一条看的是心理素质过不过硬，第二条看的是思维是不是严谨缜密，第三条看的是能不能沉得住气。人一高兴就心浮气躁，这就容易坏事，容易乐极生悲。在高兴的情况下，说的话都属实，人不浮躁，没有飘飘然，那他就能始终保持沉稳。

第四条就简单啦，“近诸色，而观其不逾也”，让他接近美色，看这个人是不是有出格的举动，这是看这个人能不能守住自己的原则和底线。平常日子都挺好，为人处世有板有眼，道德修养也有很多优点，但面对美色引诱的时候，就做过分的事情了，这说明他坚守不了人生的原则。这条考察的是人能不能守住自己的人生原则和道德底线。

一个人如果守不住自己的人生原则和道德底线，就会在关键时刻掉链子，你跟他办事要小心，正常情况下没问题，在最紧要关头，临门一脚的时候，往往出现状况。用我们今天的话说，在革命的最关键时候他叛变了，这种人轻易不出事，出事就是大事，所以不能用他做大事。这是第四点。

第五就是小问题啦，“饮食之，而观其有常也”，通过饮食去看这个人有没有自己的一定之规。在饮食上有自己的一定之规，并且能守住，这个人办事就会有板有眼，做事也有自己的一定之规，而且他的规矩你是轻易打不破的。不为环境所改变，能始终守着自己的原则，这也是一种修行，普通人是做不到的。

如果你是跟着环境变的人，那你在饮食上也会跟着环境变。比如，平常吃素，但这一桌除了自己也没有吃素的人，今天就来点儿肉吧，这就是没有一定之规。如果在饮食上守不住常规，人生的原则也会经常违反，在别的方面也守不住。本来宣誓戒酒了，但今天是老同学十年聚会，能不喝点儿吗？这个规矩就被打破了。长此以往，总能为自己破坏规矩找到借口，日常生活就没有了规矩，就没有什么东西是能守住的。

所以要通过饮食这件小事去观察人，看他能不能守住自己的常规。这个常规是啥？是他做事一板一眼，不容改变。或者我们说点负面的话，这人守死规矩，相对来讲是可靠、可信的标志。好像这个人不知道变通，恰恰给我们一种可信度，啥事交代给他会非常放心。所以我们要知道，守住常规的人，表面上看比较呆板，不知道变通，但他恰恰容易得到他人的信任。反过来说，要想得到他人的信任，非常容易的、快速的方法，就是自己做事有一定之规。这是第五点。

第六，“利之，而观其能让也”，是给他利，看他能不能让。这考察的是儒家八德的“廉”字，观察这个人是不是廉，是不是自律。骨子里头是廉，表现出来的是谦让，没有廉洁的精神是不会让的。廉洁自律的人，给他利，他考虑的是这个利合不合适，自己应不应该得。

比如，本部门这个月业绩好，作为部门经理，领导给 50 万的奖金，直接把这 50 万揣到自己兜里，就没有守住廉。廉洁自律的人，他会考虑这个利合不合适，是这个团队做的项目，领导单独奖励自己 50 万，底下人没有，自己得了合适吗？他会考虑这一点。我一个人拿奖金不合适，这 50 万我们部门均摊一下，我可以多拿点儿，但底下人也不能没有啊，否则会影响工作的积极性。若是能做到这一点，他就是一个廉洁自律的人，面对利益不昏头、不贪，这样的人才能把事情办明白。如果眼里就盯着利，他是做不出让的举动的，领导这 50 万点名给我，我也付出了，所以我应该得，他就会这么考虑问题了，结果就会是不让。

“利之，而观其能让也”，骨子里考察的是有没有廉洁自律的精神，表面上考察的是有没有谦让的精神。有廉洁自律精神，就会表现出谦让，这才是做大事的人。否则，这个人不仅做不了大事，他带的团队肯定会出问题的。

第七，“居哀，而观其贞也”，当面对丧事的时候，考察这个人是不是有真实的情感。“贞”有人说是通假字，通真。我觉得不必那么绕弯去理解，没必要非得换个字，按“贞”来理解也讲得通。“贞”的意思是正，面对丧事的时候去观察他能不能做到“正”。这是什么意思呢？在面对丧事时，能不能端正认识，正确处理。

有了正确的认识之后，才能有正确的处理。丧事怎么办，自己的悲哀表达到什么程度，对这些都能正确地处理。所以面对丧事时，我们能看到这个人正不正，这个人有没有人生的智慧，对人的生老病死这些大事能不能正确理解。这种正确理解、正确处理，就是一种人生智慧，否则的话就会乱了，别人说什么都信。

我年轻的时候各家还都点炉子取暖，时有煤气中毒的事情发生。有一对年轻夫妇，都还不到 30 岁，煤气中毒死了。有人说，煤气中毒的人，挖一个超过 1. 5 米深的坑，把人放进去停着，还能缓过来。父母就照着做，不肯把尸体送火葬场，不肯办丧事，期盼人能活过来。这就是典型的不正了。而且这时候就容易上当受骗，如果谁说有药方、仙丹，专门治这个病，死三天之内都能复活，恐怕要多少钱她都会给的。

总之，不能正确地认识丧事，不能正确地处理丧事，是一种缺乏人生智慧的体现。如果面对丧事，悲痛情绪能左右你，人生的很多事情，你都不能正确处理，这是可以举一反三，可以类推的。现在是因为悲痛，那因为气愤呢？我现在把你气急了呢？你还能正确认识、正确处理事情吗？你会发现，喜怒哀乐悲恐惊全会影响你，一旦情绪抓住你，你对相关的事情都不能有正确的认识，也不能正确地处理，那你的人生就不会正确地办事，这种人就注定成不了事。

悲痛是一个非常重要的方面，对人是一种强烈的刺激，通过这个去观察这个人，才能发现他的问题。如果他被情绪牵着鼻子走，对事情不能正确地认识和处理，那么在别的事情上，如果他的情绪一旦发作，也不可能正确认识。一句话，就是他缺乏人生的智慧。用我们的话说，就是心被蒙蔽了。修行的目的就是不要让你的七情六欲干扰你的心。

第八，“居约，而观其不营也”，当他处在贫穷的时候，观察他是不是钻营。为了挣钱，就无所不用其极，那么这个人就是把物质看得太重了。人在穷的情况下还能不钻营，能守着正道去做，这才是修行。为了摆脱贫困就什么招都使，这个人在道德上就没有底线。

实际这是很可怕的事情，是当下中国社会一个很大的问题。改革开放以来，我们太注重经济发展，太重视金钱地拥有，最后导致有钱成为人生唯一导向，已经不考虑手段了，通过什么方法去赚钱被忽视。这样的人是很可怕的，因为钱、财富是他唯一的目的。为了达到这个目的，他没有任何底线，没有任何原则，你敢和这样的人交朋友吗？他随时可能为了利益出卖你，所以我才说这样的人是很可怕的。

“营”是指钻营，而不是经营，在贫困的状态下，想办法脱贫，那叫经营，是正确的。钻营是什么？投机取巧，巴结、阿谀奉承，或者不考虑方法的正当性，不考虑人格，只为钱，这叫钻营。看穷人是否钻营，能看出这个人是否有道德底线，有操守。人有操守才能有一番作为，这就是孟子说的，人得先有所不为，而后才能有所作为。

最后一点，“勤劳之，而观其不扰也”，“扰”，也有人说是通假字，通挠，挠和曲是同义词，就是弯曲的。“不挠”，不弯曲，就是正，就是直。“勤劳之”，“劳”是让他很劳累。总是折腾他、让他非常劳累，通过这个观察他是否能保持正直。是不是活儿多了之后就开始想别的，是不是推出去一部分不干，或者对付对付、糊弄糊弄，或者把这件事承包出去，转嫁出去，等等，这就开始有歪心思了。

有的版本“扰”后面还有一个“人”字，“不扰人”，就是他非常累，活又多的时候，观察他是否骚扰别人。这就可以从不同的角度理解了，一累就冲别人发火，用《论语》上的话就是迁怒。今天因为家务活干多了，累了，就开始对孩子发脾气，这就是迁怒。还有一种，自己活儿多干不过来，就开始派活，向外转嫁，一会儿支使老公干，一会指使孩子干，拿出生产队长的作风，这也是骚扰别人。按字面意思，解释成“扰”，我觉得就很好，不用说是通假字。

这一点观察的是什么？有没有责任心，有没有担当，但问应不应该，不问喜不喜欢。这活儿是不是我应该干的，是我应该干的我就干，也不对别人发牢骚，也不把活儿派出去。领导派的活多了，就开始抱怨，“他们咋都闲着呢，为什么不让他们干呢”？这就是扰人；要不就开始发牢骚，“人家闲得要死，我们忙得要命，啥活儿都往我们部门派，哪有这么当领导的”？这也是扰人；再跟同事发点牢骚，把气撒在别人身上，这都是扰人。如果出现类似现象，就说明这个人没有担当，没有责任心。

上面一共谈了九个方面，也是曾子谈了九种观察人的方法，应该说非常全面啦，既有道德问题也有素质问题，还有对各方面能力的考察。通过曾子说的这九个观，能对人有相当全面而准确的把握，这是我们所说的儒家识人术，这也是格物，是对他人的了解。

君子之于不善也，身勿为，可能也；色勿为，不可能也。色也勿为，可能也；心思勿为，不可能也。

这句话的前提条件是在说君子，不是普通人。即使是修身的君子也会有这样的表现，普通人更是如此。“君子之于不善也，身勿为，可能也”，君子对于不好的事情，自己不去做，是可以做到的。“色勿为，不可能也”，但是表情上不流露出来，这是做不到的。也就是说，对自我约束有不同的境界，不同的层面。对自己的约束，最简单的是不让自己去做，但对于“色”，表情上仍可看出来。就是从理智上能认识到这事不好，不应该干，克制住自己没去做，但是从表情看出来很向往。管控自己的行为相对容易，管控自己的情绪情感相对就难一点。比如，今天这种场合你不应该发火，也确实控制住了没发火，但表情已经不对了，满脸不高兴，大家都能看出你生气了。

修行再进一步，“色勿为”，表情上也不表现出来，这也是可以做到的。“心思勿为，不可能也”，心理活动都没有，那是不可能的。比如说生气这件事，我没表现出生气，没发火，这叫“身勿为”，相对容易做到，在这个基础上对自己的约束提升一步，修行进入另一个层次，就是达到“色勿为”。不仅没发火，表情依旧面带微笑，其他人根本看不出我生气了。达到这个境界后，能不能做到“心思勿为”？心里想的叫“心思”，心里根本就没有生气的想法。曾子说这是不可能的，暗示我们这是最难以做到的。

《论语》上孔子那段话大家都很熟悉，“吾十有五而志于学，三十而立，四十而不惑，五十而知天命，六十而耳顺，七十而从心所欲不逾矩”。到 60 岁，你们说什么听着都顺耳，心里头就已经没有这些想法了。孔子从 15 岁开始修，修到 60 岁才达到这个境界，共修了 45 年。但我们要注意，孔老夫子说的是人生的常态，在任何时候、任何事情上都能做到，那需要相当长时间的艰苦努力。如果你不是追求把这种状态变成人生的常态，只是就某一件事达到这个效果，那用不了 45 年。孔老夫子是一直如此，不管什么时候，对什么人、什么事，都能做到这一点。达到这种境界确实很难，我们应该先从一件事修起，比如修制怒，这种事我不应该发火，能不能约束自己不发火，同时约束自己面容上不带出怒气来，再进一步要求自己在心里把怒气化掉。这就是修身。

总结曾子这段话，修行对自我的约束分成三个层次：第一个层次约束的是自己的行动、行为；第二个层次约束的是自己的表情、情绪的微妙流露；第三个层次约束的是自己内心的情绪波动。修炼应该循序渐进，第一层次的修炼是约束自己的行为，先做到“身勿为”，这件事不好、不善，我不做，这是第一步；第二步，约束的是自己的表情，甚至包括肢体语言，也不流露出来；第三个层次的自我约束，修的是心，把心里的情绪彻底化掉。

举一个不是很恰当的例子，比方说吃素。第一个层次是约束自己不吃荤，这是“身勿为”，但是有时候看见荤菜还表现出来馋，但你别管我馋不馋，我没吃，这是第一个层次。第二个层次，我不仅不吃荤，而且面对荤的时候我没有任何馋的表现，想吃的想法还是有的，但是已经看不出来了。到第三个层次是心里面干脆就没有吃荤的想法，更不用说馋不馋了。这就是这件事的三个层次，三个境界，得一点点往上修，可以说修到最后一个层次“心思勿为”，才真正修到境界了。

我身边很多朋友戒烟，戒烟怎样才是戒住，最后能保证不复吸，实际和曾子的描述非常相像。第一步做到不抽，但是看别人抽是很眼馋的，从表情上就能看出来，这个时候戒烟是随时可能被破坏的，大多数人戒烟失败都败在这一步。第二个境界，他已经流露不出来对烟的向往了，大家在一起抽烟他无动于衷。但是心里面偶尔会有抽烟也挺好的想法，这是第二个境界。这个时候一般很难再拉他下水了，但即使到这个层次，也有反复的可能，就看诱惑大小。今天朋友聚会，递一根烟，他不抽，但是明天孩子高考成绩不理想，发愁，媳妇递过烟来，他还是有破戒的可能。达到第三个境界“心思勿为”，心里没有抽烟的想法了，就像从来没有抽过烟的人，他心里头没有抽烟的想法，这时候他才是坚定的，才是真正戒掉了。

人的自我修炼、自我约束是分三个层次的。第一个层次先做到面对不好的事情不做，第二个层次才是做到对这件事情没有任何向往的表现，第三个层次是做到对这件事情没有任何的想法。达到第三个层次，这件事才真正修成了。

对不好的事情是这样，对好的事情也是这样。行善的第一步是要求自己去做善行，但有的时候懈怠，今天犯懒不想干了，但是要求自己做到。第二个层次才是不仅做了而且表现得不是那么勉强。到了第三个层次，就觉得这是应该的，根本就没有不做的想法。

曾子是从反面说的，不好的事情不做，是去掉缺点的过程，做好的事情是增加优点的过程。不管是去掉缺点还是增加优点，都是我们自我完善和提升的过程。而到第三个层次，“心思勿为”，用我们今天的话说，就已经变成你的生存状态，一切都已经自然而然，没有任何强迫自己的想法，这才是真正的修炼。

实际《中庸》上讲的“生而知之，安而行之”，就是达到第三个境界；“学而知之，利而行之”，就是第二个境界；最初的那个境界就是“困而知之，勉强而行之”，勉强自己才能做到，这是第一个层次。《中庸》上讲的是三种人，但是我理解也是人修炼的三种层次。我们先做到“困而知之，勉强而行之”，勉强自己去做；然后达到“学而知之，利而行之”，认识到了做对自己有好处；最后达到“生而知之，安而行之”，只有这么做，心才安，这就是人生的生存状态和生活模式。达到《中庸》上描述的“生而知之，安而行之”的境界，就是圣人的境界；“学而知之，利而行之”，就是贤人的境界；“困而知之，勉强而行之”，就是修行人的境界。还有困了也不知，也不勉强行的，那是俗人的境界。所以，修行是脱离世俗的过程，就是勉强自己去做那些善的，不做那些不好的。这就是修行人应有的境界。在这个基础上再往上修，达到贤人的境界，达到圣人的境界。

儒家的修炼和学习就是学做圣人。王阳明 12 岁的时候就已经立下了一个志向，为什么读书？为什么学习、修炼？学做圣人，读书学做圣贤，这是儒家修行的终极追求。所谓学，“学而时习之”的学，指的不是学习文化知识，指的是学做圣人。而学做圣人是一步一步走的，不是一下子就能达到圣人的境界的。先从“勉强而行之”到“利而行之”，最后达到“安而行之”，才能达到圣人的境界。这就是儒家学习和修炼的三个台阶，一步一步往上修。最后是把圣人的行为变成自己的行为，把圣人提倡的做法变成自己的人生习惯，把圣人提倡的人生状态变成自己的生存状态，一切就都是自然而然的了。也就是孔老夫子说的“随心所欲不逾矩”了。

接下来是曾子对这三个境界的进一步描述。

太上乐善，其次安之，其下亦能自强也。

“太上”，最上层的叫“太上”，最高级别的。“乐善”，喜欢善，喜欢善行，喜欢做好的事情，就是“安而行之”。“其次”，比它低一档的，“安之”，能安于这种状态，停留在这种状态之中，这是贤人的境界。“其下”，再低一个层次，“亦能自强也”，也能自己勉强自己，这就是修行人的境界。这句话还是对三个境界的阐释。

我理解，人分为四种状态，曾子只提到了三种，这三种都是修行人的层次。第四种是什么？是不修的普通人。曾子这里讲的是修身，是给想修身的人讲的，你都不想修身，还跟你谈什么，所以对第四种人就忽略不计了。实际在儒家看来，人就分这四档，最下面那档是不修的，浑浑噩噩，人生会重复同一个错误，人生也始终在较低层面上。没有修行想法的这些人，儒家根本不考虑，因此曾子这里谈的三个境界，都是修行人的境界。

上面两段话，我理解，是从不同的角度谈三种境界。前面一段说得比较细，是从负面说的，是怎么对待不善，三种境界的人对待不善的事情分别是什么态度。这一段简单一些，是从正面说，对待善这三种境界的人是什么态度。

仁者乐道，智者利道，愚者从，弱者畏。不愚不弱，执诬以强，亦可谓弃民矣。

这里谈的是不同的人对待“道”的不同态度。什么是道？

古人道的概念是相当宽泛和复杂的，抽象意义上的绝对真理、宇宙本源，普遍意义上的客观规律、自然规律，具体意义上的途径、方法，都是“道”。那在这里“道”指什么？我个人觉得，根据上下文来看，它的内涵实际上比较单一，指的就是善。因为前一个自然段谈的是“太上乐善”，是对善的态度；后一个自然段谈的是“太上不生恶”，没有恶；那么在善恶之间夹的这一段所说的“道”，应该指的就是善，这是我的理解。当然，你把这里的道理解为道义也不能算错。

“仁者乐道”，仁者喜欢善。“智者利道”，有智慧的人认为善能给自已带来利，或者说道义能给自己带来利。为什么要推行道义？智者认为这件事对他是有利的，学者为己。为什么要行善、做好事？智者真正认识上去了，知道这件事对他有利，对自身有好处，所以他才做。能够真正认识到行道义、行善给自已带来的好处，这叫智者，这才是有大智慧的人。如果不是因为对我有好处才做，只是因为喜欢，那就更高了，那就是仁者。

举个不太恰当的例子，比方说吃素。他就是喜欢，味道好，这叫仁者；他给出若干理由，可以降低胆固醇，不得脂肪肝，对身体健康有好处，他认为这么做对自己有好处，这叫智者。智者认为这么做对自己有好处、有利；仁者可能说不出来对自己有什么好处，就是喜欢。

“愚者从”，愚者是跟着别人干。这种人实际上就是变色龙，或者用东北土话来说就是“兔子肉”。因为兔子肉和什么肉炖在一起就会变成什么味，受环境影响非常大。关键看他身边的环境，身边若都是好人，便也会跟着做好事，身边若都是坏人，也会跟着做坏事。全看环境，没有主见，这种人是很多的。我们一定要知道为什么曾子把他们称为愚者，是愚蠢，已经丧失了独立判断的能力。人生若是没有独立判断的能力，不知道动脑，那么这种人实际还比不上跟着感觉走的人。

所谓跟着感觉走的人，只要他喜欢，不考虑对自己有利还是有害，一定要去做。人生如此也是比较可怕的事情，但在我看来，这种人比愚人强，至少他知道自己喜欢什么。“愚者从”，这是最可怕的，这人已经不是独立的了，是别人的附庸，别人做什么他做什么，没有独立思考的能力，没有独立人格，这是修行人必须避免的。

“弱者畏”，弱者不强，他的特点是“畏”。这里曾子没有将之定性为愚，弱者有自己独立的理解，但是畏惧外在的环境。对于一件事弱者有分辨对错的能力，不是主动顺应环境，而是被环境强制性改变。愚者是根本没有独立思考的能力，跟着环境走，很容易就被其他人带过去了。弱者不是这样，不是没有独立思考的能力，而是出于畏惧，没有勇气去坚持对的，也没有勇气去改正错误，结果他被环境改造，这就是所谓的后天习染。

“见义不为，无勇也”，这是弱者的体现。弱者有自己的判断，知道什么是义，什么是不义，但为什么见义不为？怕，怕给自己惹麻烦，怕自己受到伤害。根据上文，面对道义、善行，仁者喜欢行善；智者认识到了善对自己有利而去实践善；愚者是从众行善；弱者是畏，担心不行善、不推行道义会给自己带来负面的东西。比如，单位号召捐款。他的答案是，既然大家都捐了，我不捐，领导对我有想法怎么办？这是弱者的特点。所以弱者也行善，也推行道义，归根结底行善或推行道义是怕不行善、不推行道义会给自己带来危害。

“勇”为儒家三达德之一。儒家为什么要提倡勇？就是摆脱弱者，强弱与自己的社会地位没有关系，与自己的能力素质也没关系，最主要还是一种修养。只要修出勇，那就不是弱者了，勇于为善，勇于推行道义，这就是强者。

我认为曾子评价最低的是“不愚不弱”，做事不随波逐流，也有勇气，但他的特点是“执诬以强”。这种人在曾子的评价中排在最后，不具备愚者和弱者的特点，但是他坚持虚惘的和你犟。用今天的话来说就是拿无知当性格，无知而坚信，是这种人的特点。

愚者、弱者都没有最后这种人可怕。愚者虽然自己不动脑但是好在他跟随别人去做。把愚者放到好的环境里就会顺应，社会风气若是好，他绝对是个好人，关键在于环境，只要环境不差，愚者就不会差。弱者毕竟有自己独立的判断，所以只要哪一天鼓足勇气，就能变成强者。这两种人都不是不可救药的。但是“不愚不弱，执诬以强”的无知而坚信的这种人，是彻底无可救药的。曾子对这种人做了定性，“亦可谓弃民矣”，这种人可以称得上被抛弃的民众。这种人将会被大家抛弃，被社会抛弃，谁都不理他。曾子说的是一个正常现象，我们要是碰到这种人，我们也不会理他。他拿着一个虚妄的东西和你硬犟，你说你搭理他干吗？这种人将会被社会所抛弃。

曾子这里谈了五种人，面对道义和善有不同的态度。第一种人喜欢善和道义，叫仁者；第二种人认为善和道义能给自己带来好处，是智者；第三种人实行道义是因为身边的人都在做，于是他也跟着做，这是愚者；第四种人，因为不做担心受惩罚，这是弱者；最后还有一种人，“执诬以强”，他对道义和善的理解是不真实、不正确的，但是他坚持错误的看法和身边的人犟，这种人是弃民，是被抛弃的。

太上不生恶，其次而能夙绝之，其下复而能改。复而不

改，殒身覆家，大者倾社稷。是故君子出言鄂鄂，行身战战，亦殆勉于罪矣。

讲完对善的态度，下面对应讲对恶的态度，从不同人的角度来说，分几个档次。“太上不生恶”，心里不产生恶念。这是最高档次，对待恶的态度，最高境界是心里根本就没有恶念。其次，“夙绝之”，“夙”是早，低一档的人心里会产生恶念，但他心里一旦产生恶念之后，自己能够早早地发现并且将之灭绝，不变成行动，这是第二档。其下，“复而能改”，“复”是重复，他重复这个恶，不只犯一次，但是他能改，这是第三档。有决心改掉，就是浪子回头金不换，放下屠刀立地成佛，说的就是这种人。第四档“复而不改”，就不是修行人了，重复错误并且不能改正，这种人曾子给他预见的结局是，“殒身覆家，大者倾社稷”，把自己搞死，把自己的家颠覆了，最大的可能是把国家亡了。为什么结局有三个？因为社会地位不同。像我们没权没势的，不管怎么做，最后把自己搞死也就完了。若是领导干部，不只是把自己搞死的问题，很多人会被他牵连。若是君主“复而不改”，会导致国家的灭亡，这叫“大者倾社稷”。

“是故君子出言鄂鄂，行身战战，亦殆勉于罪矣”，“勉”是通假字，通免，“鄂鄂”是小心的样子，“行身”是自己亲自去行，“战战”也是小心的样子。这里讲的是言行两个方面，君子在言行两个方面都能做到小心谨慎、战战兢兢，就接近于免除罪过，不犯错了，这是君子对待恶的应有的态度。

第一种是修行最好的人，不生恶念；第二种人有恶念能早早灭绝；第三种人犯过错误、重复过错误，但还能改正；第四种人听之任之，重复错误不改。君子就是修行人，应该怎么办？君子就要小心谨慎、战战兢兢地让自己的言、行两个方面都不接近恶，可以使自己不犯错误，人生向好的方向发展，这才是修行的意义。

是故君子为小由为大也，居由仕也，备则未为备也，而勿虑存焉?

“由”是通假字，通“犹”，是好比、和什么一样的意思。“为”是做。是说君子做小事和做大事是一样的。“居”，平常日子、日常生活。“仕”是当官。君子不当官的时候和当官的时候是一样的。这两句话的意思就是讲“敬慎”。修行的最终状态是要一以贯之。不能有的时候是这样，有的时候就不是了。如果总是变化，发挥不稳定，对自己的人生起不了太大的作用。

正常来讲，我们都会有这种感觉，当遇到大事儿的时候，知道“敬慎”。遇到人生重大问题的时候，都会高度重视。但如果遇到的事不是特别重要，往往状态和心态就不一样了，就放松了，觉得这是小事儿，无所谓了。实际上人生的大事都是从小事发展而来的。

古人的比喻是“千里之堤毁于蚁穴”，大坝为什么最后决口了？是因为之前有个蚂蚁在上面打洞，没人注意，最终它把洞打通了，导致了大坝决口。我们正常的思维是大事儿重视，小事儿不重视，这是错误的。因为蚂蚁打洞是小事儿没有重视，最后发展成大问题，千里之堤决口了，这时候才不得不重视，不得不想办法解决，但是已经很难解决了。重新将大坝修起来是一件大工程，而且已经发生了水灾，还要去救灾、赈灾，总之会有一系列的麻烦事儿。修行提倡“君子为小由为大也”，如果对待小事和对待大事一样，那么重视，那么认真，就可以提前把困难和灾难消灭于无形。当它没发展起来，还是小事儿的时候，容易解决，当发现蚂蚁在大坝上打洞的时候，发现这是问题，是危害，想要解决是很容易的，一脚就可以把它踩死。关键看是否重视。

这句话重点强调的是，人生不要只把眼光盯在大事儿上，这样你就永远都在救火。问题小的时候不注意，问题大了就不好处理了。对于我们的日常生活，包括对身体来讲都是这样，当身体有小毛病的时候不注意，先养着，等养严重了再去医院，大夫会说："怎么不早来呢，治不了啦!"实际应该反过来，应该在小事儿上尤为重视，小事儿重视，能提前解决，这样就没有大事儿了，你就过得很从容。

这是曾子第一句话的意思。君子要修身，最后体现在哪儿？修身之后，你对人生的事情、态度要有一个转变。首先心态要有转变，重视；其次，状态才能有转变，才能做到"敬慎不败"。对待小事儿也应该像大事儿那样去对待，这叫"为小由为大也"。

"居由仕也"，就是不当官的时候和当官的时候是一样的。如果你是领导，可能这时候很重视；你现在不当领导，就不重视了，什么事儿都办得非常随意，觉得自己不是领导，不在其位，不谋其政，这事儿跟自己有什么关系。如果抱着这样的心态，那你永远也当不了领导。俗话讲，"不想当将军的士兵不是好士兵"，为什么呢？心态不一样，导致状态不一样。这个士兵从入伍开始，就以当将军为目的，那么他会怎样度过部队的生活？你想想，那状态就不一样了吧。另一个士兵从入伍开始就想在这儿混三年，然后复员，他又会是什么状态。所以，"居由仕也"谈的是人生没有成功之前，就应该拿出成功之后的状态来。

你是否能走向成功，是你自己的状态决定的。如果你当官之前，跟当官时的状态不一样，你那样的状态就决定你永远当不了官，永远没有出头之日。如果你想当官，你就想想当这个官应该是一种什么样的状态，应该具备什么能力素质，拿出这种状态来，往这方面努力，然后你才能在大众当中脱颖而出。你拿不出这种状态来，你怎么能坐到这个位置上呢？你永远是一个群众的状态，领导怎么能提拔你呢？所以要“居由仕也”。

曾子第一句谈的是，我们对待生活中的大事小事应该是一个态度，都那么认真，都那么重视，能始终做到“敬慎不败”。第二句话谈的是，成功之前和成功之后状态应该是一样的。当然你可别弄反了，当了领导之后，再拿出一副群众的态度来，那更坏了，那样绝对不可能成为好的领导，恐怕很快就要下台了。应该往上看齐，不能往下看齐。

实际上，曾子这两句话是告诉我们，人生走向成功的一个关键，最后落脚点落在一个“仕”上。仕是出仕、当官。我们说句负面的话，中国古代的官本位思想在这儿也就体现出来了。人生怎么样叫作成功？这里是把当官作为人生成功的典型案例。我们今天不能完全从这个角度去理解，古代官本位的思想，我们应该批判看待。我们今天成功的渠道有很多，不一定只有当官才意味着人生的成功，干哪行儿都可以走向成功。古人不是也有一句俗话吗，“三百六十行，行行出状元”。

关键是怎么能走向成功。第一，要认真地对待每一件小事儿，“为小由为大也”。第二，若是想走向高层次、高境界，你现在就要拿出那个状态来，各行各业都是如此。你现在是老师，如果想做一名出类拔萃的老师，你现在应该拿出什么样的状态？作为一名企业家，如果想成为一名优秀的企业家，你现在应该拿出什么样的状态？不能说你现在企业小，才三个员工，不着急，等企业做大了你再努力提升境界、心胸、视野。你现在不提升，怎么可能做成大企业家？这叫“居由仕也”。先拿出那个状态来，然后你才有可能走到那个高度。

后面这句话是一个补充。因为可能有人会问，拿出相应的状态来，就一定能走到那个高度吗？不一定，还要看你有没有机遇！但是，你能保证做到前面这两点，至少能达到“备则未为备也，而勿虑存焉”的状态和境界。

若是能够做到前两点，至少会达到以下状态：人生不管遇到什么问题，你都能拿出一个妥当的解决方法，在其他人看来，就好像你为这件事儿提前做好准备似的，所以事情一发生，你就处理得非常妥当，但实际上你真的没做准备。这叫“备则未为备也”。“勿虑存焉”，无疑，人生存在这样的状态、这样的境界。怎么才能达到这种状态和境界呢？做到前面两点，“为小由为大也”“居由仕也”。

“居由仕也”可以理解为一种状态，追求人生的成就，现在就拿出那个成就所需要的状态、心态来。接下来就是具体的状态，“为小由为大也”，每一件小事儿都像大事儿一样谨慎地去应对。你的心态、状态如果能够保证做到这两点，不敢保证你的人生一定会走向成功，或是能当官，但至少可以保证你遇到任何事情都能处理得非常妥当，事情都能得到圆满的解决。在别人眼里，就感觉你提前准备了，但实际上你真没准备，毫无疑问你可以达到这种状态。而能把人生的任何事情都处理得很圆满，这种人十之八九是有成就的，这种人没有成就反而是意外了，那就得说是“时也，命也”，是机遇不好。即使没有成功，日子也能过得很从容，自己过得也很舒服，别人看你也很愉快，这已经是人生的一个比较好的状态了。唐代诗人罗隐有两句诗：“浮世到头须适性，男儿何必尽成功。”我理解，谈的就是这种状态。

《传习录》记载，有一次王阳明的弟子问他，大圣人处理问题为什么都那么妥帖？是提前做好预案了吗？王阳明的回答是，哪里预备得许多！王阳明说的是对的，人生的事情千变万化，不知道碰见什么事情，如果每一件事都要提前准备好，都要提前想好、做好预案，怎么可能做到？因为事情的变化会经常出现意外、超出预期。提前没做好预案就不会应对、无法应对，那就不是修行。

修行人最后追求的境界，不是提前做好准备，而是到了那个时候自然就能拿出一个妥帖的方案来。这种境界是非常美好的，是我们非常向往的，但是，怎样才能达到这个境界呢？要修身，从格物练起。“格物格明白，方法自然来”，这是我一直提倡的。这种修身、格物，就在曾子说的前两点上。第一，对任何小事儿都认真对待，这样才能拿出妥帖的解决方法。第二，要拿出成功人的心态和状态来。我们往低了说，最起码你得有担当吧。就从当官的角度来讲，你想当局长，就得有当局长的境界和担当。无论什么事儿你都往后缩，推卸责任，这怎么可能当上局长呢？你拿出前面这种状态来，才能达到后面这个效果，任何事情都不用提前准备，都能拿出一个圆满的解决方法，这样人生的成功概率就非常大了。

曾子这段话没有说得很绝对，他是有所保留的，不是保证你必然成功，但是肯定能把遇到的事情处理妥当。事情若是都能处理妥当，那人生十之八九会成功。我们不能成功的原因实际上就是因为有些事情处理得不够圆满，结果把机会浪费了。事实上，老天给每个人的机会都是均等的，成功者没有浪费任何一次机遇，每次机遇都把握住了；不成功的人却是浪费了每一次机遇，每次都和机遇擦肩而过。为什么会存在这么大的区别？关键是你能不能拿出成功者应有的心态和状态，能不能像对待大事一样对待日常生活中的每一件小事。

下面这两段讲的是另一个问题，齐家和治国的关系。在这里，我首先要提醒大家，先秦时期的“家”跟我们现在的家内涵是不一样的。“家”不仅仅指家庭、宗族，还包括卿大夫的采邑，实际上“家”就是一个小的单位。因此古人有一种政治理念叫“家国同构”，就是“家”和“国”的结构是一样的。若是你不理解“家”的特殊含义，这句话就无法理解了。为什么家和国的结构是一样的？我们家的结构怎么可能和国家的结构是一样的呢？“家”指卿大夫的宗族、采邑，有土地、有人民，还有自己家的大家族，这些合到一起，实际就是一个微型国家，一个微型诸侯国，因此才说“家国同构”。古人认为，能治好家，就能管好国，因为它俩的结构是一样的，就是一个小，一个大，规模不一样，但是本质上、结构上是一样的，所以能齐家就会治国，因为性质是一样的，解决问题的方法也是相通的。这是古人的政治理念。

这种政治理念即使放在今天，我觉得依然是有合理性的。做一个不太恰当的比喻，你如果能管好一个小型的、五六十人的企业，好像让你当国务院总理，你也差不多能够胜任。为什么这么说呢？管企业也好，当国务院总理也好，最重要的不外是理顺人际关系，就是用人。你若是能把五六十个员工都用好，用当下的话说，为合适的岗位找到合适的人，为合适的人找到合适的岗位，做到人尽其才，那么，你做国务院总理应该也没有问题了。为什么？国务院总理要做的主要工作，实际上还是为五六十个岗位找到合适的人，做到人尽其才，只不过他要安排好的岗位是省长、部长。所以“家国同构”，我认为在当下也是有合理性的。你如果能管好百八十人，治理国家没问题，骨子里头都是理顺人际关系，都是和人打交道。

下面这两段，曾子是在具体阐释儒家的这种政治理念。我们先把这种理念说清楚，曾子下面这段话就容易理解了。

事父可以事君，事兄可以事长师，使子犹使臣也，使弟犹使承嗣也；能取朋友者，亦能取所予从政者矣；赐与其宫室，亦由庆赏于国也；忿怒其臣妾，亦犹用刑罚于万民也。

“事父可以事君”，拿出侍奉父亲的方法，就可以侍奉君主了。说得更直白一点儿，你如果是一位孝子，能跟你爸把关系处好，就能从根本上跟领导把关系处好，但前提条件是你得先把“孝”字修到位。我们后面就会讲到曾子对孝的论述。我们知道，在孔门弟子里，曾子的特点是大孝，曾子在孝的方面做得特别到位。若是你在孝上能做到位，然后本着这种原则、方法和领导相处，就能处得非常和谐。

你不能仅看字面意思，“事父可以事君”，对老爸的态度就是对领导的态度。那好，你在家还打爹骂娘呢，到单位就拍桌子骂领导去，那就坏了。“事父”讲的是要做到儒家的孝。

那么我们回忆一下，儒家的孝包括哪些内容？《论语》上说得很清楚。孝敬，要做到孝首先得敬。所以孔子讲，“今之孝者，是谓能养。至于犬马皆能有养，不敬何以别乎”？仅能养活父母，这能叫作孝吗？你还养狗呢！你养父母和养宠物有区别吗？有啊，区别就是“敬”！对父母得有“敬”！没有敬的话，只是给爹妈提供物质生活条件，就不是孝。所以孝的第一条就是敬。

孝的第二条讲“顺”，所以我们今天说孝顺。啥事儿你顺着他点儿，不能跟他反着来、对着干。《论语》上讲“无违”，不要违背。什么叫不要违背呀？按《论语》的本意来讲，是不要违背“礼”的要求。我们说得小一点儿，就是不要轻易违背父母的愿望。他想做什么，只要不是违法乱纪的事情，尽量顺着他一点儿。比如说，你是好心，是对父母好，希望父母身体健康，觉得抽烟这个习惯不利于身体健康，就逼着老头儿戒烟，把老头儿憋得生不如死。这就不是孝了。孝顺，你得顺，不违背正道的事情，顺着他一点儿。当然，原则性问题不能顺。你爸告诉你今天缺钱，让你去抢银行，这事儿你就不能顺着他了，原则性问题不能出错。

另外，孝还要做到“忠”，下面曾子就会讲到。什么是“忠”？儒家八德的“忠”讲的是尽心尽力。对父母尽孝，没有一个绝对的标准，要求的是你尽心尽力。为什么没有统一标准？因为人的能力不一样，家庭条件不一样。统一标准之后，有的人就执行不了。比如，若是我们现在规定，每个月当儿子的都得给父母八千元钱，全国统一标准，可能有的人月薪才五千，那他无论如何都达不到标准，我们能判定他是不孝吗？所以说没有统一标准，要求的是每个人都尽心尽力。你是不是尽到心、尽到力了，做到了就是忠，儒家讲的“忠”就是尽心尽力。

儒家的孝，具体问题我们讲到孝的时候再说，大方向至少是满足三个字：敬、顺、忠。做到这三个字，你才是实践了儒家的孝道。

那么我们想一想，如果你拿对待父亲的敬、顺、忠的态度对待单位领导，你和单位领导的关系还能不和谐吗？你对领导很尊敬、有恭敬心；领导交代的工作你都能尽心尽力；不和领导顶嘴、对付，只要不是原则性问题，都顺着他一点儿。别的都不论，只要能做到这三条，和领导的关系一般来讲不会太差吧。这叫“事父可以事君”。

为什么儒家讲“孝悌也者，其为人之本与”？为什么把孝放在前头，强调孝是根本。因为“移孝作忠”“求忠臣于孝子之门”。若是你真的做到了孝，然后拿出对待父母的孝道的精神来对待君主、对待领导，那么和领导的关系就能很和谐，你就能成为最受领导欣赏的人。这叫“事父可以事君”。还得提醒大家，我前面说的政治理念“家国同构”，是儒家最重要的政治理念。这两方面的道理是相通的。你在家里做到了孝顺父母，然后，拿对待父母的方法去侍奉君主，你就会是一个忠臣，君主非常喜欢的忠臣。这叫“求忠臣于孝子之门”。

曾子说的第二句，“事兄可以事长师”。儒家八德第一是“孝”，第二是“悌”，“悌”是友爱兄弟。“长师”，年长的和老师，这两个是放在一起的，在一个层面上。如果你能和哥哥关系处得非常融洽，把和你哥哥相处的方法拿来，与年长者、老师相处，那么，你和年长的人、老师就都能相处和谐了。我们引申一下，怎样才能理顺和同事的关系？拿出你对待哥哥的态度，来对待单位比你年纪大的同事和老师，就能把关系理顺。

上面这两句，谈的都是作为部下、年少的人，应该遵守的两条规矩。你在社会上行走，现在是被领导者，不是领导者，你怎么跟领导处关系？“事父可以事君”，这是第一。第二，作为年纪小的，你应该怎样对待年纪大的人，怎样跟年纪大的人把关系理顺，“事兄可以事长师”。父亲是长辈，兄是平辈，你做到了“事父”“事兄”的话，你的亲属关系就能理得很顺了。拿出对你老爸的态度，对待叔叔、伯伯、婶子等长辈，那么上下辈儿、纵向的亲属关系、代际关系就能处得很和谐。兄是平辈的，你能把对待兄长的态度普及，对待你亲叔伯兄弟姐妹，那么你的平辈兄弟姐妹就都能够处得很好。这样你就理顺了所有的亲属关系。

在家内把这些关系全部理顺之后，把这种态度运用到社会上，对领导，拿出对待父亲的态度；对待单位比你年长的同事，拿出对待哥哥的态度，那么你的社会关系就都能理顺了。如果真的做到位的话，你的亲属关系、社会关系统统理顺，你的人脉就打理得非常好了。从这里我们才能看出，儒家为什么强调孝。这两句话，曾子是说给年轻人、被领导者的。

下面两句话是给领导者说的。如果你自己是领导者应该怎么办呢？“使子犹使臣也，使弟犹使承嗣也”，使唤自己的儿子，就像使唤你的大臣那样。怎么去当君主？怎么去领导大臣？琢磨琢磨你在家怎么管儿子的。当然，前提条件是，你在家里至少是一个按儒家标准来讲合格的父亲，然后再用这种方法管理你的部下，就可以了。你首先得会做父亲，这不是每个人都会做的。当父亲容易，做父亲难。当你结了婚，有了孩子，你就当上了父亲。可是，你能做明白吗？那得修。

“使子如使臣也”，最起码的一点，对待你的部下要拿出对待儿女的那种爱！你在家怎么爱孩子的，那就应该把这种爱体现在员工、部下的身上。所以，“慈者所以治国也”，你得有慈爱的精神。

“使弟犹使承嗣也”，“承嗣”就是你的接班人，引申一下，说的不是普通员工，是你手下的干部，对待他们要像你在家里对待弟弟那样。当大哥的怎么对弟弟？用这个方法，和你手下的干部、管理团队沟通，你们的关系就能相处和谐了。后面这两句话，曾子是说给当领导的人听的。怎样才能做一个好的领导？像对待子女那样对待员工，像对待弟弟那样对待管理层，你就是一个优秀的领导。

这里我们要涉及古代的一个俗称，大家都知道的，“父母官”。县令为什么叫父母官？就是从这里引申出来的。当官的管理老百姓，得拿出当爹妈的那种心来，老百姓才称你为父母官。

以上两句曾子是讲给领导干部听的。但是我们想一想，我们的人际关系，除了亲属关系、上下级关系、同事关系，还有一种关系——朋友关系。你们俩不是一个单位的同事，他不是你的领导，你也不是他的员工，你俩也没亲属关系，但你俩是朋友，这是另一种关系。前面说的是怎么理顺亲属关系、同事关系、上下级关系。但是怎么理顺朋友关系呢，我们看下一句。

“能取朋友者，亦能取所予从政者矣”，这是讲朋友关系，也是在讲同事关系。什么叫取得朋友？就是取得、获得朋友的认可，也就是和朋友之间相处得很好。“予”是通假字，通“与”，当“和”讲。“予从政”，就是和你一起从政的人、和你一起当官的人，也就是你的同级、同事，你俩级别一样，在单位都是处长，平级，这就是“所予从政者”。你怎么能得到朋友的认可？就是你和平级的这些同事交往，应该拿出你和朋友交往的态度和方法。但首先你得知道怎样把朋友处明白。“让我拿出对朋友的方法？我没朋友啊！”这就麻烦了。所以曾子第一句讲“能取朋友者”，首先能够得到朋友的认可，和朋友们的关系都处得非常好，你想一下，怎么跟朋友处好的？然后你就拿出这种方法，拿出这种心态和状态，去对待单位里和你平级的人，你就能够和这些同事处好关系。

说到这儿，实际上曾子已经把我们所有的人际关系全部都点到了。曾子三句话谈了三个方面，涵盖了人生所有的关系。首先是亲属关系，和你有亲属关系的不外是两类人：一类是平辈，一类是长辈和晚辈，用文化人类学的概念说，后者是代际关系；或者说，前者是横向的亲属关系，后者是纵向的亲属关系。曾子讲的事父事兄，将这两类亲属关系都涵盖在其中了。

第二类人际关系是同事关系。不外是三种类型，要么是你领导他，要么是他领导你，就是你的上级或者你的下级，当然还有平级。曾子上面的话也都涵盖了吧？第三类人际关系，朋友。曾子这里谈的朋友我们要笼统地理解，仅是志同道合的人才能算朋友吗？小学同学算什么？中学同学又算什么？都涵盖在朋友里面了。除了这三类人际关系，你再想想你还有人际关系了吗？有，我在马路上碰见的陌生人。但是陌生人对你的人生不发挥任何影响，那种关系可以不考虑。对你人生有影响的这三大类人际关系，曾子全谈到了。

和你的人生有关的这些人，你都能与他们相处和谐，结果是：其一，你给自己打造了一个非常和谐的小环境，跟你走动频繁的、关系密切的这些人都相处和谐，那你的小环境太愉快了，你已经提高了生活质量，提高幸福指数了。其二，这些人就是你的人脉。和这些人把关系都处好了，他们就能和你分享资源，给你带来机遇，能帮助你在事业上走向成功。路上遇到的陌生人不会帮你事业走向成功，这三类人才和你人生事业的发展有关系。所以，曾子说到这里，已经把我们的人际关系全说完了。

但是，我从一开始就讲了，曾子是要贯彻一种思想，就是从政的思想，“家国同构”的政治理念。只把人际关系说完了不行，还没谈治国呢，所以后面接着说，怎么把这套处理人际关系的方法用到治理国家上。

“赐与其宫室，亦由庆赏于国也”，“宫室”就是房屋，引申为家人，“家国同构”的那个“家”。“赐予”就是给予；“庆赏”就是赏赐。“由”还是通假字，通“犹”，一样的意思。你给予家人的时候，和你在国家颁布赏赐的时候是一样的。分配物质利益，对你的家人是怎么分配的，你能分明白不？能分明白的话，你把这个标准拿出来，作为国家领导分配物质利益的方法，“家国同构”嘛！当然我还得强调，这个“家”不是指我们今天的三口之家。今天你们家怎么分配物质利益的？让孩子先挑！这不对，此家非彼家。

这里曾子说的“家”是卿大夫的采邑，是一个大家族，还管着一片地，还有他的臣民，在这种“家”的内部怎样分配物质利益？作为一个家族的族长，你分配物质利益的时候，需要考虑很多因素，给弟弟多少，给儿子多少，给侄子多少，给自己的家臣多少，给下属多少，给臣民多少，按什么原则去分，怎么向大家解释说明你的分配原则，如何面对可能的质疑和不满……你若能把这事处理明白，那么你若是国家领导，本着这种原则分配物质利益，也能分明白；你若是一位企业家，本着这种原则确定绩效薪酬，也能分明白，道理都是相通的。这叫“赐予其宫室，亦犹庆赏于国也”。

家庭内部利益的分配给予，和你做国家的君主颁赏的道理是相通的，标准都是一样的。实际就是我们前面说过的，面对的都是五六十人，在家里你能把这五六十人的利益分明白，那你作为国家领导给几十个省分配资源和利益，也就都能分明白了。

上面说的是赏，下一句说的是罚。“忿怒其臣妾，亦犹用刑罚于万民也。”作为君主怎样才能把对待万民的刑罚弄明白？家里的仆人惹恼你，你对仆人生气的时候，是怎么处罚他的？当然，前提条件是你生气是对的，你不是迁怒，不是拿人撒气，是他真犯错误了。想想你处罚的标准、方法，然后用这种方法、标准来管理国家，去处理那些违反法律的、违反规章制度的人，方法也是一样的。这叫“犹用刑法与万民也”。对老百姓触犯法律、违反规章制度的、犯上作乱的，应该怎么处分，你也就能搞明白了。

曾子这里只提到了两个方面，上一句是赏，下一句是罚。实际曾子是在暗示我们，管理一个国家，或者说管理任何类型、规模的团队，从管理方式、手段上来讲，大方向只有这两条，一个赏，一个罚，在古代叫君主的“二柄”。作为君主，作为领导，你手里要抓住两样东西不能撒手，靠这两样东西你就能把国家管理得很好，就是你要善用赏罚。赏罚分明是不容易做到的，要真能做到赏罚分明，你就是一个非常称职的领导，管理的艺术就已经很高了。

从今天管理学的角度来讲，我认为还是靠这两个字。无论管理什么单位，管理一个部门也好，管理一个企业也好，管理方法是很多的，但是基本原则就是这两个字。管理一个企业，用各种各样的管理方法，出台各种各样的规章制度，最后你去仔细品一品，归归类，要么属于赏，要么属于罚，真的没有其他。单位员工挣绩效工资，下个月谁业绩高谁奖金就高，这就是赏。迟到就罚二百块钱，那就是罚。管理企业的手段可能花样百出，但是骨子里头不外就是一个赏、一个罚，只是你用赏多一点，还是用罚多一点的问题。当然两者不能偏废，不能只赏不罚，也不能只罚不赏，必须兼用。

从管理的角度来讲，当你决定用赏还是用罚的时候，就得具体情况具体分析了，看看这个员工是什么状态，是赏能激励他呢？还是罚能让他更努力呢？你得去思考下属的状态，然后再决定是应该赏还是应该罚。管理上万变不离其宗，就是赏罚二字，治理国家也不外是赏罚二字。

我们将曾子这段话综合起来考量，曾子告诉我们“家国同构”，治家和治国是一样的，追求的是什么？理顺所有人际关系。用什么方法理顺人际关系？要么赏，要么罚。就是这么简单。治家和治国，它俩性质一样，就是规模大小不同，所以方法是一以贯之的，就是用一套方法，治家也是这套方法，治国也是这套方法。

这是曾子告诉我们的齐家治国的方法，在今天也是治企的方法。下面说的还是这个问题，只不过笼统一些。

是故为善必自内始也。内人怨之，虽外人亦不能立也。

“是故为善必自内始也”，如果行善的话，一定先从内部开始，不能从外部开始。也就是说，儒家提倡行善由近及远，既不能一视同仁，也不能从外边开始，要先从内部开始，而对人的爱是有等差的，这是儒家最重要的理念之一。

儒家提倡仁者爱人，提倡对一切都有爱的精神，但这个爱是有差别的，不是无差别的爱。墨家才提倡无差别的爱，但儒家是反对的，儒家强调爱要从内开始向外扩展。所以你对你的亲兄弟的爱，就要比堂兄弟深一些；对你堂兄弟的爱，就要比远亲深一些；对你远亲的爱就比陌生人要深一些。这是有等差的。因此孟子的名言是“老吾老以及人之老，幼吾幼以及人之幼”，讲的是对老人、对孩子的爱，都是从对自己的老人和孩子开始，逐渐扩展到其他人的老人和孩子。

行善要从内开始，从和你最亲的人开始，向外扩展。为什么儒家讲齐家、治国、平天下？也是从内向外扩展。虽然说“家国同构”，但是也得分出亲疏远近来。从亲到疏，从内到外，从近到远，你得分出远近厚薄，否则人际关系是理不顺的。为什么？对你好的，对你坏的，你都一视同仁，那么谁还对你好？我帮你，你对我是这个态度；我坑你，你对我也是这个态度，那么谁还帮你？你这种态度，爱不分等差，没有区别，不是等于自找倒霉吗？所以儒家讲“行善必自内始也”，有亲疏远近，从内向外有等差。下面曾子告诉我们为什么要这样。

“内人怨之，虽外人亦不能立也”，如果内部的人怨恨你，即使外面的人想帮你，他也不能帮你立得住。比如我现在管理企业，行善却不从企业内部开始，企业内部所有员工都恨我，这时候你作为企业外的人，想帮我，你怎么能帮到我呢？你能帮我立得住吗？

曾子说的是一个很简单、很直白的道理，内部人如果恨你，外部人想帮你都帮不了。所以说“行善必自内始”，得先把内部搞定。如果内部出了事，外面的外力想帮你是帮不了的，使不上劲。我们如果从抽象的角度去想，曾子这句话的含义与马克思主义哲学是相通的。从哲学的高度讲，内因才是事物的决定性力量，外因必须通过内因才能发挥作用，对吧？

虽然“家国同构”，但记住“为善必自内始”。下面曾子说的是作为领导者应有的状态，是讲给君主、领导的。

居上位而不淫，临事而栗者，鲜不济矣。先忧事者，后乐事；先乐事者，后忧事。昔者天子日旦思其四海之内，战战唯恐不能义也；诸侯日旦思其四封之内，战战唯恐失损之也；大夫士日旦思其官，战战唯恐不能胜也；庶人日旦思其事，战战唯恐刑罚之至也。是故临事而栗者，鲜不济矣。

“居上位而不淫，临事而栗者，鲜不济矣”，先秦古书中的“淫”字基本上都是指过分，后代对“淫”字的理解基本上是指淫乱，对这个字的用法前后是有变化的。“百善孝为先，万恶淫为首”，这副对联中的“淫”就是指淫乱了。

先秦时期“淫”指过分。作为一个上位者、领导者，做事情不要过分，这叫“不淫”，不是指不要淫乱。当然淫乱也是过分，是特殊的过分。“临事而栗”，面对事情心中怀有恐惧，不是怕事儿，而是有敬畏之心。

儒家为什么要修“敬”字？对人要有恭敬心，对事要有敬畏心。“临事而栗者”，作为领导者、居上位者，当你处理问题的时候，对事情要心怀敬畏。我们说得更直白点，就是你要高度重视。什么叫敬畏之心？害怕把事情办砸了，办砸之后引起的后果对你是非常不好的，甚至那后果是你承担不了的。然后对这件事才能小心认真对待，因为一旦办砸了，后果不堪设想。古人还有一种形容，“战战兢兢，如临深渊，如履薄冰”，就是形容敬畏心。

“鲜不济矣”，“鲜”是很少；“济”，最直白的意思是渡河，渡过去叫“济”。古人经常用大河比喻困难，渡河渡过去了，说明把困难解决了，渡过困难、克服困难就是成功了，所以“济”字引申为成功。“鲜不济矣”，意思是，很少有不成功的。

曾子告诉我们，作为居上位者，只要你守住两点，很少会不成功。第一点，做事情不过分，“不淫”；第二点，处理所有问题都心怀敬畏，“临事而栗”。

后面说的是对这件事的具体描述。什么叫不过分？什么叫敬畏心？“先忧事者，后乐事；先乐事者，后忧事”，这是一个笼统的说法。处理这件事之前，在做出最后决策之前，带着敬畏心，带着忧患意识，小心谨慎地、战战兢兢地去处理，这叫“先忧事者”。能够做到这一点，结果是“后乐事”，等到事情的结果出来之后，你就高兴了、乐了，因为事情的结果非常圆满，这叫“后乐事”。

反过来，“先乐事者，后忧事”，这里的“忧”就是愁。带着一种很放松的心态，不是那种忧患、敬畏、小心的心态，带着一种无所谓的心态，来处理这件事，等处理完了，十之八九结果非常不理想，然后就愁死了。这叫“后忧事”。

曾子这句话说得是相当有道理的，“先忧事者，后乐事；先乐事者，后忧事”。你若是想长乐，对每件事都要先忧。你对事情没有忧患意识，结果是你会长愁。因为每件事都办砸了，天天在想挽救措施，一辈子始终在救火，始终在补救自己的错误，就是不愁，又怎么乐得起来？

这句话《曾子》还是给领导者说的，这是一个总的原则、总的论述。下面开始是具体的描述，是排比句，只要理解一句，其他几句的意思就都能理解了。

“昔者天子日旦思其四海之内，战战唯恐不能易也”，这句话翻译过来是，从前天子每天早晨起来就思考着天下的事，他战战兢兢地唯恐不能把天下治理好。这是形容天子“临事而栗”的心态和状态。

“诸侯日旦思其四封之内，战战唯恐失损之也”，诸侯每天早晨起来就思考他的“四封之内”，思考自己境内的事，战战兢兢地唯恐处理不当造成损失。

“大夫士日旦思其官，战战唯恐不能胜也”，“官”是指他的本职工作。大夫和士每天早晨起来就思考自己的本职工作，战战兢兢地唯恐自己不能胜任。

“庶人日旦思其事，战战唯恐刑罚之至也”，普通老百姓每天早晨起来思考自己应该做的事，战战兢兢的原因是恐怕触犯法律、受到惩罚。

曾子说的这个排比句正是体现了《大学》上的一句话，“自天子以至于庶人，壹是皆以修身为本”。怎么修？就是这个状态。每天早上起来都想着自己的事，因为级别不一样，想的不一样。天子想的是全天下的事，怎么把天下治理好；诸侯想的是自己境内的事，怎么把自己境内管好；大夫、士是当官的人，考虑的是自己的本职工作，自己管的这摊儿业务，怎么才能胜任；普通老百姓呢，想想自己的职业，自己的本职工作，怎么做才能不出错误，别让人家罚。

比如，你是开出租车的，你早晨起来就琢磨琢磨，今天上道别让警察罚。“唯恐刑罚”，得先琢磨怎能做明白事，别让人罚你。这好像很奇怪，前几个都是怎么把事情做好，到普通老百姓这儿怎么变成罚了？原因是什么呢？上面那几个类型级别虽然不一样，但统统是当官的。当官的就不受惩罚吗？如果犯错误当然也会受惩罚。但是我们要注意一点，当官的他的抗击打能力比我们普通老百姓要强。有的时候罚对他来讲不是问题，所以曾子讲到官员的时候才把罚放在次要的位置。

再举个例子，你作为一名优秀的企业家，相当于古代的大夫、士，你应该考虑的是如何把你的企业做好，能不能胜任董事长的职位，你得琢磨这些事儿，别天天琢磨企业怎么才能不挨罚。今天防火检查不合格，罚 3000 元，对你来讲这是很轻松的事，交上了、改正就完了，你不用天天为这种事忧虑。但我就是一个出租车司机，今天一上道就被罚了 3000 元，那这个月就白干了，承受不起啊，这才是问题的关键。曾子告诉我们，作为普通百姓，你先想着别让人罚你，为什么？抗击打能力不行，你承受不起。作为普通百姓来讲，要首先考虑立于不败之地，先别想着我能得啥，先得想着我不失去啥。

曾子这里谈到了几个社会阶层，从最高领导一直谈到普通百姓，核心是什么？“临事而栗者，鲜不济矣”，面对事情的时候，如果心怀敬畏之心、恐惧之心，很少有不成功的。所有社会阶层都是这样，从最高领导到最普通的老百姓，只要对事情怀有敬畏之心，很少有不成功的。所以《大学》才讲“自天子以至于庶人，壹是皆以修身为本”。为什么全部都要以修身为本？修身的关键就是要“临事而栗”。修行的关键，面对事情一定要有敬畏之心，然后成功的概率就大大提高了。从天子一直到普通百姓都是如此。

为何我们要修敬？对人有恭敬心，对事有敬畏心，这是我们修行的根本，因为你做到了敬字，就做到了“临事而栗”，那就“鲜不济矣”。这也就是《周易》上讲的“敬慎不败”，对人有恭敬心，对事有敬畏心。有了敬字，你对所有的事情就都能做到慎，慎重对待，小心应对，做到了敬慎，人生就立于不败之地了。虽然我们不敢保你成功，但可以保你不败。这是儒家修敬字的关键。

怎么修敬？对人有恭敬心，“出门如见大宾”；对事情有敬畏心，“使民如承大祭”，就是《论语》上的这两句话，这就是具体的修炼方法。

下面谈子女关系、亲属关系。

君子之于子也，爱而勿面也，使而勿貌也，导之以道而勿强也。

这是君子对孩子的注意事项，或者说教导子女的注意事项，一共三条。

第一条，“爱而勿面也”，你对他的爱不要呈现在表情上。

我在这里强调一点，古人对子女和孙子女的态度是不一样的，这是说对子女，不是对孙子女。古人还有一个传统叫“抱孙不抱子”，老头儿可以抱孙子出去玩，但不抱儿子出去玩。为什么区别对待？就在这儿，“爱而勿面”，对子女的爱不要在你的表情上表现出来，一看表情就是溺爱心态，这不行。但是对孙子可以。为什么呢？古人为什么做这种区别？因为父母对子女承担着教育的职责，所以我们今天讲父母是子女的第一任老师。作为教育者，你对他的态度、表情不能太随意。但如果你是当爷爷的，爷爷对孙子教育不负责，那是隔辈人，教育跟爷爷没关系。都说“养不教，父之过”，没听说有养不教爷之过的。爷爷奶奶就负责喜欢，所以说当爷爷奶奶的对隔辈人溺爱，这是有理由、有原因的。爷爷奶奶不承担教育责任，溺爱点儿没有问题，但是当爹妈的要溺爱就坏了。作为父母对子女一旦溺爱，你说话孩子不听了，你管不了，你的教育就彻底失败了。

第二条，“使而勿貌也”，你指使儿女干活的时候，不要耍态度。这时候你的态度要平和，要不然有迁怒的嫌疑。不能一指使儿女干活儿，语气就已经不对了。“你就不能把鸟儿给我喂了吗？”孩子就得说：“你就说让我喂鸟儿就得了呗，干啥这个语气呀？”这叫“使而勿貌”。

第三条，“导之以道而勿强也”，对子女一定要用正道来引导，别教他歪门邪道，但是还要记着不要强迫。这也是古人的一种理念，叫“父子之间不责善”，父子之间不用善行来相互指责，相互指责就是强迫。你要用正道来引导子女，但是不能逼着他行善，不能强迫他行善。

当然我们要注意，这里指的是“导之以道”，不能说他逃学，你还不强迫他上学，那不对吧？不是所有的事，是“导之以道”，用正道来引导他的时候，不要强迫。你谈人生，谈理想，谈境界，谈修行，谈行善，这些道德层面的事情，是引导，不要强迫，比如说，和他谈人生得有大的理想，你得有个志向。他说，我没有，我的志向就是当出租车司机。然后你就生气了，“我揍死你，你就这么点儿出息，你还不给我立个大志”！这不是强迫的事。

这是讲古人对待子女的三个基本原则：第一，你爱他，但是不要在表情上表现出来；第二，你应该指使他干活儿，让他养成一个勤劳的习惯，但你不要带着态度；第三，你应该引导他到正道上，但是不要强迫。这三点都是修行上的事儿，没有提到对子女的知识教育、技能培养。怎么教给儿女知识？怎么培养他的生活技能？没有提到。为什么没有？古人认为，教知识、教技能，这不是父母的责任，那是老师的责任，所以叫“养不教，父之过，教不严，师之惰”。爹妈管什么？管品行上的事，引导他走正道，培养他好的生活习惯，这才是父母的责任。

好像今天我们作父母的责任就有点儿重了，很多在古代是老师的活儿现在都加到父母身上了。古代培养知识是老师的责任，所以也给老师很大的授权。比如过去有戒尺，是老师用来打学生手板的，说明古代是允许老师体罚学生的。老师为什么有那么大的权力？因为这些事他得给我搞定，知识培养、技能培养都是他的责任，所以得给他一定的权力，否则他管不住孩子，完不成任务。但父子之间不责善，是引导，父母和老师是有分工的。我们今天的教育的特点，是把很大一部分培养知识和技能的任务压到了父母的身上。今天孩子回去背英语单词，要求家长必须看着，背完签上字，等等。由于家长目前承担了很多老师的活儿，家长们就在无形当中忘记了自己应该做的事情，就都忽视了“导之以道”。

这是我们今天应该思考的一个问题，这是谈子女教育的三个注意事项。

宫中雍雍，外焉肃肃，兄弟憘憘，朋友切切，远者以貌，近者以情。

这句话是形容一种美好的状态。“宫中”就是家中，“雍雍”是和谐的样子；“外焉”，家外；“肃肃”，就是庄严、庄重的样子；“憘憘”是喜乐的样子；“切切”，是相互之间讨论、切磋，并且还能互相提意见，指出缺点。曾子描述了人生的一种最佳状态，或者说你的人生小圈子的最佳状态。这种最佳状态就是，你的家庭是和谐的，这叫“宫中雍雍”；走到家外，人际关系你都能理得很顺，跟他们相处都是庄重的、严肃的、认真的，这叫“外焉肃肃”；你的兄弟姐妹之间，大家到一起都是很喜乐的，这叫“兄弟憘憘”；你和朋友在一起，不仅相处到位，而且能够彼此提点儿缺点，提点儿意见，这叫“朋友切切”，说明朋友关系处得很到位，一般朋友处不到位，谁能给你提缺点？谁能指责你的毛病？

后面这两句，“远者以貌，近者以情”，你怎么能达到前面这种美好的状态呢？离你远的人，你要靠你的容貌、表情和他交流、传递信息；和你关系近的人要靠你的情感去维系。这里的远近不是指空间距离，是指人的情感距离。跟你情感比较远的，你要靠着你的表情、外在的肢体语言，和他顺畅沟通；跟你关系很近的人，这时候就拿出你的真情来。然后你就能达到上面说的那种美好的状态了。

友以立其所能，而远其所不能，苟无失其所守，亦可与终身矣。

“友以立其所能，而远其所不能”，什么意思？就是你看这个人，他知道自己什么行什么不行，有自知之明。这方面我行，我就把这方面立得住；这方面不行，我就不涉足这个领域。人有自知之明，而且他能把他自己行的守住，不丧失，“苟无失其所守”，这个人已经是相当不错的一个人了，你可以选择他做一辈子的朋友。

比如，这个人他做买卖行，干别的都不行，然后他就去做买卖。有朋友推荐说单位缺人，想招聘个副处长，你来呗？他会说：“不去，我不是那块材料，我就要做买卖。”这就叫“立其所能，而远其所不能”。他对自己有很清醒的认识，能做出正确的选择，结果是买卖做得非常好。这种人你可以跟他交一辈子的朋友。为什么？第一，他有自知之明。第二，他有自制之力。他能够控制住自己。有自知之明，说明他看人看事非常准；有自制之力，能进行自我约束，说明他人生非常有原则，非常讲原则。这个人如果看人看事极准，又能守着一定的人生原则，那么，这个朋友应该是你一辈子的好朋友。

第二篇　曾子本孝

本篇《曾子本孝》，第三篇《曾子立孝》，第四篇《曾子大孝》，第五篇是《曾子事父母》，连着四篇内容都是曾子论述孝道。这是儒家论述孝道比较集中的地方，除此之外还有一部儒家经典谈孝道，就是《孝经》。传统上认为《孝经》和曾子也有关系，《孝经》实际是孔子给曾子讲孝道的内容，被记录下来的，我们一般是这么认为的。下面谈的这些内容和《孝经》的内容是相通的。在孔子的弟子里面，曾子是孝做得最好的，所以称曾子是大孝，下面这几段内容曾子都在论述孝道，包括一些具体做法。

我们看看曾子提到的都有哪些事情。

曾子曰：忠者，其孝之本与？孝子不登高，不履危，痺亦弗凭；不苟笑，不苟訾，隐不命，临不指。故不在尤之中也。

本篇下面的话都是曾子说的，只有开篇提到“曾子曰”，下面就没有重复了。

首先是一个纲领：“忠者，其孝之本与？”忠，恐怕就是孝的根本了吧？古汉语里“其……与”表示不确定语气。在这里，曾子用了一个不确定的语气，但实际上他是肯定的。既然他自己是肯定的，为什么要用不确定的语气来说呢？因为他人不一定认同这个观点。这件事如果所有人都能达成共识，那么我们可以很确定地说就是这么回事；如果只是我个人的看法，其他人可能不这么认为，那就要用一个不是很确定的语气。这是古文的行文惯例，用不确定的语气表达自己的看法和个人的见解。曾子认为忠是孝的根本，孝在儒家看来不仅是孝敬、孝顺，而且要做到忠，要尽心尽力，才是孝。

曾子先提出一个总的理论、原则，要做到儒家的孝，就要做到尽心尽力。那怎么做到尽心尽力，或者说怎么做才算尽心尽力了呢？下面谈的都是具体做法。

“孝子不登高”，孝子不往高处走，为什么呢？因为危险，会让父母惦记。后面几句话谈的事情都是这个原因。“不履危”，不处在危险的状况下；“痺亦弗凭”，“痺”是低，“凭”是临，很低的地方不要去面临。

高的地方不往上登，低的地方别趴在那里去看，总之不要让自己处在一个危险的状况。往小了说，是这样做让父母担心；往大了说，万一你出点儿事，你让父母情何以堪。你跑到十八楼外面去擦玻璃，万一摔下去怎么办，你想没想过父母是什么心情，让父母的后半生日子怎么过？这是说得严重了点，说轻点儿，没摔着，你在楼外悬着让你妈看到，老太太心脏病还不犯了！总之就是不要让自己处在危险的状况下，这是第一个基本的做法。

什么叫忠？尽心尽力啊！你得把这些小事、日常生活的各种小细节都照顾到，生活中随处想到父母才叫尽心尽力，所以“不登高，不履危，痺亦弗凭”。

这种思想对中国古人的影响是非常非常深远的，所以我们现在总结中国文化的一大特点，就是缺乏冒险精神。我们现在是作为缺点来总结的。我认为，这和儒家的孝道观是有关系的。外国人喜欢玩儿的那些项目，中国人一般不是太喜欢，是吧？蹦极、攀喜马拉雅山、去北极探险之类的，中国人不太欣赏这些活动。为什么？深层次的原因就是我们的文化内涵缺乏冒险精神。不冒险的原因呢？是为了孝，不让父母担心。

"不苟笑，不苟訾"，这里的"笑"特指讥笑他人、笑话别人，不随便地讥笑别人。"訾"是诽谤，或者再说的重一点是怨恨，我认为理解为诽谤可能更好一些。不要随便地耻笑别人，不要随便地说别人坏话、诽谤别人。这是为什么？这和孝有什么关系？容易损伤父母的名誉。你笑话别人，别人能任你笑话吗？他不回嘴吗？中国人最常见的口头禅就是"国骂"，不就涉及你母亲了吗？你惹得别人骂你母亲，这能叫作孝吗？为什么说这事儿跟孝有关系，因为会损伤父母的名誉，那就是不孝。

我为什么不讥笑他？不是怕他揍我，是怕他骂我妈，这会损伤父母的名誉。这也是君子的修行、修身，修身是指责自己，不指责别人，笑话别人是一种失德。东北俗话讲，"笑人不如人"。你今天就这件事嘲笑别人，过两天可能遇到类似的事，你做得还不如人家。

"訾"是指出别人的缺点毛病还带着挖苦、嘲讽，甚至还带着夸张的态度去讲人家的缺点毛病，这是失德、无德的体现。这不是修行人应该做的。你诽谤别人名誉的同时，也就给自己父母造成了伤害。我们刚才说容易招人骂，这是开玩笑，或者说是低层次的理解。如果你经常羞辱、嘲笑别人，别人即便不骂你，背后会怎么评价你呢？碰到比较没有涵养的，当面就骂你；有涵养的，就得评价你没家教。什么叫没家教？那不就是父母的责任吗？或者用东北土话讲，就是"有人养没人教育”，这就是损伤父母的名誉。从这个角度来讲，孝子“不苟笑，不苟訾”，这是一个层面。

下一个层面，“隐不命，临不指。”隐居的时候，就是没有当官的时候，不去发号施令，不命令别人。你现在没在领导岗位上，你就是一个普通员工，就不要给别人派活儿了。都是平级，甚至是你的上级、长辈，你坐在这儿给人派活儿，这样做就不合适了。这叫“隐不命”。

如果你是上级，怎么对待下面的人呢？“临不指”，你不要去指责。你现在是领导，发号施令，派下面的人去干活是可以的，但是你不要指责别人，不要教训别人。

当你不在其位的时候不去发号施令，当你在其位的时候可以发号施令，但不要去指责。指责代表你不肯承担责任。作为领导，这次工作没做好，就把责任记在别人身上，训底下员工：“这事儿你怎么这么干呢？把事办成这样！”作为领导太没有担当精神了。说得再严重点，很可能人家没有错误，你还指责人家，那就是迁怒。不论是缺乏担当精神还是迁怒，都是不好的。

作为领导，当你在那个位置的时候，不要轻易去指责别人。可能有人会说，部下犯了错误，我还不能指责他吗？指责有什么用啊？你要惩罚。我们前面讲过，作为领导者的两大手段，一个是赏、一个是罚，可没有说指责。作为领导，手下犯错误的时候，该怎么罚怎么罚，但不要去指责他，更不要去取笑、攻击他。假如手下犯错误了，你拍桌子骂他一顿，最后还没有罚，这样效果肯定不好。你不用和他拍桌子瞪眼，按规定该罚多少罚多少。可能你发顿火对他来讲没什么影响，若是罚一千块钱他就记住了，下回就不犯这样的错误了。所以当领导的不要去指责，真正有问题可以用罚的手段。

那么，这两件事和孝又有什么关系呢？这是能力问题，同时也是修养问题。当你不在其位的时候，你给他人发号施令，会把人际关系搞得非常紧张，假如这个时候你父母在场，他们会很尴尬。尤其别人再冲你翻个白眼，会让你父母感觉很为难。说你吧，会当众让你没面子，不说你吧，他又觉得很丢人。所以，“隐不命”是避免让父母尴尬。

同样，为什么“临不指”？你现在是公司老板，父母好不容易到你公司里来一趟，赶上你正在骂员工，你让他们怎么下这个台阶？很尴尬啊！

这几句话串在一起，实际是谈了三个原则。“孝子不登高，不履危，痹亦弗凭”，谈的是不要让父母担心。“不苟笑，不苟訾”，谈的是别损伤父母的名誉，别让父母很没面子。“隐不命，临不指”，谈的是不要让父母尴尬。这是从孝道的角度落实到具体事上，为了不让父母为你担心，你别去做那些危险的事；你不要损伤父母的名誉；不要让父母尴尬。以上是曾子的举例说明，我们给归纳总结一下。

若是引申一下呢？在生活当中涉及的方面可就多了。比如说，不让父母担心，《论语》上讲“父母唯其疾之忧”，父母担心你有病。儒家讲“身体发肤，受之父母，不敢毁伤”，你把自己的身体保养好，也是为了不让父母担心。这里曾子举的是比较极端的例子，你身体好、去爬高，让父母担心，这是一方面；另一方面是，你胡作乱闹不知节制，把自己的身体弄垮了，让父母跟着担心。比如，大冬天出去喝酒，喝多了就在外头马路边上睡一觉，结果是你一出去喝酒，你妈就惦记着，怕你哪天冻死在马路边。所以，保养好自己的身体，别让父母担心，这也是其中的一个方面。由上述三个原则，我们可以引申出来很多方面，曾子只是举了几个例子而已。

这是三个基本原则，不让父母担心，不损害父母名誉，不让父母尴尬。你在生活当中都能落实，才叫忠，才叫尽心尽力，也才达到了儒家说的孝。这个要求多高啊！曾子孝的标准是非常非常高的，所以说曾子是大孝。

“故不在尤之中也”，这是曾子的总结。因此你不应该处在错误之中，或者你不应该处在灾难之中，都可以解释得通。这是一个总的原则。

我们为什么不能让自己陷入错误？因为父母会很没面子，损伤父母的名誉，让父母很尴尬。让街坊邻里讲，那家的孩子如何如何可耻，会让父母很没面子，在人前抬不起头来。另一方面，陷入错误、陷入危险灾难，都让父母担心。我倒觉得，将对“尤”字的两种解释合在一起可能更好一些，“尤”是错误也是灾难，你要小心谨慎地回避错误，小心谨慎地回避灾难，这才是孝。不要让父母跟自己担心，不让父母因为自己没面子。

下面是作为孝子在语言方面的注意事项。

孝子恶言死焉，流言止焉，美言兴焉，故恶言不出于口，烦言不及于己。

“孝子恶言死焉”，死亡意味着结束，曾子这里用“死”字来形容结束、终止。不好的话，到孝子嘴里就结束了，我们理顺一下，这句话的意思是，孝子不说不好的话。别人说是可以的，但我不跟着说，不好的言论不说，到我这儿终止，不会继续传播，因为我绝对不说。“流言止焉”，流言蜚语到孝子这里就停止了，也就是不传播流言蜚语。这是语言方面的第一个注意事项，也可以理解为禁止的。

下面是提倡的。“美言兴焉”，美好的语言在你这里兴起。孝子应该说一些美好的语言。这实际上都是前面讲的第二、三个原则的体现，即为了不损害父母的名誉，不让父母尴尬，体现在语言方面的具体做法。在语言方面，不说不好的话，不传播流言蜚语，这是为父母的名誉着想。什么叫不好的话？比方说骂人，为什么我不骂人，如果人家回骂了，骂的是谁呢？所以不好的话不要说，免得损伤父母的名誉。为什么不传播流言蜚语？会导致父母很尴尬。你在外面传播小道消息，最终这个小道消息传到你妈妈耳朵里，老太太问谁说的？人家说，这是你儿子说的，不是很尴尬吗？这都是对上面第二、三原则的体现。所以孝子要“美言”，提倡说美好的语言，说美好的语言才能给父母争光。这是在语言方面的注意事项。

“故恶言不出于口，烦言不及于己。”儒家另一部典籍《礼记》中有一句话与此非常相似，“恶言不出于口，忿言不反于身”。你说出去的恶言，到人家那儿转一圈又返回到你自己的身上，这叫“反于身”。你对别人恶言恶语，导致对方忿怒，他在忿怒的情况下也说一些不好的话来还给你，这叫“忿言反于身”。如果恶言不从你的口里出来，别人忿怒的语言也不会回到你的身上。这里曾子说的“烦言不及于己”，实际就是《礼记》说的“忿言不返于身”。

曾子在解释为什么孝子“恶言死焉”，为什么我们不说不好的话？因为你嘴里若是说出不好的话，把别人激怒了，他也会用各种恶言说你，你等于自己说自己，你吐出去的话最终又返回来了。所以“恶言死焉”，恶言到我们这儿止住了，一般来说人家也不会用忿怒的语言来对付你，你就避免了很多挨骂的情况。所以说，人生中的挨骂大多是自己找的。首先是你自己态度不好，你若是不跟人家恶言恶语，好言好语地说话，对方很难对你说出过分的话来。俩人若是骂起来，一个巴掌拍不响，肯定你也没说啥好话。

人与人的交往，人敬我一尺，我敬人一丈。即使两个人在生气的情况下，如果你保持不说恶言，对方的语言就会有分寸，他就不会很过分。他指责你，这时候你如果也说恶言，俩人的语言冲突就逐渐升级了，最后越骂越难听，接着就会动手吧。曾子这里说的是孝子在语言方面怎样不让父母尴尬，不令父母没面子，不损害父母的名誉。

下面这句话说的是怎样能让父母不担心，在阐释前面说的第一个原则。

故孝子之事亲也，居易以俟命，不兴险行以儌幸；孝子游之，暴人违之；出门而使，不以或为父母忧也；险涂隘巷，不求先焉，以爱其身，以不敢忘其亲也。

“故孝子之事亲也，居易以俟命，不兴险行以儌幸”，“居”是处，“易”是平易。孝子侍奉父母双亲的时候，要处在平易、安详的状态。“以俟命”，以等待命运的安排。“不兴险行”，“兴”就是起、兴起，不起头儿去做比较危险的行动。“以儌幸”，就是我们今天说的侥幸，只不过古人用字和我们不一样。孝子在行动上追求平和、平稳、平易，不追求冒险、侥幸。孝子为什么这么做？不让父母担心。

做买卖是要挣钱，但是我不会去冒险、侥幸，来把大的，万一没弄好，就赔个大的，这样的事儿不干，为了不让父母跟着担心。这是阐释前面讲过的第一个原则，不让父母担心。

有人会认为“富贵险中求”，不冒险，利就得不到了。若真是那种情况，那我就认命，这叫“居易以俟命”。我就采取这种平稳的方法，至于我能不能得到等待命运的安排，得不到我认命，但不去侥幸。从另一个角度看，你若是没有那个命，你能侥幸成功吗？所以曾子强调的是“俟命”，该是你的你就能得到，平稳也能得到；不该是你的，你想冒险得到，可能把自己坑进去了，最终也没得到。这是孝子的态度，为了不让父母担心，为人处事各方面追求平稳，宁可成就慢一点、小一点，不去冒险侥幸。

这里曾子是从孝的角度去谈的，但实际上儒家把这一点上升为君子和小人的区别。《中庸》上讲：“君子修身以俟命，小人行险以侥幸。”“居易以俟命”才是君子，“行险以侥幸”就是小人，儒家是这么认识的。作为君子，为人处世不要追求侥幸，而要听从命运的安排。还有一句话，“得之我幸，失之我命”，这才是君子应有的态度。但前提条件是，处理问题要追求平稳、平和，不冒险、不侥幸，能得到那是意外之喜，没得到我认命。这样心态就平和了。

“孝子游之，暴人违之”，“游”是通假字，通“由”，就是采用的方法和途径。“违”是违背。孝子遵循上述原则，或者说，遵循上述原则才是孝子，如果违背上面这些原则，就是暴人。古书注解把暴人理解为犯上作乱的人，意思是，你若按照上面这些方法去做，你就是孝子，你违背上述原则，你就是犯上作乱的人。

“出门而使，不以或为父母忧也”，还是不让父母忧愁。“或”是通假字，通“惑”，就是迷惑、困惑。“出门”，离开家门。“使”指派你去办事。谁派的？古人认识不一样，有的说是领导派的，有人说是父母派的，总之是出去办事。“出门而使”，离开家门去替人办事。你一定要把这件事想明白、做明白，不要做得很困惑、很迷惑，不要因为迷惑给父母造成忧虑，这是孝子的做法。你自己都没想好这件事怎么办，然后就出门去办了，把事情搞得一片混乱，这就给你的父母留下了隐患、担忧。往小了说，你不会办事让父母跟着担心，或者说你的事情没办明白，让父母跟着丢面子；往大了说，你把事情办砸了，还得父母出面给你善后，你是给父母惹麻烦。那就是不孝了。

过去东北有句话，叫“三十前看父敬子，三十后看子敬父”，意思是，在人生三十岁之前，他人是看你父亲的面子高看你一眼，这叫“三十前看父敬子”。三十岁之前，他人为什么尊敬你？因为你老爸是大领导，或者你老爸是大企业家，或者你老爸为人特别好、特别受人尊敬，人家是因为尊敬你父亲，连带着才尊敬你。当你三十岁以后呢，你得实现“看子敬父”，因为你为人好，事业有成，人家看你的面子，而尊敬你的父亲。介绍你父亲的时候说：“这是某某的父亲。”大家马上肃然起敬，这叫“看子敬父”。三十岁是分水岭！

为什么是三十岁呢？“三十而立”嘛。你已经三十多岁了，做没做到让他人因为你的原因而尊敬你的父母？做到这一点，也是一种三十而立，没做到就是没立住。可能有人会说，我做买卖没做成，也没当上官，我怎么能让街坊邻居尊敬我老爸？我做不到啊。靠什么？靠修行。你就是一个普通人，没有一官半职，靠死工资过日子，你能不能为人处事做得非常地道？这一篇曾子谈的是孝，怎么能让他人都高看你老爸一眼？孝顺。不用权，不用钱，你靠修行做到了孝，就给父母带来了尊敬。老头儿一出来，大家都高看一眼，说这老头儿是有福之人，人家孩子孝顺啊，这个评价就是给父母带来尊敬，所以这件事并不是非得靠钱靠权来解决的。但反过来，即使你有权有钱，但不孝，会是什么结局？官儿当的很大，逢年过节都不回家，忙啊！我们对他老爸又是什么心态呢？咱们虽然是平民百姓，逢年过节都能享受天伦之乐，一大家子人欢聚一堂，年过得很愉快。他儿子很有出息啊，可是留老头儿一个人在家过年，可谓孤苦伶仃！这时候我们对他的父亲是尊敬吗？恐怕是可怜吧。所以，我们要靠修身给父母带来敬。

下面讲的又是不让父母担心了。“险涂”，危险的路；“隘巷”，狭窄的巷子；“不求先焉”，不追求抢先过去。很危险的道路，很狭窄的巷子，不要追求先抢过去。为什么？容易出事，这就是“行险以侥幸”，是冒险，会让父母担心。

“险涂隘巷，不求先焉”，为什么要这么做？“以爱其身”，要爱惜自身，怕自己出事。为什么要爱惜自身呢？“以不敢忘其亲也”，因为不敢忘记自己的父母双亲。原因是父母还在。尤其现在都是独生子女，你没了之后，连个替代的人都没有。因为这个原因，在任何事情上孝子都不会冒险，不会把自己置于险地。

下面谈另一个方面，另一个原则。

孝子之使人也，不敢肆行，不敢自专也；父死，三年不敢改父之道；又能事父之朋友，又能率朋友以助敬也。

“孝子之使人也，不敢肆行，不敢自专也。”这是谈领导岗位上的人，古代“家国同构”中的贵族。孝子指使别人、领导别人的时候，不敢放肆行动，不敢自己专断，而是要征求父母的意见。这里谈的是孝敬的敬。

对父母的尊重体现在哪里？贵族家，有采邑，自己已经当家作主了，但在吩咐人干活儿之前，“不敢肆行”，不敢随意地行动，先征求一下父母的意见；“不敢自专”，不敢自己独断专行，先要看看父母的态度。我们今天虽然没有采邑了，也不是大家族在一起生活，但是在这方面也是应该做到的，家里的事情先征求一下父母的意见。比如，你和父母一起生活，趁他们出去旅游这几天，把家里重新装修一下，这就不合适了。父母回来之后的感觉是，这是我家吗？这就叫“自专”。日常生活，尤其和父母一起生活的时候，凡事征求一下他们的意见，这叫“不敢肆行，不敢自专”。

“父死，三年不敢改父之道”，三年之内不敢改变父亲的做法。这是指古代贵族、卿大夫，家有采邑，采邑怎么管理、怎么用人。在老爸活着的时候，老爸说了算，有一套规矩的；在老爸死后三年之内，这些规矩照旧，不改变。当然，也有的注解说，三年不改有特殊的原因，是因为要给父母守孝三年，这时候孝子只负责守孝，什么事都不管，所以一切照旧。为什么不改？顺从他的做法就是对他尊敬的体现。

实际上今天也是这样，父亲去世，办完丧事之后，不能回家就把他的床撤了，把东西都卖了，房子租出去。总是要过一段时间的吧！当然这也要看具体情况。如果家庭生活困难，这么做是合适的。不能说家里本来人口多，住房很紧张，现在老爸去世了，他那间屋给他照旧，这边儿女还打地铺，也不能那么做。儒家讲权、讲变通，凡事要根据具体情况而定。如果你家里有条件，就尽量先维持一下，这也是一种寄托哀思的方法。说得更直白些，若是你不差那点儿钱，那你忙什么？这也是“三年不敢改父之道”。

在这个基础上若是要再进一步，“又能事父之朋友”，能够侍奉父亲的朋友，就是对待父母的朋友要好。这是不让父母没面子，不让父母尴尬。他的老朋友跟我是没什么关系，但我得表现出尊重来，这叫“能事父之朋友”，这样父母才有面子。

回到家，看到父母的朋友在家里，你要彬彬有礼，问好、洗水果，张罗吃饭，让人家说这孩子真懂事，那你的父母多有面子，这是给父母争光的事。反过来，下班回到家，看老爸的朋友来了，我不认识啊，那回屋吧，不理对方，他们爱干啥干啥，和我没关系，这就让老爸挺没面子了。这是给父母争光的一个小事儿，对父母的朋友要尽到礼，这叫“又能事父之朋友”。

“又能率朋友以助敬也”，这就更进一步了，你能给朋友作表率，帮助朋友也做到敬，做到孝敬，这就已经能够感化和影响身边的人了。你自己做到孝之后，影响感染到你的好朋友，你的好朋友向你学习，也开始对自己的父母做到孝敬，这叫“率朋友以助敬”。《诗经》上讲“孝子不匮，永锡尔类”，孝子对父母的孝是没有穷尽的，能给所有的人带来好处。体现在哪儿呢？孝达到极致，外放之后，身边的人都受到感染，受到影响，模仿他、效仿他，以他为表率，都回家对自己父母好，这对社会的影响、贡献是非常大的。所以，孝子达到最后的这个境界，就已经是对社会的贡献了。

君子之孝也，以正致谏；士之孝也，以德从命；庶人之孝也，以力恶食；任善，不敢臣三德。

“君子之孝也，以正致谏；士之孝也，以德从命；庶人之孝也，以力恶食”，古人都认为，中间可能有丢字、落字的地方。为什么？第一句的君子可以理解为讲君主的孝，接下来第二句就讲士的孝了，第三句是庶人的孝，这中间缺了吧？怎么没提卿大夫呢？所以古人一般都认为这里好像是丢字了，因为缺了一个社会阶层。我觉得，有没有丢字不好说。但是《孝经》是按天子、诸侯、卿大夫、士、庶人排下来的，按照一个个层面、一个个社会阶层的顺序谈孝。古人就是参照《孝经》，觉得这里好像有丢失。我觉得咱们没必要去钻牛角尖，原文有多少字咱就解释多少字，至于丢没丢字我们就别管了。

君子的孝是“以正致谏”，是要用正道对父母进行劝谏。这里说到另一个层面，我们前面说过，孝就是顺，但什么事都顺着吗？不是。当父母出现错误的时候，也要进谏，也要劝。但怎么劝我们后面再说，是有一套方法的。这里先说了一个总的原则，谈的是君主、领导，高层次的居上位者，他的孝体现在要用正道对父母进行劝谏。

士这个阶层的孝是“以德从命”，要守着德，接受父母的命令。士这个阶层我们可以理解为读书人，在古代是比庶民、比普通老百姓高的一个社会阶层，但在统治者里是最低的阶层。士这个阶层的孝，是要守着德去接受父母的命令，不管父母安排你做什么，你要守着道德的标准，就是不能盲从。

以上两句谈的都是贵族阶层、统治阶层，下面的庶人才是普通老百姓。那么普通老百姓的孝呢？“以力恶食”，古人认为这句话有错字，“恶”应该是“致”，或者“美”，如果是“恶”这句话的意思就没办法解释啦。“以力”，靠力量，或者是“致食”，或者是“美食”，总之是给父母换来吃的。“食”是食物，我们可以引申为物质方面的需求。简单说，平民老百姓的孝，体现在你得出力，靠出力来保证父母的生活，满足父母物质方面的需求。

我们可以看出，对各个阶层孝的要求不一样，统一的标准是忠，尽心尽力。这是本篇一开头第一句就提出的一个大原则，“忠者，其孝之本与”。

作为领导者、统治者，你对父母的孝是否尽心尽力，体现在用正道去劝谏父母，把父母劝导到正道上来。作为领导者，如果要求你对父母像庶人那样，只要保证他们的物质生活需要就行，那要求就太低了，就没有做到尽心尽力。因为基本生活需求对你来讲已经不是问题了，这个时候你要怎样做到对父母的忠，尽心尽力呢？你得有更高的精神层面的追求，你得用正道来劝导父母。

士这个阶层呢？要守着德去服从父母的命令，是尊重父母，顺从父母，但是要用修身的德来应对。这里也没有谈到物质生活需求，为什么？在这个阶层，物质生活不是问题，再跟他谈物质，他等于什么都不用做就达标了，那就没有做到尽心尽力。

可是到老百姓这个阶层，我们发现没谈正道，没谈理想、人生、境界、品德修养，为什么呢？日子还没过好呢。对于普通老百姓，是否尽心尽力体现在哪儿？你得努力劳动，给父母提供好的生活条件，这就是你的尽心尽力。

曾子的说法在今天仍旧是适合的，我们作为普通老百姓，首先要保证做到这一点，先尽心尽力保证父母的日常生活需求。先别饿着肚子谈理想。当然，物质生活得到保证之后，要有更高的追求。像赵丽蓉小品里说的："你以为我们老年人就是吃点儿好的，穿点儿好的，再找个老伴儿，这就叫幸福了吗?"生活是应该有更高的追求，但那是在物质生活条件得到满足之后。物质生活条件没满足之前，你先别谈其他的，先努力劳动、出力，满足父母的物质生活需求。

"任善，不敢臣三德"，"善"就是好的，要任用善人，任用好人。"三德"，按古人的解释，一般认为是指《尚书·洪范》篇里提到的三种品德：第一是正直，第二是刚克，第三是柔克。所谓的"克"，我觉得按"五行生克"中的"克"去理解，就是胜、胜过、超过，或者是控制。"刚克"，就是"刚"

这方面能够胜出，能够把事情搞定；“柔克”，就是用“柔”来把事情搞定。这是《尚书》上提到的“三德”，这是一种理解。

汉朝有一个官叫“三老”，是汉朝很有特点的地方基层官员，通常负责教化。按照汉代史书的记载，“三老”的职能是“有修行，率众为善”，也就是选年纪比较大、有修行、能够引导大家行善的老人，能够以身作则、倡导大家行善的老人，担任这个职务。这个职务之所以叫“三老”，传统注解认为是守“三德”，他自己能够遵行“三德”，并提倡“三德”。用今天的话说，是负责精神文明建设的。这是汉代非常有特色的官，主要是在乡和县两级设立的基层官员，县里边的叫“县三老”，乡里边的叫“乡三老”。“乡三老”简称“乡老”，后来就变成民间比较有威望的地方人物的代名词了。

曾子这句话，传统注解的另一种解释，“三德”和“三老”是一回事。“不敢臣三德”，就是不敢把具有“三德”的这些老人当自己的臣下。“臣”是动词，“以……为臣”的意思，是指对待具有“三德”的这些人，不能拿出对臣下和对下属官员的态度，要尊重，要拿出敬意来。

“三德”还有一种解释（我更倾向于这种解释），就是《中庸》上说的“三达德”——智、仁、勇。曾子这句话的含义是，对具有智、仁、勇三种美德的人，要尊重，不要拿出领导对部下的态度去对待。

这句话放在这里，也有的注解认为放错地方了。前面写到“君子之孝也，以正致谏；士之孝也，以德从命；庶人之孝也，以力恶食”，君子是指最高统治者，士是统治者的底层，庶人是普通百姓，中间缺一个社会阶层——卿大夫。因此有人认为，这里是行文次序颠倒了，应该把“任善，不敢臣三德”放在“士之孝也”前面，实际上这就是卿大夫的孝。“君子之孝也，以正致谏”，这是国君的孝。“任善，不敢臣三德”，这是卿大夫的孝。“士之孝也，以德从命”，这是士阶层的孝。“庶人之孝也，以力恶食”，这是平民老百姓的孝。

行文的次序出现错乱，在古代有一个专有名词叫“错简”。最初没有造纸术的时候，古书是用竹简做的，一根一根的竹简从上往下写满字，用绳子把竹简编起来，所以在古代书也称“简编”。读书的时候，就把竹简像席子一样展开，这样才能阅读；不看的时候卷起来，就像一捆席子，所以古书分卷，一卷就是一卷（juǎn）。编竹简的绳子时间久了会有磨损，有的时候翻的次数多了，绳子断了，竹简会撒一地，捡起来重新编。如果对书的内容比较熟悉还好办，若是对书的内容不熟悉，就不能确定哪根竹简在前，哪根竹简在后，很容易把两根竹简的位置弄颠倒，这叫“错简”。简的次序颠倒，就导致内容出现错误，后面的内容出现在前面，原本在前面的内容反而跑到后面去了。

这里用学术语言说，“任善，不敢臣三德”，传统认为存在错简，应该在“士之孝也”前面，这是一种说法。顺便提及两个学术名词，古书抄写的过程当中多抄出的字叫“衍文”；抄的时候落下的字，叫“脱”或“漏”。有衍文、有脱漏、有错简，古书中的各种错误聚集在一起，原文就难以理解了。所以古书的考据校订是学者很重要的一个任务。我们现在读到的古文，都是经过历代学者努力梳理出来的。其实有很多未经整理的古书，那里面有衍文、脱文，再加上没标点，就容易出现歧义。这是顺便说几句题外话。

曾子下面总结什么叫孝子。前面说的都是具体要求，最后一句是曾子做的总结。

故孝之于亲也，生则有义以辅之，死则哀以莅焉，祭则莅之以敬；如此，而成于孝子也。

“故孝之于亲也”，这里就出现了脱漏，传统认为“孝”字后面丢了一个“子”字，本句原文应该是“故孝子之于亲也”，意思是，所以孝子对于他的父母双亲。“生则有义以辅之”，父母活着的时候用道义来辅佐他们，这是孝的最高境界，即帮助父母行道义。“死则哀以莅焉”，父母去世之后，以一种悲哀的情绪来面对。“莅”就是临，今天有“莅临”这个词，“莅”和“临”是同义词。“祭则莅之以敬”，“莅之”就是面对，祭祀的时候，要保持一个恭敬心去面对。“如此，而成于孝子也”，古书的“如此”都是“像这样”的意思。按照上下文来讲，就是做到了前面这三点，就成为一个孝子了。

这句话是曾子的总结、归纳。作为孝子，要在三个方面做到位：第一，“生则有义以辅之”；第二，“死则哀以莅焉”；第三，“祭则莅之以敬”。

曾子这句话和《论语》中的一句是相通的。“孟懿子问孝，子曰：‘无违。’”孟懿子问什么是孝，孔子就回复了两个字“无违”，即不要违背。什么叫不要违背？不要违背什么？都没有展开说。孟懿子也没问，孔子就没往下讲。为什么孔子没往下说？孟懿子是鲁国孟孙氏的家主，“三桓”之一，鲁国执政大贵族。孔子的做法暗示我们，和重要领导谈话，领导提问，不要滔滔不绝往下讲，否则令人讨厌，而应该先说总纲，若其理解，则不用说了；即使他不理解，如果人家也不想听，也就不用继续说了，避免让其厌烦。孔子只说“无违”两字，按正常来讲，如果孟懿子感兴趣，他会继续发问，孔子也会继续阐释。但是孟懿子恰恰没问，因此孔子什么也没说。这就好比说相声的，捧哏的没捧上去，这逗哏的没法继续了。孔子心里憋着这些话也难受，因此他出来在车上对樊迟说，刚才孟懿子问我什么是孝，我说“无违”。樊迟这个学生是会学习的，他马上就问，“何谓矣”？什么意思呢？然后孔子就把“无违”的含义解释出来：“生事之以礼，死葬之以礼，祭之以礼。”具体体现在三个方面：一是在父母活着的时候按礼的要求去侍奉他；二是父母死后按礼的要求去安葬他；三是按礼的要求去祭祀他。从这里我们可以看出，曾子跟孔子的思想是完全一致的，他的思想来源于孔子，可以说他对孔子的思想继承得非常好，只是表述方式有些差异而已。

“生则有义以辅之”，就是对“生事之以礼”的阐释。“生事之以礼”包括很多方面，比如，提供饮食、提供物质需求等，都是按礼的要求侍奉父母，但这些方面是比较低层次的礼的要求，在儒家看来，仅仅做到这些还不能称之为“孝”，而只是“能养”，就是能养活父母而已。“生事之以礼”，按照礼的要求来侍奉父母所能达到的最高境界，就是“生则有义以辅之”，用道义来辅佐父母，帮助父母行道义，这才是真正的孝。孔子所说的“死葬之以礼”，其核心点就是曾子说的“哀以莅焉”，即办丧事最重要的是哀，体现出悲痛和悲哀，繁文缛节和大操大办是次要的。孔子说的“祭之以礼”，其核心就是曾子所说的“莅之以敬”，即恭敬、尊敬，否则举行祭祀就流于形式，毫无意义了。至于祭品丰富与否，流程复杂与否，则都是次要的。曾子这一段话和《论语》相对照，其思想是一以贯之的。

曾子的三句话恰恰是对孔子那三句话的具体阐释。孔子说“生事之以礼，死葬之以礼，祭之以礼”的核心，曾子提炼出来：“生事之以礼”的关键是“有义以辅之”；“死葬之以礼”

的关键是哀；“祭之以礼”的关键是敬。

总之，不管是《论语》中记载的孔子的话，还是这里曾子的话，核心都是，做到上述三个方面才能称得上是孝。这不是三件具体的事情，而是三个方面。特别是第一个方面“生事之以礼”，涵盖面很广。因此，这是曾子对孝道的归纳和总结。《曾子本孝》篇前面讲的都是具体要求，最后一段是宏观的总结，将前面所有具体要求都涵盖在这三个大的方面里了。

第三篇　曾子立孝

曾子曰：君子立孝，其忠之用也，礼之贵也。

“立孝”是确立、树立孝，也就是遵行、提倡。“君子立孝”，是说君子确立孝道应该从哪些方面入手。“其忠之用也”，孝道体现在对忠的运用上。“礼之贵也”，“贵”是以……为贵的意思，即把礼作为一个尊贵的事情，也就是崇尚礼。曾子这句话的意思是，君子要确立孝道，重点应该从两个方面入手：一是要充分发挥忠的作用，在实践当中，对父母做到尽心尽力；二是要崇尚礼，对父母各方面都要按照礼的要求去做。

我们今天可以将“礼”理解为社会行为规范。崇尚礼，也就是要按照社会行为规范去做。怎么做是尽孝道？我们是有一个期望值的，即社会有一个大众共同的认识，这就是礼。你得按照大众的认识去做，不能自行一套。而且只有把礼彰显出来，才能落实忠。也就是说，各个方面都能守住礼，都能达到礼的要求，才能体现出你尽心尽力了，没有达到或者过犹不及，都不能叫尽心尽力。因此说，崇尚礼才能体现忠。

这句话我引申一下，不仅孝道如此，为人处事，人生的各个方面都是如此。例如，在单位怎么做才是对领导的忠？以赞美领导为例，我们都承认，过度的赞美就是拍马屁和阿谀奉承，但是，对领导的赞扬达到什么程度是正常的？这就需要考虑礼的要求，按社会的习惯去做，你对领导的赞扬符合大众心目中的度，才能为大家所接受，大家才不会背后说你拍马屁，也只有这样才能体现忠。

再比如，《论语》上记载，曾子说“吾日三省吾身，与人谋而不忠乎，与朋友交而不信乎”，与朋友之间相处也涉及忠，在为朋友办事时是否尽心尽力，用什么标准来衡量呢？还是礼。这就是儒家为什么重视礼的原因。礼是一种标准，是一种规范。没有标准，没有规范，就没有办法进行评判。因此，人生所有与人相处的事情都要守礼、提倡礼，才能充分地发挥忠的作用。这是一个普遍的规律。

曾子讲君子要树立孝道，要充分发挥忠的作用，凡事都要在礼的范围内做到尽心尽力。这是曾子提出的总论。《曾子本孝》与《曾子立孝》两篇内容行文模式不一样。《曾子本孝》是先分论后总结；而《曾子立孝》则是反过来，开篇第一句是总论，然后再具体阐释。因此，若是两篇顺着读下来，会发现两句总论是连着的。

下面是对总论的具体阐释，是围绕着礼和忠这两个字谈孝，谈的都是一些具体问题，而且越来越具体。

故为人子而不能孝其父者，不敢言人父不能畜其子者；为人弟而不能承其兄者，不敢言人兄不能顺其弟者；为人臣而不能事其君者，不敢言人君不能使其臣者也。故与父言，言畜子；与子言，言孝父；与兄言，言顺弟；与弟言，言承兄；与君言，言使臣；与臣言，言事君。

这一段都是排比句，第一句能理解，后面就都能理解了。

“故为人子而不能孝其父者，不敢言人父不蓄其子者”，如果你对自己的父亲没有尽到孝，就没资格去评价别人当父亲的对孩子没有尽到职责。

表面上看起来，一个是儿子对父亲，一个是父亲对儿子，二者怎么相提并论呢？言外之意，你做儿子的尽孝到位了，才能批评指责父亲没尽到责任。当然，指责的是别人的父亲，而不是自己的父亲。自己的父亲做没做到位是当儿子的永远不能指责的。这是一个双向互动，也属于“反求诸己”，也就是说，自己当儿子没尽到职责，就不能评判别人当父亲是否尽到了职责。

父子关系是双向的，这是儒家很重要的理念，“父慈子孝，兄友弟恭”。儒家讲人际关系从来不是单向的，而是双向互动的，只有父亲对孩子慈爱，孩子对父亲孝敬，父子关系才能和谐。所以，只有作为儿子做到位之后，才有资格去指责对方，如果儿子自己没做到位，就没有资格去指责父亲对你不够慈爱；反过来，如果父亲没有做到对子女的慈爱，就没有资格去指责子女不孝顺。但是儒家还有一点要求，即“父子之间不责善”，父子之间不是平辈对等的关系，而是上下的关系。因此孩子永远不可以去指责自己的父亲不对。

曾子这句话的意思是，在说别人闲话的时候，首先要反思自己有没有做到位，有没有资格说，这就是修行。聊天的时候有人提到，某某人对儿子没有尽职尽责，那么我们就应该反思一下，我们对父母是否做到了孝，如果没有，就没有资格批评他人做父亲的没有尽到责任。

后边都是排比句，都要用同样的思路去理解。“为人弟而不能承其兄者，不敢言人兄不能顺其弟者”，作为弟弟不能和哥哥把关系处好，就不要去批评别人家的哥哥没有管好弟弟；

“为人臣而不能事其君者，不敢言人君不能使其臣者”，做臣子的不能把自己的君主侍奉明白，就没有资格去谈论别人家的君主管不好自己的大臣。

这一篇在总论之后是三个排比句，第一句谈的是孝，第二句谈的是悌，第三句谈的是忠。可见这一篇的核心是围绕着忠和礼这两个字来谈孝，这部分内容体现的是忠。

下面还是排比句，谈的是另一个问题。前面讲我们没有资格说什么，下面讲我们应该说些什么。作为子女，我们对父母心里有愧疚，因为没有完全做到孝，就不能评价他人，那怎么聊天呢？聊些什么呢？总不能闭嘴什么都不说吧？下面曾子接着讲应该说些什么。

“故与父言，言蓄子”，与当父亲的聊天时，可以聊怎么培养孩子，重点分享怎么培养子女，怎么教育子女。“与子言，言孝父”，与当儿子的聊天时，重点聊怎么去孝顺父亲。“与兄言，言顺弟”，和当哥哥的聊怎样爱护弟弟；“与弟言，言承兄”，和当弟弟的聊天就谈怎么尊敬兄长；“承”的字面意思是承接，即顺着哥哥，不和哥哥对着干；“与君言，言使臣”，和君主聊天就谈怎么使唤大臣；“与臣言，言事君”，和大臣谈话，就谈怎么侍奉君主、对待领导。

我们用现在的事情举个例子，和员工聊天，就谈怎么和老板处好关系，怎样对老板交代的工作尽心尽力；和老板聊天，就谈怎么爱护员工，多为自己的员工着想，这样才能调动员工的积极性。和老师聊天，就谈怎么教好学生，培养好学生；和学生聊天，就谈怎样尊师重道。曾子说的，才是传播正能量的正确方法。

综合起来，这一段的内容就是不说负能量的话，聊正能量的话，重点是弘扬美德，而不是批判指责。前面讲的没资格谈，是因为谈的都是不好的方面，全是批判指责当父亲的、当儿子的、当兄长的、当领导的没做到位。曾子还没有说不许批判指责，而是说在批判指责之前先反思一下，自己做到位了吗？做不到位的居多，也就是大多数人要闭嘴，别谈了。曾子是让我们在与别人聊天时尽量不说批判和指责的内容，而谈弘扬正能量的，谈美德，谈怎么做是好的。

我觉得曾子这段话从修行的角度来说是非常重要的。我们现在如果不修心、不修口的话，好像大家聚到一起聊天，聊着聊着，就开始批评指责了。再发展下去就开始嘲讽、挖苦、讽刺，聊到最后实在没啥值得嘲讽的，就得造谣制造点儿笑料，结果就成了诽谤。聊天不修口，这是必然的结局。这是很失德的，对品德修养有很大的伤害。一开始，批判指责说的往往是属实的，但谈着谈着就会不由自主地夸大，主要部分还是属实的，部分内容开始不属实。到最后，主要部分都不属实了，就变成了诽谤。因此，我们在谈话时要控制自己，想说话、憋不住，那就谈他人的优点，别谈他人的缺点，弘扬正能量，别批判指责。这就是曾子告诉我们在谈话方面的注意事项。

你一旦习惯了对他人进行批判指责的话，就做不到儒家修行的核心：反求诸己。今天说张三有什么毛病，明天说李四有什么毛病，那家父亲不是东西，这家儿子不孝顺，我们单位领导比较愚昧，他们单位员工比较愚蠢……每天就是这些指责批判的谈话，姑且不论对错，哪怕你说的是对的，又能怎样？能解决问题吗？不仅不能解决问题，而且思维会养成向外求的习惯，不能反求诸己。一遇到问题就向外求，找别人的毛病，以后再出现什么问题，就会习惯性地把责任推出去。向外求，就会导致“迁怒”“二过”、没担当，一系列的毛病都出来了。可以讲，这就是一个“病根”，能滋生出很多其他的毛病。

这样的人，我们可以说是相当讨厌了！身边有这样的人是极不容易相处的，跟他聊天，全都是对身边人的挖苦、讽刺，世界都是黑暗的，我们是不是都非常讨厌这样的人？既然讨厌这样的人，自己千万不要成为这样的人。这就是修行。

曾子这段话的核心，是用排比句讲出来的，就是说话的时候尽量不要批判指责，尽量从正面去说。如果你发现当父亲的对儿子不好，不要批判、指责他，应该给他讲，你看别人家怎么对孩子的，某某人对孩子真是尽心啊，用正面的事例刺激他自己反思，用优秀的人去感染、影响他。这是曾子告诉我们应该怎样谈话。

君子之孝也，忠爱以敬；反是，乱也。尽力而有礼，庄敬而安之；微谏不倦，听从不怠，欢欣忠信，咎故不生，可谓孝矣。

下面还是在讲忠。“君子之孝也，忠爱以敬”，“以”是并且的意思，君子的孝是三个字——忠、爱、敬。也可以说，做到了这三个字，就可以称得上是孝子了。

第一是“忠”，尽心尽力。本篇一开始就谈到“君子立孝，其忠之用”，一直守着这个核心在谈，在父母的事情上做到尽心尽力叫忠，但是仅仅尽心尽力是不行的，还要有对父母的爱。对父母的事情能做到尽心尽力，是靠着对父母的爱来支撑的，这是行动的动力。如果对父母没有爱，甚至恨父母，那么是不可能做到尽心尽力的。可以说，爱是基础，有对父母的爱，才能做到忠，就是尽心尽力。所以曾子把这两个字放在前面，要忠、爱。

在这个基础上必须加上敬。有对父母的爱，也对父母的事情尽心尽力，但是对父母没有敬意，这也不是孝。所以，这三个字，忠、爱、敬，就体现了君子的孝道。

然后曾子说，“反是乱也”，“是”就是这，指忠、爱、敬；“反”是跟这个相反。就是说，如果做不到忠、爱、敬，那就全乱了。做到忠、爱、敬就是孝，做不到就是乱，这是曾子的评价。

下面是具体的说明。“尽力而有礼，庄敬而安之”，这是第一个层面。“尽力”就是忠，要尽心尽力，并且守着礼的要求，这是对前面的具体阐释。守着礼的要求才能体现出尽心尽力。具体体现在，“庄敬”，对父母恭敬、尊敬；“而安之”，让父母安。

这里的“安”可以从两个层面去理解，一个是物质层面，一个是精神层面。在物质层面要使父母“安”，日子过得“安”，家里的各个方面都安排得安稳、合适。精神层面的“安”主要是安心，使父母心安，不能让父母因为子女的原因心不安，这就是孝。比如，子女出去打架，父母在家里会提心吊胆；开车经常超速，你一出去父母就揪心，这是不可以的。父母因为别的心不安，跟子女没有直接关系。比如父母看到海啸伤亡很多，伤心难过，这是子女不可操纵的，是父母的“仁者爱人”精神的体现。所以“安”可以从两个方面看，即从物质层面讲，让父母过得安稳；从精神层面讲，不要让父母因为我们而心不安。

曾子第一句话讲的是，对父母的事情要尽心尽力，并守着礼的要求去做。怎样体现这一点呢？对父母要尊敬，要使他们安稳、心安。所谓的“庄敬”，就是前面说的“忠爱以敬”的敬，这里多出来的是一个礼字。这是对前面讲的总原则，忠、爱、敬的具体阐释。可以说，第一句说的是生活，第二句就升华了。

“微谏不倦，听从不怠，欢欣忠信”，这就升华到道德层面了。“微”通“几”，“微谏”就是“几谏”，“几谏”在古代有特殊的含义，是委婉地劝谏，直白地表达出来叫直谏，以死相逼叫死谏，发动部队造反以达到劝谏的目的叫兵谏。当年张学良发动西安事变，逼蒋介石抗日，那就是兵谏，靠武力劝谏。这是古代对“谏”的几种分类，不同的时候用不同的劝谏方法。作为大臣，特别是高级大臣，对君主的劝谏提倡直谏，把话说明白，直白地表达出来。但是儿女对父母的劝谏，儒家提倡几谏，就是微谏，要委婉地表达，不要直说。发现父母有错误，要委婉地劝，不要直说。

比如，给领导提意见可以是直谏，领导发火了，你对领导说，不能这么发脾气，这是迁怒啊！这样会导致员工心寒啊！但对父母就不能这样了，对父母要说，刚才生气是不值得的，如果把您气坏了，不利于身体健康。

“不倦”是不厌倦，这也是儒家的精神，在《礼记》里面有更细致的描述。如果劝父母，父母不听，也要敬、孝。等到父母高兴的时候，至少是心平气和的时候，再一次委婉地劝。一次不行两次，两次不行三次，但前提条件是别在他脾气不好的时候去劝，这叫“微谏”。要反复地劝，不厌倦。

对父母要反复劝谏，这是比较特殊的。我们对领导、对朋友的劝谏就不能反复，否则就要找倒霉了。《论语》上讲，“朋友数，斯疏矣”，劝朋友的次数多了，朋友就疏远了。“事君数，斯辱矣”，对君主也是如此，劝领导的次数多了，就会自取其辱。所以，给领导、朋友提意见，最好说一遍，最多两遍，不能反反复复说。对朋友、领导是直谏，对父母是微谏，这是大不相同的。因为亲疏远近不一样，跟父母亲劝谏的时候要委婉，直接说更接受不了。跟父母要抱着一种负责任的态度，不能看父母一直犯错误，所以要反反复复地劝。

这是对父母的“微谏”。“微谏”讲的是方式方法，“不倦”讲的是反复、重复、不厌倦，这叫“微谏不倦”，要有耐心反复地劝。儿女劝父母一般不容易听进去，这是人的正常心理。因为我们在父母面前永远是孩子，当子女指出父母的不对时，父母心里的反应是，你个小孩子懂什么，所以我们得有耐心，这次劝完没听，下次找机会再渗透，慢慢来。

“听从不怠”，这句话没有主语，所以历来存在两种阐释。第一种阐释说的是儿女听从父母的安排，“不怠”就是不懈怠。这种理解认为，这句话的主语是儿女，指作为儿女从尽孝的角度来说，父母交代的事情要听从，而且不要懈怠。第二种阐释是认为，这句话的主语是父母，和上一句是连着的，这里的“听从”指父母听从了儿女的劝，但是不能因为父母接受了你的意见，就可以放松了，就懈怠了，还得坚持。这是两种不同的理解。

“欢欣忠信”，要对忠、信这两种美德表示高兴。按上下文来讲，“微谏不倦，听从不怠”，“谏”“听”的都是什么内容呢？子女从哪方面谏？父母从哪方面听？后面的解释是“忠信”，即要在忠信这方面劝父母，不是任何事都劝。父亲喜欢吃辣的也劝吗？说这个上火、不能吃，这跟忠信没关系。所以后面解释说，劝谏的内容和范围要符合忠信，要守着忠信，从喜欢忠信的角度去交流和劝谏。

下面这句“咎故不生”，也有两种不同的解释，关键区别在于“故”字。

第一种解释将“故”理解为因此，“咎”是灾难，意思是灾难因此不会产生，“可谓孝矣”，可以称得上是孝了。按照这种理解完整地解释这句话，意思是，孩子对父母能够尽心尽力，并且守着礼的要求去做，对父母也尊敬，能使父母过得安稳、心安；发现父母有错误、有缺点的时候，能委婉地去劝说，而且不厌倦，即使父母听从自己的劝谏，也不会懈怠，一切以忠信为原则。能做到这些，灾难就不会产生，便可以称之为孝了。这是第一种理解。

第二种理解，“故”是名词，是事故、变故的意思；“咎”指不好的事情，程度上低于“灾”，我们也可以理解为小灾。“咎故不生”，就是小灾、事故都不会发生。按照这种理解，“咎故不生，可谓孝矣”，如果把前面这些都能做到，那么家中既不会有灾难，也不会有小的事故，能做到这样的人，可以称得上是孝了。

这是谈孝带给我们的益处，如果做到孝，那么家里会大小坏事都没有。这有点神秘主义，实际上有一定的合理性，因为如果做到孝，最起码家里是和谐的，家和万事兴啊！

尽力而无礼，则小人也；致敬而不忠，则不入也。是故礼以将其力，敬以入其忠；饮食移味，居处温愉，著心于此，济其志也。

这个自然段是从反面说的，“尽力而无礼，则小人也”，“尽力”就是忠，做到了尽心尽力，但是没守住礼，这是小人而不是君子，这种做法当然也不是孝。前面讲到“君子之孝”，要做到忠、爱、敬三个字。本篇的核心是守着忠、礼谈孝。如果做到了忠，但没有守住礼，也是小人，这种做法也不是孝。这是很重要的。

我们没有做到礼，经常表现为对父母不够敬，这是我们当下的一种弊端。对父母的事情能尽心尽力，但经常会不耐烦，态度不好，这就是没有做到敬，就不是孝。曾子说得更为严重，“尽力而无礼，则小人也”，认为这样就是小人了，而不是君子。我们要在这个高度来认识孝，你再要跟父母发脾气的时候想着，这就是小人了。

第二句“致敬而不忠，则不入也”，和上一句内容相反，对父母尊敬，但是事情没有尽心尽力，这就流于表面了。对父母的态度非常好，就是事情办得不到位，曾子的评价是“则不入也”。

“不入”也有两种不同的解释。一种传统的解释，“不入”是不被接受。如果对父母仅仅做到了敬，而没有做到尽心尽力，子女的做法、说法都不会被父母接受。我觉得这样理解能说得通。打个比方，如果父亲的床不太舒服让子女收拾一下，子女马上就去收拾，有了敬，态度是很好，但是没有把床收拾好，躺上更不舒服了，若是这样，下次就不会找你来收拾了。下次子女再说给父母修东西，父母也不用了，这就是“不入”。

还有一种解释，认为“不入”两个字是抄错了，应该和上一句一样，是“小人”，原文应该是“致敬而不忠，则小人也”，与上一句构成排比句。这样讲也有道理，把“不入”变成“小人”，句式相当整齐，不仅排比，上下说的也统一。做到了忠没有做到礼，“则小人矣”，做到了敬没有做到忠，“则小人矣”。如果子女对父母做到了敬，却没有做到忠，也是小人。忠、敬、爱这三个字缺一不可，三字齐全才是君子。之所以这样理解，学者认为“不入”两个字放在这里没有办法解释，所以怀疑是抄错了。但是按我前面的理解，按照“不入”也能解释得通，所以我认为两种解释都是可以的。

“是故礼以将其力，敬以入其忠”，我之所以把上一句解释成“不入”，跟这里是有关系的。如果前面变为“小人”，这里出现“入其忠”，好像就不匹配了。“是故”是因此，“将”是扶持的意思。比较典型的是《木兰辞》中提到的“出门相扶将”，“扶”和“将”是同义词，是扶持、辅助、帮助的意思。“礼以将其力”，就是要用礼来辅助自己的尽心尽力。一方面要尽心尽力，一方面要守着礼，就是这个意思。为什么要守着礼？用守礼来辅佐、帮助你的尽力，礼对你的尽心尽力即忠，能起到帮助、辅助的作用。

“敬以入其忠”，对父母有恭敬心，然后子女的忠才能被接受。这里的“入”还是能被接受、被采纳的意思。因此我认为前面一句的“不入”没有错误，前面是“不入”，后面是“入”，前后两句是相对应的、呼应的。若理解成“小人”，则与上文构成排比句，但与后文就不能呼应了。“致敬而不忠，则不入也”，则“敬以入其忠”，靠着敬让父母接受子女的忠。

这是总的原则，还是围绕着礼和忠两个字谈孝。礼的功能是辅助忠，敬的功能也是辅助忠。所以孝顺父母，要对父母做到尽心尽力，没有敬和礼是做不到位的。必须以敬和礼辅助忠，才能做到忠。

下面谈的是非常具体的问题。“饮食移味”，在饮食上，要改变滋味。说得更直白点儿，在饮食上要变换花样做。为父母提供饮食的时候要强调改变滋味，不能父母喜欢什么，以后就天天吃什么。“居处温愉”，父母的起居、日常生活，要为父母处理得温和、舒适。房间里的床和经常躺的地方都要弄得温和而舒适。这里全是从物质生活的角度讲的，一个是饮食，一个是起居，怎么去照顾父母。

“著心于此”，把你的心放在这上面，“济其志也”，你的志向就能达成，即孝的志向就能够实现了。把心放到父母的“饮食移味”和“居处温愉”上，也就是你得时时想着父母的饮食、起居，时时把心放在这上。言外之意，这也可以叫作孝了。我觉得，做到“饮食移味，居处温愉”这八个字，就已经非常不容易了。但在儒家看来这是最低标准，做到这些，孝刚及格。做不到这八个字，就不及格了，就不是孝，而是“能养”了。

子曰：可人也，吾任其过；不可人也，吾辞其罪。《诗》云：“有子七人，莫慰母心。”子之辞也。“夙兴夜寐，无忝尔所生。”言不自舍也。不耻其亲，君子之孝也。

这里以“子曰”开头，一般认为下面的话是孔子说的，是曾子引用他老师说的话。

“可人也，吾任其过；不可人也，吾辞其罪。”对这句话古人的注解大多数认为有错字，不是“人”而是“入”，原文应该是：“可入也，吾任其过；不可入也，吾辞其罪。”说的是劝谏父母，就是前面说的微谏。在劝谏父母之后，会有父母听与不听的问题。父母听进去了、接受了，是“入”，没有接受是“不入”。“可入也”，如果父母可以接受你的劝谏，那么子女应该“吾任其过”，即承担这件事情的错误。父母已经意识到这么做不对了，已经接受劝谏了，那么子女的态度是，应该把错误承担下来，保全父母的名声。

第二种情况是父母没有接受，“不可入也”，父母不接受劝谏，没有认识到自己的错误，那么“吾辞其罪”。这句话也有两种解释。第一种是不负责任的解释，“辞”是推卸，我可以推卸做儿女的责任了。子女劝谏后父母不听，做儿女的已经尽到责任了，便采取不管的态度，这是“吾辞其罪”，所以我说这是不负责任的说法。子女劝谏父母未果即可免责，这种心态是不负责任的。第二种解释，“辞”是言辞的意思，“辞其罪”

是用言语去免除父母的罪，对父母的过错，想个说法加以遮掩。我认为这种理解可能更好一些，给父母一个说法，不要让父母的毛病暴露，这叫“吾辞其罪”。

后面引用一句《诗经》，《诗》云：“有子七人，莫慰母心。”这句诗出自《诗经》中的《邶风·凯风》，意思是，有七个儿子，没有人能安慰母亲的心。“子之辞也”，“辞”是毛病的意思。《诗经》上说，有七个儿子都没有一个能让母亲心安，给母亲带来安慰，那么这些做儿子的就应该自己挑挑自己的毛病，自己反思一下。这是从反面说的。

下面还是引了两句诗，但是从正面说的，“夙兴夜寐，无忝尔所生”。这句诗出自《诗经》中的《小雅·小宛》，“夙兴夜寐”就是早起晚睡。为什么要这么做呢？“无忝尔所生”，不要给父母造成耻辱。引用这句诗之后，曾子接着讲“言不自舍也”，这一句诗说的是不自暴自弃，一直坚持。“不耻其亲”，为什么一直坚持不自暴自弃呢？是为了不给父母双亲造成耻辱。“君子之孝也”，这才是君子的孝道。

这里很能体现出曾子的行文风格。我们看《大学》的时候也会发现这样的风格，先是一段论述，然后引用《诗经》来证明。这里也是这种文风，先谈孝道，然后引两句诗来证明他的思想，从正反两个方面引用《诗经》证明什么是孝。这是曾子的行文风格，可以说，也是先秦儒家学者共同的文风。

是故未有君而忠臣可知者，孝子之谓也；未有长而顺下可知者，弟弟之谓也；未有治而能仕可知者，先修之谓也。故：孝子善事君，弟弟善事长，君子一孝一弟，可谓知终矣。

这句话已经超出孝的范围了，曾子实际是在讨论另一个问题，对我们今天也比较有启发。

“是故未有君而忠臣可知也，孝子之谓也。”“未有君”是没有君主，就是这个人没有当官。“忠臣可知也”，但是我们可以肯定，如果他当官肯定是忠臣。“孝子之谓也”，这说的就是孝子。“未有长而顺下可知也”，这个人没有领导，但是他是一个顺从的下级，这是可以肯定的。为什么呢？“弟弟之谓也”，前面一个“弟”是通假字，通“悌”，因为他在家里是顺从哥哥的弟弟。从这里可以看出来，他如果从政，肯定也会是一个顺从的下级。“未有治而能仕可知也”，他没有去治理国家，但是我们可以肯定，他如果当官能当得很好。“先修之谓也”，因为他事先已经在修身了。

曾子这段话深层次的含义，实际在于“家国同构”。从另一个层面说，人的基本素质使我们对其有一种预判，不必靠实践去检验。这个人一定得当了大臣之后才能判断他是不是忠臣吗？一定要从实践去检验吗？或者说，他一定得到政府机关工作以后，看他对领导的态度，才能判断这个人是不是顺从上级的下级？不是这样的。根据他在日常生活中的表现，我们对他为人的很多层面就能够做出一种预判。因此，这句话也可以视为儒家的一种识人术，对人才的分辨。

“孝子之谓也”，如果他在家里能尽孝道，那我们就可以肯定，他做了大臣，会是忠臣，这叫“移孝做忠”。为什么求忠臣必于孝子之门？通过孝道培养起来的人格，应用到从政上，用对待父母的态度来对待君主，这个人肯定会是忠臣。在家里对待哥哥的态度如果能带到单位去，那我们就可以预判，他在单位肯定是一个顺从上级的下级，跟领导关系会处得很好。而这个人没当官，我们之所以肯定他当官之后能非常称职，是因为没当官他已经先开始修身了，先把自己修得很好了。如果你把自己修得很好的话，把你放到哪个领导岗位上，都可以胜任。

这里我们要强调的是管理层面、领导岗位，不是指专业技能。当下有一种误解，按儒家修身追求“明明德”，明明德之后，能唤醒先天美好素质，就一通百通、什么都会了，那是不可能的。“明明德”唤醒的先天美好素质是仁义礼智，修到“明明德”之后，为人处事没毛病了，那么基本素质是成为领导能够胜任了，走向管理岗位可以胜任了，能把人际关系理顺，这没有问题。所以《大学》讲“明明德，在亲民”，能把人际关系理顺。但不解决专业技能问题，这个我们要注意。“明德”里面没有微积分，你即使修到“明明德”，也不可能高等数学就不用学自然会了，专业技能和这没关系。这里之所以要多说两句，是当下有人误解并误导群众，强调孩子从小要背经，背很多儒家经典后就可以“明明德”，就什么都行了。这纯粹是误解，古人也没有那么认为。这是我批判一下当代的一种错误认识。

“先修之谓也”，提前进行修身能达到什么效果？达到“未有治而能仕可知”，虽然没有治理过国家，也被认为具有治理国家的能力和素质，有管理才能，这是肯定的。

下面是曾子的总结。“故：孝子善事君，弟弟善事长”，孝子善于侍奉君主，和兄长处好关系的弟弟，善于侍奉领导、尊长、长者。儒家为什么强调孝悌？因为做到了孝和悌，拿出对父母、对哥哥的态度，去对待领导、对待年长的同事，便可以把人际关系处理得非常好，这叫“孝子善事君，悌弟善事长”。

“君子一孝一悌，可谓知终矣”，作为君子，就这一个孝字、一个悌字，如果做到了，就可以称得上是知道事情的终点了。“终”，如果读过《大学》就容易理解了，就是“本末终始”的“终”，事情有本有末，有终有始，任何事都是如此。所谓本末，是用树做比喻，本是树根，指根本，末是树梢，本末也就是重要、次要。对任何的事情都要分清楚什么是重要的、什么是次要的，从马克思主义哲学讲就是抓主要矛盾“终始”是开始、结尾。既要能分清事情的重要和次要，又要能分清事情的开端和结尾，才能做到善始善终。这里曾子说的“终”，指的就是“本末终始”的“终”。就是这一个孝字、一个悌字，如果真正地参透、做到，就可以称得上是了解事情的终点了，终极指向就没有问题了，就可以把这件事从头到尾都做好了。

《论语》上说：“孝悌也者，其为仁之本与。”为什么把孝悌作为仁的根本？因为做到孝悌，不仅能理顺家内关系，达到“齐家”，而且本着这种精神走向社会，与人相处，也能把人际关系理顺，若是当官的话，会具有管理才能，能做得很称职。所以通过修身可以做到齐家、治国、平天下，这是儒家的理念。

第四篇　曾子大孝

曾子曰：孝有三：大孝尊亲，其次不辱，其下能养。

“曾子曰：孝有三”，曾子说孝可以分成三类。曾子说孝可以分成三类，第一类最高层级的孝是“尊亲”。“尊”从浅层理解是尊敬、尊重，但从高层理解，应该是“使之尊”的意思，古汉语的使动用法，“尊亲”就是“使亲尊”，使父母双亲获得他人的尊重。这是两个层面的理解。我认为，如果理解为自己尊敬父母就有点儿低了，那称不上是大孝。因为敬是孝的基本原则，对父母的尊敬是孝的基本原则，“孝敬”必须有敬才叫孝。如果做不到对父母的尊敬就是不孝，这怎么能成为大孝的标准呢？大孝的层次不能这么低。曾子讲的最高层级的孝，是使父母得到大家的尊重，这是孝道的最高级别和最高境界。

那么，怎么达到这一点呢？那涵盖面可多了。首先你得是一个孝子；其次你还得是一个可敬的人，个人修养要好，是有道德的人；再次你得事业有成，这三者缺一不可。如果你仅仅事业有成，官做得很大或者生意做得挺大，但对父母根本不好，你父母也得不到尊重。或者说，你是一个孝子，对你父母非常好，但是事业干砸了，你的父母能因你得到尊重吗？或者说，这个人仅仅是对父母特别好，对别人坑蒙拐骗，道德修养比较差，父母能得到尊重吗？因此，至少你得能达到上述三个方面，才能实现“使亲尊”。曾子把这一条列为大孝，是孝的最高境界，因为这是相当难以达到的。

“其次”，是比大孝差一档的孝，第二个层次的孝，是“不辱”，不让你的父母受辱。即使不能使老人因你而得到大家的尊重，至少你也别让老人受你拖累，不要因为你的原因使父母受到他人的侮辱、抬不起头来，让别人瞧不起你的父母。这是第二个层次的孝。

“其下”，最下层次的孝是“能养”，能养活父母。从这个角度来说，曾子认为能养父母也算是孝了，但这是最低层次的孝。什么叫“能养”呢？上文提到，至少做到“饮食移味，居处温愉”，这才叫“能养”。随便给父母吃的，不是能养。如果你达不到这个标准，那就不是曾子说的“能养”，那就是孔老夫子批判的“至于犬马，皆能有养”。

曾子也是在暗示我们，修孝道，要一个层次一个层次地向上修，一下子修到大孝是不现实的。先做到“能养”，也就是“饮食移味，居处温愉”，给父母提供舒适的生活环境和物质条件，让他们安度晚年，这是孝的最基本原则；在这个基础上，再去追求精神层面，达到“不辱”；然后再往上修，才能达到“尊亲”。这是曾子告诉我们的修孝的次第。

下面是曾子和弟子的一番对话。

公明仪问于曾子曰：“夫子可谓孝乎？”曾子曰：“是何言与？是何言与？君子之所谓孝者，先意承志，谕父母以道。参直养者也，安能为孝乎？身者，亲之遗体也。行亲之遗体，敢不敬乎！故居处不庄，非孝也；事君不忠，非孝也；莅官不敬，非孝也；朋友不信，非孝也；战陈无勇，非孝也。五者不遂，灾及乎身，

敢不敬乎？故烹熟鲜香，尝而进之，非孝也，养也。君子之所谓孝者，国人皆称愿焉，曰：'幸哉！有子如此！'所谓孝也。民之本教曰孝，其行之曰养。养，可能也，敬为难。敬，可能也，安为难。安，可能也，久为难。久，可能也，卒为难。父母既殁，慎行其身，不遗父母恶名，可谓能终也。

曾子的弟子公明仪来问曾子："夫子可谓孝乎？"您能不能称得上是孝？曾子回答："是何言与？是何言与？"你这是什么话呀！你这是什么话呀！重复了两遍。"君子之所谓孝者，先意承志，谕父母以道"，我认为，出于谦逊，曾子不认为自己做到了孝，这里是曾子提出一个衡量孝的标准，按照这个标准，他认为自己没达到孝。可是，曾子把对自己的标准提高了，他这里说的孝的标准，不是前文说的标准了，如果按照前文提到的三个标准来说，"能养"就是孝，那曾子肯定是做到了。但是曾子严以律己，宽以待人。对别人来讲，"能养"就是孝，对他自己而言，要做到"先意承志，谕父母以道"才是孝。"君子之所谓孝者"，即君子所说的孝，得达到这个标准才能叫孝。

"先意承志"，父母有什么想法，还没有表达出来之前，作为子女就先做到位了。例如，夏天太热，父亲刚想着给家里安空调，还没等说呢，子女就已经把空调买好准备安装了。这叫"先意"。"承"是顺承，"志"是志向，意思是作为子女要完成父母已经表达出来的志向。"意"是没表达出来的，而"志"是表达出来了。例如，父母想在年老之前去欧洲八国游，子女应该帮他们实现，这就是"承志"。"先意"和"承志"是两个层面的概念，"意"是小的方面，"志"是大的方面。"谕父母以道"，"谕"是劝谕、微谏，要劝父母行道、修道，即遵守正道，追求道义。曾子说，达到这个层面，才是君子说的孝。从这个层面讲，就不是“能养”和“不辱”能解决的了，而是直接要求达到大孝了，可见曾子对自己是高标准、严要求的。

曾子认为自己并未达到这种要求，因此谦卑地说，“参直养者也”。这句话的意思是，我就是能养父母而已，“安能为孝乎”？我怎么能称得上是孝呢？曾子很谦虚，认为自己没有达到前面说的孝的标准。

下面还有具体论述。“身者，亲之遗体也”，你要知道你的身体是父母给你的。“行亲之遗体，敢不敬乎！”你现在的一举一动都是拿着父母给的身体在行动，那怎敢不充满敬畏呢！就是子女做事一定得小心，别损伤到自己的身体，因为你的身体是父母给的，要爱护。

下面曾子开始引申，爱惜自己都体现在哪些比较高层次的方面。“故居处不庄，非孝也”，就是在日常生活中体现不出庄重，这不叫孝；“事君不忠，非孝也”，侍奉君主、对待领导体现不出忠，这不叫孝；“莅官不敬，非孝也”，当官却没有带着敬畏心，没有谨慎认真地对待事情，这不是孝；“朋友不信，非孝也”，和朋友相处没有守着信，这不是孝；“战陈无勇，非孝也”，冲锋陷阵的时候没有勇敢的精神，这也不叫孝。这里“陈”是通假字，通“阵”。

曾子谈了五个方面，然后总结，“五者不遂”，这五个方面如果做不到，就会“灾及乎身”，那么灾难就会赶到你的身边，就是你会有灾难了；“敢不敬乎”，因此怎么敢不充满敬畏呢！

曾子在这里对孝进行了发挥，他谈的这五个方面：庄、忠、敬、信、勇，其实都是儒家提倡的美德。曾子把孝理解到了这样的高度，所以本篇才叫《曾子大孝》，达到极致的一种孝。在这种论述里，可以说曾子把孝理解为儒家美德、儒家思想的一个核心，涵盖面很广，所以他才在前面谦虚地说自己没有达到孝，因为标准实在是太高了。

下面曾子讲了什么是“养”。“故烹熟鲜香”，把新鲜的肉和粮食烹煮好；“尝而进之”，就是你自己先尝一尝，看看是否合口味，然后再拿给父母；“非孝也，养也”，做到这样还不是孝，仅仅是能养。因此曾子给自己的评价是他没有达到孝的标准，只是一个能养的人，但是曾子对“能养”的标准也不低了。

“君子之所谓孝者，国人皆称愿焉”，君子所说的孝，是要达到国人全部称赞、仰慕的境界，也就是说，凡是认识你的人，都称赞你是孝子，并且羡慕你父亲有个好儿子，这才是君子所说的孝。这句话说的其实是前面所讲的“孝有三”里的“大孝”“大孝尊亲”，所以说曾子对自己要求高，把孝的标准提高到了大孝。他说自己没达到孝，其实是没达到大孝。然后是具体的阐释，“曰：‘幸哉！有子如此！’”“曰”是国人曰，即身边认识的人都这么说“幸哉”，是人们都对你父亲说，你太幸运了。“有子如此”是能有这样的儿子。“所谓孝也”，这样才叫孝，也就是大孝。

“民之本教曰孝”，对于老百姓的根本的教化就叫作孝，即要以孝道来教化百姓；“其行之曰养”，在具体推行孝道的时候，首先要提倡能养，就是前面说的，修行要一步一步往上修。作为统治者，要以孝道治天下，以孝道来教化老百姓，向全民提倡孝道，但是这个时候要从低标准的“能养”开始提倡。如果一开始就把大孝的标准拿出来，老百姓一看太难了，达不到，都崩溃了，最后谁也不照着做了。教化百姓的根本在于孝，但是在教化老百姓、提倡推行孝道的时候，首先要推行“能养”，这是统治者怎么提倡孝道的问题。

下面曾子开始讲孝的层级。“养，可能也”，给父母提供物质条件，奉养父母，是能够做到的，“敬为难”，但是在奉养父母的同时，还要对父母做到尊敬，就比较难了；“敬，可能也”，能够做到尊敬父母，“安为难”，让父母达到安就比较难了，“安，可能也，久为难”，能让父母达到安的境界也是可能的，但是让父母一时安容易，持久就比较难了；“久，可能也，卒为难”，坚持下去也是可以做到的，一直坚持到底，坚持到父母去世，就太难了。

曾子把孝分成了几个层级，第一个是“能养”，能给父母提供舒适的物质生活条件，这是最低层次的孝；下一步的追求是加上“敬”，这是第二个层次；再往上修，再加上“安”，让父母心安、生活安，这是第三个层次；在这个基础上再往上修是“久”，能坚持、持久；在这个基础上再上一个层次，就是“卒”，这就不是坚持的问题了，是一直没有改变。从这里能看出曾子把对父母的孝分成了五个层级，这是在父母生前，也是在暗示我们修孝的层级要一层一层地往上修，达到最高层级就是对父母终生是这个态度，那就可以称为大孝了。

下面说的是“父母既殁”，即父母去世以后，孝体现在哪里？“慎行其身，不遗父母恶名”，在父母去世之后，还能慎重地处理问题，不给父母留下恶名，即一举一动都慎重处事，不因为你的原因给父母招来骂名，这样就可以称为“终”，能把孝坚持到终点。儒家所讲的孝，不只是指父母生前，还包括父母去世以后，可以说是人一辈子的修行。

夫仁者，仁此者也；义者，宜此者也；忠者，中此者也；信者，信此者也；礼者，体此者也；行者，行此者也；强者，强此者也；乐自顺此生，刑自反此作。

这段话实际是曾子对孝的强调，又是和儒家的一些核心理念联系起来讲的。

“夫仁者，仁此者也”，“此”指孝，是指对待父母，下面的“此”都是同样的含义。儒家的核心理念“仁”，曾子的解释就是在这件事上体现“仁者爱人”；“义者，宜此者也”，儒家提倡的“义”，就是在对待父母这件事上能做得妥当；“忠者，中此者也”，所谓“忠”就是在这件事上能达标，符合要求；“信者，信此者也”，“信”指的是坚信这个事情；“礼者，体此者也”，“礼”指的是能够身体力行这件事；“行者，行此者也”，“行”指的是能够推行这件事；“强者，强此者也”，“强”是指努力奉行这件事。曾子把儒家的核心理念仁、义、忠、信、礼、行、强全部与孝结合起来了。

仁、义、忠、信、礼，都是我们经常提到的儒家的美德，我就不解释了，“行”是指品行，“强”是指努力。如果要修儒家提倡的这些美德，都要通过孝来体现；或者说，没有孝，这些美德就没有做到位。儒家的一切修身都与孝有直接的关系，如果做不到孝，其他的美德都是不完美的，甚至根本是虚假的。

“乐自顺此生，刑自反此作”，意思是人生的幸福和快乐是从顺应孝道中产生的，人生的惩罚和灾难是从违反孝道开始发生的。换一种方式说，就是做到孝，会带给你人生的幸福和快乐；做不到孝，会带给你人生的惩罚和灾难。

夫孝者，天下之大经也。夫孝，置之而塞于天地，衡之而衡于四海，施诸后世而无朝夕，推而放诸东海而准，推而放诸西海而准，推而放诸南海而准，推而放诸北海而准。《诗》云：‘自西自东，自南自北，无思不服’，此之谓也。

“夫孝者，天下之大经也”，孝是天下的一个根本原则。下面开始赞美。

“夫孝，置之而塞于天地，衡之而衡于四海。”“置之”就是把孝放在这儿，“塞于天地”是贯通天地；“衡”是通假字，通“横”，“置”是竖着放，“横”是横着放，都是强调孝的重要性。这句话的意思是，如果把孝立在这儿，它充满天地之间，如果把它横着放，能遍及四海。形容孝是无所不在的，非常重要，人生没有什么事情与孝没有关系。“置之而塞于天地”讲的是孝非常广泛，无所不包。“衡之而衡于四海”讲的是孝的重要和伟大。“施诸后世而无朝夕”，如果把这件事推行到后代，没有哪一个早晨和晚上不需要的。这是讲孝是恒久的、持久的。

下面是排比句，“推而放诸东海而准，推而放诸西海而准，推而放诸南海而准，推而放诸北海而准”。这句话的意思是把孝推行到东海、西海、南海和北海都是准确的，从这句话里引申出后世的成语“放诸四海而皆准”，表示孝是一个永恒的、普遍的规律。然后曾子引了《诗经》上的一句话“自西自东，自南自北，无思不服”，从西到东，从南到北，没有人会不服从、不顺从孝的原则。这句诗出自《大雅·文王有声》。“此之谓也”，这句诗说的就是这个意思。

这段话不是谈孝的具体内容，论述的是孝的伟大意义和重要性。我觉得儒家是最会谈论某件事的重要性和伟大意义的，谈得比较夸张。

下面又重新回到谈孝的具体内容。

孝有三：大孝不匮，中孝用劳，小孝用力。博施备物，可谓不匮矣。尊仁安义，可谓用劳矣。慈爱忘劳，可谓用力矣。

“孝有三”，从另一个角度谈孝有三种：“大孝不匮”，最高层次的孝是没有穷尽的；“中孝用劳”，中等的孝是能通过它达到某种效果的；“小孝用力”，最低层次的孝就是出钱出力。

下面是对“不匮”“用劳”“用力”的具体阐释。“博施备物，可谓不匮矣。尊仁安义，可谓用劳矣。慈爱忘劳，可谓用力矣。”这句话可以从两个层面去理解。一是按字面意思去理解；另一种是古人的注解中的更通行的理解，认为这是谈论三种人的孝。

“博施备物，可谓不匮矣。”如果按字面意思去理解，大孝是对父母的供养，是广泛地给予，什么都提供，“备物”是所有的东西都具备，什么都不缺。若是从论三种人的孝的角度去理解，这句话指的是天子的孝。皇帝怎么体现孝？就是将天下的老百姓都安排好，广泛地给予恩惠，把所有事物都处理明白，使国家的所有事物完备，这才体现了天子的孝。

第二个层次“中孝用劳”怎么做呢？“尊仁安义，可谓用劳矣”，尊奉仁，就是以“仁者爱人”为人生准则；安于义，“义”是“义者宜也”，人生的所有事情都处理妥当才心安。能做到“尊仁安义”，可以称得上是“用劳”了，也就是“中孝”，这是字面意思。另一种理解，这是士大夫的孝。作为管理层，你的行为要以仁为准则，处理问题要追求妥当，这才是中孝。

第三个层次“小孝用力”怎么做呢？“慈爱忘劳，可谓用力矣”，因为对父母的慈爱而忘记了自己的辛劳，可以称得上是“用力”，这是字面意思。另一种理解，古人认为“小孝”是平民百姓的孝，普通老百姓的孝体现在对父母的爱，因为对父母的爱而忘记了辛劳。

这是两种解释，一种解释是按大、中、小三个层级，按字面意思来解释；另一种是把大孝理解为天子的孝，把中孝理解为卿大夫的孝，把小孝理解为平民百姓的孝。但其中的内涵是一样的。

下面是具体做法。

父母爱之，喜而不忘；父母恶之，惧而无怨；父母有过，谏而不逆；父母既殁，以哀祀之。加之如此，谓礼终矣。”

“父母爱之，喜而不忘”，意思是，父母爱你，你要为之高兴，并且不忘父母的爱；“父母恶之，惧而无怨”，父母不爱我，要感到可怕，但是不能心生怨恨。为什么不能有怨恨呢？父母对你生气，不爱你的原因在于你自己没做到位，这说明你已经是不孝了，这很可怕，需要快点找原因，所以要有“惧”的心态，也就是带着敬畏心去修正，而不能因为这个去怨恨父母；“父母有过，谏而不逆”，父母有缺点错误的时候，要劝谏，但不能违逆；“父母既殁，以哀祀之”，父母去世之后，带着悲哀的情绪来祭祀他；“加之如此，谓礼终矣”，把上述这些都照着做到，可以称得上就是礼的要求的终点了。

乐正子春，下堂而伤其足，伤瘳，数月不出，犹有忧色。门弟子问曰：“夫子伤足，瘳矣，数月不出，犹有忧色，何也？”乐正子春曰：“善如尔之问也。吾闻之曾子，曾子闻诸夫子。曰：‘天之所生，地之所养，人为大矣。父母全而生之，子全而归之，可谓孝矣；不亏其体，可谓全矣。故君子顷步之不敢忘也。’今予忘夫孝之道矣，予是以有忧色。故君子一举足不敢忘父母，一出言不敢忘父母。一举足不敢忘父母，故道而不径，舟而不游，不敢以先父母之遗体行殆也。一出言不敢忘父母，是故恶言不出于口，忿言不及于己，然后不辱其身，

不忧其亲，则可谓孝矣。草木以时伐焉，禽兽以时杀焉。夫子曰：‘伐一木，杀一兽，不以其时，非孝也。’”

“乐正子春”，人名，是曾子非常亲近的一个弟子，在其他文献里有记载。曾子临终的时候，守在他身边的除了他的两个儿子之外，就是乐正子春了。

这里讲的是曾子去世之后的事情了。“乐正子春，下堂而伤其足”，乐正子春从堂上往下走的时候伤了脚。“伤瘳”指病愈。“数月不出”，连着几个月也没出门。“犹有忧色”，还有忧愁的脸色。

“门弟子问曰”，乐正子春的弟子不理解，不知道老师这是为什么，就来问他：“夫子伤足，瘳矣，数月不出，犹有忧色，何也？”乐正子春的弟子来问他：“老师，你崴了脚，都已经好了，连着几个月不出门，现在还满脸忧愁，这是为什么呢？”

乐正子春回答说，“善如尔之问也”，像你提的这个问题就很好，对他提的问题表示肯定，问到位了。“吾闻之曾子”，我听我老师曾子说过。“曾子闻诸夫子”，曾子是听他老师孔子说的，这是一辈辈传下来的。这也反映了当时儒家教学的一个特点，口耳相传，很多东西没有文字记录，因为当时书写工具不发达，靠的是口口相传。从孔子到乐正子春的弟子，就已经传承了四辈，就是这样一代一代往下传的。

孔子说，“天之所生，地之所养，人为大矣”，在天地之间一切事物，所有的物种，人是最大的，也就是最重要的、最尊贵的。“父母全而生之，子全而归之，可谓孝矣”，作为人，父母完整地生了你，作为子女你要完整地回归，这才可以称得上是孝。儒家的理念，“身体发肤，受之父母，不敢毁伤”，这是孝的组成部分。你要爱惜自己的身体，你要对得起你的父母，因为父母生你的时候你是完整的。后天你毁伤身体，这是不行的，对父母给你的身体你不够重视，这就是不孝。“归”就是死，你应该到死的时候保持一个完整的状态。

曾子临终重病卧床的时候还跟弟子说：看看我的手和脚是不是没毛病，是不是完整的？现在我要去世了，我的身体是完整回归的，到这一天我可以说免于不孝了。可以说，这是儒家的思想和传统，而曾子这句话是听孔子说的。

“不亏其体，可谓全矣”，什么是“全”？“不亏其体”，你的身体没有亏损，才可以称得上是“全”。保持这种状态到死，就是“子全而归之”，这才称得上是孝。“故君子顷步之不敢忘也”，“顷”，古书里解释应该是通假字，通“跬”，古代“跬”和“步”是两个概念，迈脚走一步叫跬，两脚各迈一步才叫步。“顷步”就是跬步。“不敢忘”，后面没有主题词，省略了，不敢忘什么？不敢忘记孝道。这句话的意思是，因此君子每走一步、半步都不敢忘记孝道。

乐正子春引孔子这句话，是来批判自己走路的时候不小心把脚崴了。不小心就是对自己的身体没有重视，而不关爱自己的身体就是对不起父母，这就是不孝，是忘记了孝道。他为什么脚好了之后还好几个月不出门？是在家反思、反省，认为自己行动不够慎重，没有关爱自身。当时乐正子春的父母在不在世我们不知道，如果父母在世的话，这就是“遗父母忧”了。你脚崴了父母跟着担心，这就是不孝。父母去世后仍旧要注意这一点，不能说父母不在了就可以胡闹了，反正也没人担心了，但你还得考虑“全而归之”呢！

乐正子春进行自我反思，引孔子的话进行自我反省，自我批判。“今予忘夫孝之道矣”，乐正子春反思崴脚这件事之后说，现在我忘记了孝道啊。“予是以有忧色”，我因此才忧愁啊。个人修养、修身不到位啊，那天下堂的时候不小心，说明还没修到时刻想着孝道的境界，那一瞬间就把脚崴了。

从我们今天的角度看，这标准非常高了。这是古代著名大贤，是榜样，咱们得一点点儿来，整个历史上辉煌的榜样一共才只有几个。曾子是大孝，孔门弟子三千，曾子在孝上排名第一。我们不能一下子对自己要求太高，需要一步步来。

“故君子一举足不敢忘父母，一出言不敢忘父母”，乐正子春谈对孝道的理解，君子一举一动，哪怕一抬脚，都不要忘记父母；每当要说话的时候，都不要忘记父母。这是一个结论，下面是解释这句话的含义。“故道而不径，舟而不游”，怎么体现“一举足不敢忘父母”呢？每一个举动都不敢忘记父母的具体表现。“道而不径”，走大道不抄捷径，不抄小道，因为小道容易出危险。大道也不是说绝对安全，但毕竟安全系数高。“舟而不游”，过河的时候坐船，不游过去。这两句话的意思是一样的，就是不冒险。为什么不冒险？要保证“全而归之”。自己别出事，爱惜自己的身体。

“不敢以先父母之遗体行殆也”，为什么“道而不径，舟而不游”？不敢拿着父母给我留下的身体去冒险，“爱惜此身，留他日担当宇宙”，这就是孝的组成部分。所以，走路走安全的大道，不走危险的小道，不走捷径。过河等船，不游过去，不冒险。每一举一动都要想着父母，想着孝道，这么做才体现出孝道。

什么叫“一出言不敢忘父母”？每次张开嘴说话，就要想着父母，想着孝道，那具体体现呢？“是故恶言不出于口，忿言不及于己”，你嘴里不说出恶言恶语来，别人愤怒的语言也不会到达你的身上。我们说得更通俗一点，你不骂人，一般人家也不会骂你。

《礼记》也有类似的记载，“恶言不出于口，忿言不返于身”。你不口出恶言，愤怒的言辞就不会返回到你的身上。所以孟子、曾子都有过相关的论述，就是你骂人父母，最后导致人家回嘴骂你的父母，这就等于你自己骂自己的父母。

说话就要慎重，说话要得体，最起码要守住底线，不能恶言恶语去污辱他人。较高层次的追求，说话要得体，说得恰当、妥当；最低标准，不出恶言，别骂人，别说恶的语言，不要挖苦、讽刺他人。如果你能保证自己不说这类语言，那么这类语言轻易也不会加到你身上，就是别人轻易不会用这种语言说你。这是谈孝的时候提到的语言问题。

乐正子春前面谈了两点，“一举足”指的是行动方面，“一出言”指的是语言方面。你在行动和语言方面都要想着父母、孝道，这两个方面都要慎重。行动方面的慎重主要体现在关爱自身，关爱自身一方面免得父母跟着你担惊受怕，另外一方面，从大的角度说要追求“全而归之”。语言方面的慎重体现在不要对人说恶言，这是免得人家回嘴导致构成对自己父母的污辱，这都是孝的组成部分。这是乐正子春谈的，也是儒家一脉相承的思想，在语言、行动上都要想着父母，不要给父母带来污辱。

下面是乐正子春的总结，“然后不辱其身，不忧其亲，则可谓孝矣”。如此之后，就实现了不使自身受到污辱，不使你的父母为你担忧，这才可以称得上是孝。总之，这里论述的孝的标准相当高。

下面说的是另一个境界，比这个还要高。“草木以时伐焉，禽兽以时杀焉”，上山砍木头、打柴要按规定时间，打猎也要按照规定时间。

中国古人相当有环保意识，政府有明文规定，什么时候封山不允许砍树，什么时候不允许打野兽。古人讲究人的行动要和大自然的规律相吻合。春天肯定不能打猎、不能砍伐树木，因为春季是生发的季节，你去杀伐，这是逆天行事，古人是这么理解的。而这种思想所起的现实作用就是环境保护。春天植物生长的时候不允许砍伐，什么时候砍伐？要等到秋天叶落的时候才能砍伐，反正它也不长了。打野兽也是同样的道理，春天是动物怀孕的季节，打一个等于打一群。今天我们仍旧在沿用这种政策，比如特定季节封山育林，海上特定的月份禁捕等。我们要知道，类似的政策在中国已经实行二千多年了。

“夫子曰：‘伐一木，杀一兽，不以其时，非孝也。’”这里的“夫子”应该是指曾子。你砍一棵树、杀一个野兽没有按照规定时间，这也是不孝。我们今天可能就无法理解了，砍柴打猎不按规定时间跟孝不孝有什么关系呢？政府有相关规定，不按规定时间去你就犯法了，这是问题的关键，你会受到相应的法律制裁。从这个角度去理解，你触犯法律之后，父母会跟你着急上火，这就是不孝了。实际这里是举了一个很极端的例子，言外之意，不要触犯法律。虽然违反了相关规定，处罚还是比较轻的，比较轻的处罚我们都不能犯，如果是重的处罚就更不能犯了。触犯法律之后，父母跟着担惊受怕，从这个角度把它和孝联系起来了。

我们注意，这已经到孔门第三代了，曾子的弟子乐正子春在跟他的门弟子谈话。乐正子春是孔子的再传弟子，是孔子的徒孙在给自己的弟子讲儒家的孝道观。儒家思想就是这样一辈一辈传下来的。

第五篇　曾子事父母

虽然这一篇的名字叫《曾子事父母》，但里面的内容不仅仅包括孝道，还包括悌，就是怎么跟兄弟处理好关系。

单居离问于曾子曰："事父母有道乎？"曾子曰："有。爱而敬。父母之行若中道，则从；若不中道，则谏；谏而不用，行之如由己。从而不谏，非孝也；谏而不从，亦非孝也。孝子之谏，达善而不敢争辨；争辨者，作乱之所由兴也。由己为无咎，则宁；由己为贤人，则乱。孝子无私忧、无私乐，父母所忧忧之，父母所乐乐之。孝子唯巧变，故父母安之。若夫坐如尸，立如齐，弗讯不言，言必齐色，此成人之善者也，未得为子之道也。"

单居离是人名，也是曾子的弟子。单居离来问曾子："事父母有道乎？"这个"道"就是方法，也可以理解为准则。单居离问："侍奉父母有一定的方法吗？有固定的准则吗？"曾子回答说"有"。下面谈的就是宏观的要求，不是具体的做法，而是总纲。侍奉父母总的要求是"爱而敬"。什么是孝？孝的核心就是两个字，第一个字是爱，第二个字是敬。如果你没有了爱和敬，你再怎么奉养他们，提供再好的物质条件，那都不能称之为孝，都只是“能养”而已。“能养”是基本，全民都必须达标的，如果不能做到养，那就谈不上是人了。

在儒家看来，要称得上是孝，必须做到爱和敬。能养是为人的基本，跟修身没有关系，每一个修身的人都要修孝字，儒家的“八德”，孝排在第一位。爱而敬，是我们尤其需要思考的。儒家讲仁者爱人，可以说爱是我们对人的基本点。儒家的核心理念就是仁，按照孔子的解释，就是对他人充满爱，或者说对他人以爱为出发点，这也是孔子思想的核心之所在。儒家要修这个仁字，就是要有爱心，对所有人、万事万物都有爱心，王阳明称之为“万物一体之仁”。但仁是分不同层次的，用我们今天的话来形容就是大爱无疆，对所有的一切都要爱，但这种爱是分不同程度的，是有等差的。对人的爱要大于对动物、植物、大自然的爱，对熟人的爱要超过对陌生人的爱，对亲人的爱要超过对熟人的爱，而其中程度最重的是对父母的爱。可以说，在儒家看来，对父母的爱才体现着人类最深沉的爱。

儒家强调爱是有等差的，不能一视同仁，这也是儒家和墨家的一大区别。墨子的思想强调“兼爱”，全都一样地爱，所以孟子批判墨子“无父也”，就是眼中没有父亲。人在处理问题时分出等差，才能分出主次。当对人和大自然的爱发生矛盾的时候，我们不能因为强调自然保护而影响人类的发展，这就是等差、等级。我们要把这件事理清楚，才能妥当处理问题，办起事来才知道轻重缓急。

父母才是最重要的，没有人比父母更重要。我们要知道，对父母的爱，不是简简单单的爱心问题，而是在你的心里面对父母的爱占最高层面，对任何事物的爱都不能超过，这才是对父母的爱，做到这一点才是孝。对父母的爱排序上不能排后边，排后边就是不孝。对父母的爱心排第二，媳妇第一，这就叫不孝，所以这个爱是有特殊含义的，一定要在这个爱上把父母排在最高位置。其次还必须敬，光有爱不行，还得敬，这两个字合起来才是儒家说的孝。这是曾子谈了孝的总原则：爱和敬。

“父母之行若中道”，父母的行为若是符合道“则从”，“从”是顺从。对父母不是盲从，不是绝对地服从，虽然对他们的爱排到最高档次，但还是有高于父母的东西，那就是大道。我们要遵循正道、大道，或者说真理，父母的行为如果符合道，我们就顺从，按照他们的要求去做。“若不中道”，父母也不总是正确的，他们的所做所为若是不符合道，“则谏”，就要劝谏。

但是，劝完了有两种可能，一种可能是父母听劝，另一种可能是不听劝。听了皆大欢喜，听了、改了就“中道”了，我们就顺从了。“谏而不用”，就是劝了之后父母不听，不采纳你的意见，怎么办呢？“行之如由己”，这件事我认为父母这么做不对，但他们还是坚持让我去做，怎么办呢？去做，而且做的时候就像自己想这样做似的，不要体现出来自己不愿意，不要自己做好人，把恶名记到父母身上，这就不对了。

“从而不谏，非孝也”，当发现父母的所作所为不符合道的时候，你还顺从他，不劝谏，这就不是孝了。所以必须劝，不管听不听。“谏而不从，亦非孝也”，劝完之后没有听你的，这也不叫孝。我不能保证他听我的啊！怎么办？“行之如由己”，你把责任揽过来。

下边具体解释发现父母有错误的时候怎么劝。“达善而不敢争辨”，把好的方法跟他们说明白，让他们理解，别去批判，而且不要和父母争辩。不争辩的前提是不能批判，不去指责他们的错误。要“达善”，可以跟他们说怎么做效果会更好，把理由都展示出来，说得更直白一点，提个好的建议让他们思考、供他们选择。然后把选择权留给父母，采纳你的方法的可能性也就增加了。

如果你和他争论，他要维护他的立场，反而不容易采纳你的意见。曾子对此的评价是，“争辨者，作乱之所由兴也”。如果跟父母争论一个事情，就会一切乱子都从这里开始，后患无穷，后面会越来越麻烦。

曾子的解释是相当到位的，也是相当有人生智慧的。劝父母的时候要抱着什么样的心态？“由己为无咎，则宁”，“咎”指错误、小灾难，“由己”，由自己出发。劝父母让父母依着你，听从你的意见，你的出发点是为了“无咎”，为了避免错误，防止灾难，这都是正确的出发点。如果你是这种出发点，“则宁”，那么事情就会得到安宁。“由己为贤人，则乱”，你的出发点如果是为了显示自己比别人贤能，为了显示自己的才能，若抱着这种心态去劝父母，后边就全乱了。心态很重要，劝父母的时候心态一定得端正，不能抱着炫耀自己能力的心态。你的想法不一样，说话的表情、动作、语气都会不一样，他人是能感觉到的，效果自然也就不一样了。

曾子这里说得非常细，重点是教大家如何劝父母，从外到内，曾子都描述清楚了，要用什么方法、什么心态去和父母交流。这对我们的指导意义是非常强的，我们完全可以照着做。

“孝子无私忧、无私乐”，这是谈另一个问题了。做为孝子没有自己的忧愁，也没有自己的快乐。“父母所忧忧之，父母所乐乐之”，父母的忧愁和快乐就是孝子的忧愁和快乐。就是说，你在情感上要和父母同频，没有自己的忧愁和快乐。父母做这个事情高兴，你做这个事情也高兴。妈妈愿意唱卡拉 OK，陪她唱，她唱得高兴，你也高兴。跟父母快乐忧愁都一样，在情感上同频，这才是大孝。

曾子为什么谈这个？跟前面好像没有逻辑关系。前面谈父母“若不中道，则谏”，讲的是价值观不同频，父母处事不妥，你要去劝。就是因为价值观不同频、情感不同频，不管你怎么努力想把对父母的爱放在最高位置，也放不上去了。所以，这里曾子讲的内容跟前面是有逻辑关系的。

价值观上我们要坚守正道，不能因为顺从父母而违背了正道，这就难免会出现有些时候跟父母的价值观不同频。为了弥合情感，保证对父母的爱，那么我们就一定得做到情感的同频。为了遵守大道，有的时候不得不跟父母出现价值观的不同频，但情感无所谓正道不正道、无所谓对错，老太太喜欢吃甜的，你就非得喜欢吃酸的吗？这种时候就得在情感上跟她保持同频，这才是保证爱的一个基础。

如何能同频呢？曾子说“孝子唯巧变”，“巧变”就是善变。你只有善变，才能在情感上和父母同频，不是骨子里真同频，是我们追求同频。他喜欢的东西你可能未必喜欢，但是他快乐，那么我们就暂时喜欢一下，这就需要“巧变”。

“孝子唯巧变，故父母安之”，孝子得会调整自己，善变，然后才能让父母安心。比如你爸妈卡拉 OK 正唱得高兴的时候，你只低头玩手机，也不吱声，父母能安心吗？他会想：孩子不喜欢，别唱了，走吧，要不孩子挺遭罪的；是不是单位有事啊，别耽误孩子的工作……他就不能安心了。所以“孝子唯巧变，故父母安之”，这是孝的另一个境界。

曾子最后说的一个方面，“若夫坐如尸，立如齐，弗讯不言，言必齐色，此成人之善者也”。他举了几个例子，也是修身的组成部分，但是曾子认为这些不是孝子要达到的，或者孝子只做到这些是不达标的。

“坐如尸”，“尸”是先秦时期祭祀时扮演死者的那个人，尸在上面坐着必须一动不动，因为扮演的是死人，所以“坐如尸”是讲人要坐得稳，坐得庄重。“立如齐”，“齐”是通假字，通“斋”，斋戒，祭祀之前要斋戒，举行祭祀的时候站着要非常庄重恭敬，这是表示人站立的时候要追求这样的效果。“弗讯不言”，“讯”是问，问、讯是同义词，不问不说，没问到你，你不要说话，这是恭敬心的体现。“言必齐色”，“齐色”，像斋戒时那样庄重，“色”是面色、表情，说话的时候一定带着非常庄重的表情。

曾子提了四个方面，举了四个例子。然后说“此成人之善者也”。上面举的这四个例子是成年人应具备的优点和美德。“未得为子之道也”，做到上述这些，“未得”是没达到，“为子之道”是为人儿子对父母的道。因为单居离刚开始问曾子“事父母有道乎”，所以曾子最后扣题，落脚点落到问的这个问题上。你能做到这些，是每个成年人都应该具备的美德，你做到这些还没达到孝道，没有达到“为子之道”。可见曾子的标准非常高。

曾子举的这四个例子都是形式方面的事，坐、站、说话、说话的表情，都是外在的形式，言外之意，仅仅在形式上做到对父母的敬是远远不够的，内在呢？曾子没有展开，实际他有这方面的含义。

以上是单居离问曾子怎样和父母相处，曾子给出的答案。

单居离问曰：“事兄有道乎？”曾子曰：“有。尊事之，以为己望也；兄事之，不遗其言。兄之行若中道，则兄事之；兄之行若不中道，则养之；养之内，不养于外，则是越之也；养

之外，不养于内，则是疏之也；是故君子内外养之也。”

单居离问和哥哥相处有没有一定的方法和标准呢？曾子说有。这儿讲的是儒家八德的第二德“悌”，和哥哥之间如何相处。

第一点，“尊事之，以为己望也”，要尊敬地对待他，“事”，有的古书认为是通假字，通“视”，是看的意思，意思是你看待哥哥要尊重。两种理解意思差不多。“以为己望”，把哥哥作为自己仰望的对象，也就是作为自己的榜样、效仿的对象。但要区别对待，当哥哥非常优秀时，一方面要尊敬，一方面要把哥哥作为仰望的对象，把他作为学习的好榜样。这谈的是好的方面。

“兄事之，不遗其言”，古注里认为“兄事之”是衍文，就是多出来的，不应该有的，“不遗其言”是跟着上一句的。这句话的原文应该是：“尊事之，以为己望，不遗其言。”你哥跟你说什么你别给忘了，那就不够尊重了。这是曾子就单居离的问题从宏观上讲了一个标准，对哥哥要尊敬，以他为榜样，他跟你谈的事你别给忘了。

但是还要区别对待。“兄之行若中道，则兄事之；兄之行若不中道，则养之”，如果你哥哥的所作所为“中道”，符合道，你就当哥哥那样侍奉他，就是上面说的“尊事之，以为已望，不遗其言”，尊敬他，把他当榜样，用心记住他的话。如果你哥的所作所为“不中道”，不符合大道，则“养之”，“养”是通假字，通“隐”，隐瞒，不要提了。一方面维护哥哥的名誉，不散播负面的东西，另外一方面这也是自爱。但这时候不涉及当榜样了。他的事别提了，一个字“隐”。

“隐”的具体要求是“内外皆隐”，内指家内，外指家外。

你对哥哥的错误、缺点，在家里、外边都不要说。为什么？“养之内，不养于外，则是越之也”，在家里不说，出去说，这叫传播。“养之外，不养于内，则是疏之也”，在外面帮他隐瞒，回家不隐瞒，兄弟之间感情就疏远了。所以曾子告诉我们，“是故君子内外养之也”，你对哥哥的缺点、毛病是内外都要隐瞒的，在家里、外边都不提，这事干脆就忘了。在外边提是传播，在家里提伤感情，所以在哪里都不要提。

总之，曾子讲的对待哥哥的态度：哥哥好，照着学、当榜样；哥哥不好，我不照着学，但是我也不说、不提。

单居离问曰：“使弟有道乎?”曾子曰：“有。嘉事不失时也。弟之行若中道，则正以使之；弟之行若不中道，则兄事之，诎事兄之道若不可，然后舍之矣。”

单居离又问，我支使弟弟干活儿有没有正确的方法和标准？曾子说有。哥哥对待弟弟应该怎么做？“嘉事不失时也”，美好的事情不要错过那个时间。古书注解认为，“嘉事”是有特殊含义的，是指结婚。若是宽泛地理解，“嘉”就是美好的，弟弟身上那些美好的事情，当哥哥的不要让他错过那个时间。最美好的事情就是结婚了，在古代的大家族里，父母给儿子张罗婚礼，父亲不在了，给弟弟张罗结婚就是大哥的责任和义务了。对哥哥的要求是“嘉事不失时也”，作为兄长，弟弟的好事你都不能让他落下，不能错过时机，尽自己的能力，别耽误弟弟的重要事情，耽误就是当哥的不负责任了。

曾子谈对父母、对兄长、对弟弟全是区别对待，最高标准是道，全有中不中道的问题。“弟之行若中道”，弟弟的所作所为如果符合道，“则正以使之”，就按正道约束他；“弟之行若不中道，则兄事之”，如果弟弟的所作所为不符合道，像对哥哥那样对待他，就是当哥哥的放下身段去劝他，不是拿出哥哥的派头来压他。“诎事兄之道若不可”，“诎”是通假字，通“屈”，像对待哥哥那样对弟弟，你已经委屈自己了，假如还不行，劝不了，“然后舍之矣”，那就抛弃他。

曾子每一段论述都是以道为最高标准，做得正确我们是什么态度，做得不正确的时候我们是什么态度，从正反两个方面，都给我们说清楚了。对父母是这样，对兄长是这样，对弟弟也是这样。弟弟好的时候我们是爱护他，不能让他错过任何好时机；但如果弟弟不走正道，委屈自己像对待哥哥那样，放低自己的身段去劝，希望能感化他，这样做还劝不了，他还不改，那就只好舍弃了。

曾子曰：“夫礼，大之由也，不与小之自也。饮食以齿，力事不让，辱事不齿，执觞觚杯豆而不醉，和歌而不哀。夫弟者，不衡坐，不苟越，不干逆色，趋翔周旋，俯仰从命，不见于颜色，未成于弟也。”

曾子说：“夫礼，大之由也，不与小之自也。”“由”和“自”是同义词，都是和什么一起的意思。“大”是大人，“小”是小孩。曾子说，礼这件事是和大人一起来做的，不是和小孩一起来做的。换句话说，礼是约束成年人的，不约束未成年人。我们举个例子，餐桌礼仪，在公共场合，比如宴会场合，成年人如果没有做到就是失礼，会让人笑话的，但我们不要求孩子。当然，比较重要的场合一般也是不让小孩子上餐桌的，如果允许他上餐桌，也不会按照成年人一样地要求他，这是礼的基本原则。礼是和成年人在一起的时候才讲究的，跟孩子没有关系，古人这一点分得比较清。

古人为什么有冠礼？冠礼就是成年礼，男子二十岁行冠礼，举行冠礼仪式之后，就是成年人了，在这之后最明显的变化就是在礼上有要求了。二十岁冠礼是人生的一个结点，举行冠礼的时候还要给孩子取字，因为这是社交场合需要用到的。古人避讳人的名，直呼其名是失礼，今天中国人仍旧遵行这种风俗，一般长辈或者老师才能直呼其名，为了表示尊重，在社交场合是称人的字，而不是称人的名。现在我们没有字了，习惯是加上头衔，加上职业，或者称兄道弟，王处长、李经理、张大哥等，也不直呼其名。冠礼的时候给孩子取字，大家得按照礼的规定，不再直呼其名，以示尊重。这些都是成年人需要讲究的礼俗，因此叫“大之由也”。

这段话曾子说出了很重要的一个礼的标准，就是礼乃成年人之间讲究的规范，不对未成年人加以要求。这是我们谈礼的时候应该重视的一点。

下面谈的是具体事例。“饮食以齿”，吃饭的时候得考虑年纪，年长的先动筷，长辈没动筷你先动就是失礼。曾子这一章讲的都是家内关系，亲属关系之间的礼。社会关系，工作单位出去吃饭，一般不是讲“齿”，不是岁数大的先来，而是领导先来。家里聚会按年纪，单位按官职，这是不一样的。所以公交车上给老年人让座，没有给处长让座的。单位同事一起出去，就要给领导让座了。这是有区别的，什么时候讲级别，什么时候讲年纪，儒家分得很清楚。这里曾子没有谈社会关系。

“饮食”，广义上理解为凡是享受的事都要按年纪往下排，但曾子前面还告诉一点，“大之由也，不与小之自也”，成年人要有次序，未成年人不算。年长的还没吃呢，先给小孩吃，这是可以的，这不是溺爱孩子，因为他是未成年人，他不参与礼。古人讲童子，“早睡晏起食无节”，早点睡，不一定几点起，吃饭没有固定时间。古人对孩子是这个态度。实际这很科学，小孩睡眠时间长，应该早睡晚起，不必像成年人一样按顿吃饭，可以饿了就吃。

“力事不让”，干活儿的时候，出力的时候不能谦让了，必须先冲上去，抢着上。“辱事不齿”，受辱挨骂的事不讲年纪。

“执觞觚杯豆而不醉”，“执”是拿，觞、觚、杯、豆是四种装酒的器皿，意思是当你端起酒杯的时候，你要提醒自己别喝醉。《论语》上讲“唯酒无量，不及于乱”。儒家对酒的问题没有统一规定，但是要求别喝多、别喝醉。因为每个人酒量不同，所以不能统一标准。喝醉出丑，喝醉后语言上、行动上都变样了，就失礼了。喝酒不醉才是礼，这是一个细节。

“和歌而不哀”，别人唱歌你跟着唱，这个时候你不能显露出悲痛情绪，因为唱歌是快乐的事情。人家唱的时候你跟着哼哼，表现出快乐来，这叫“和歌”。总之，在社交场合，跟大家在一起的时候，你要跟大家同频、同步。今天情绪实在调整不过来，刚生完气，乐不起来，你自己找地方消气去，别一定要跟着人家去唱歌。这是一个需要注意的细节。

“夫弟者”，“弟”通悌，曾子下面讲怎么能做到悌，就是友爱兄弟。这一段都是谈礼，怎么做符合礼，从悌的角度哪些是合理的，哪些是不合理的。

“不衡坐”，简单说，就是不横着坐。先秦时期的坐，是跪坐在席子上。“不衡坐”，也就是当哥哥在的时候，弟弟铺席子要跟哥哥的席子顺着，就是平行，不能横着。“不苟越”，不能随随便便从前面越过哥哥的席子，要从后面过。当然，特殊情况除外，这也不是绝对的。“不干逆色”，你哥的表情已经不顺了，这个时候你就不要冒犯了，说得更直白点，看脸色不对，撤！人都有情绪不好的时候，不是永远不能冒犯，心情好的时候可以开点儿玩笑。

“趋翔周旋，俯仰从命”，“趋”是小步快走，“翔”也是快走，“周旋”指转身、转圈，“俯”是低头，“仰”是扬头，“从命”指弟弟追随哥哥。在社交场合，一举一动，跟随哥哥，步调一致。别问为什么，哥哥既然这么做必然是有他的理由，虽然你不认同，但要看你哥的态度，因为你是跟着你哥来的。包括宴会上，跟着你哥敬酒，这个时候你俩就要一样，他先敬谁，你就先敬谁，他喝多少，你就喝多少。这才是礼，还能让外人看出来你家兄弟团结，态度一致。比如兄弟俩见客户，你哥对这个人冷淡，你却很热情，这生意到底是想不想做，让客户怎么想？你俩步调若一致，人家就明白了。

还有一条很重要，“不见于颜色，未成于弟也”。如果你的表情达不到，那你也没完成悌，也没有做到圆满。不仅举止要步调一致，表情也要一致，这才叫悌。前面说的是动作，后面说的是表情。

这一篇虽然名为《曾子事父母》，但只有第一段讲的是对父母的关系，后边大量的内容讲的是兄弟之间的关系，不仅讲孝，更多讲的是悌，至此告一段落。

《曾子本孝》《曾子立孝》《曾子大孝》《曾子事父母》，这四篇的核心内容都是孝道。谈完孝道，到第四篇，捎带着谈了一些兄弟之间的关系，谈了悌。为什么把兄弟关系跟父母关系放在一起来谈？兄弟之间的关系处理好了父母开心，这也是孝的组成部分。所以，就整体而言这四篇的核心思想都是孝。

下一篇《曾子制言》，谈的都是礼的内容，相对来讲，内容就比较散了。

第六篇　曾子制言上

曾子曰：夫行也者，行礼之谓也。夫礼，贵者敬焉，老者孝焉，幼者慈焉，少者友焉，贱者惠焉。此礼也，行之则行也，立之则义也。今之所谓行者，犯其上，危其下，衡道而强立之，天下无道，故若，天下有道，则有司之所求也。

“行”指的是行礼。我们常说“你行不行”，关键指的是你行没行礼，你的所作所为符不符合礼。“行”或者我们可以理解为品行、修行。什么叫品行、修行？关键是你做没做到礼，所作所为符不符合礼的要求。“行礼之谓也”，说的是执行礼，在生活中按照礼的要求去做，这才叫修行。你说你修行，结果办事都不符合礼，那就不是修身了。这是一个总的原则。

什么是礼？具体要求很多，我们讲不过来，要学具体要求永远也学不完，所以要掌握总的原则。在总的原则指导下，具体事情自己就能想明白应该怎么做了。曾子这里又说了一个礼的总原则，“贵者敬焉，老者孝焉，幼者慈焉，少者友焉，贱者惠焉”。“贵”，指社会地位高。古汉语里富、贵不是同义词，富是有钱的，经济条件好的，贵是社会地位高的。我们对社会地位高的要尊敬，这是礼的一个基本原则。什么是社会地位高？就是指行政级别高的，所以对领导要尊敬，这就是礼。

“老者孝焉”，对于年长的人我们要孝顺，就像对父母尽孝那样，要把对父母的态度作为参照，用来对待比我们年长的。这里说的是“老”，而不是“长”，古人是有区分的，“年长以倍，则父事之；十岁以长，则兄事之”。“老”是比自己年长一倍的人，对于这种人你要拿出对待父母的态度去对待他，“长”是比你大 5 至 10 岁的，你要像对哥哥那样对待他。把家里的关系挪到社会关系上做参照，这里的“老”是有特殊含义的。但也别太机械，说白了，跟父母岁数差不多的，大到可以差一辈人的，你就应该像对待父母、长辈那样对他，没必要非得纠结是否大一倍。

“幼者慈焉”，比你小的你要表现出慈爱，这才符合礼的要求。“少者友焉”，比你年轻的你要把他当朋友对待。我们要注意，“幼”和“少”是分开的，“幼”是指小孩，未成年人；“少”是指比你年纪小的，他未必是未成年人。你 40 岁，他 35 岁，他比你年纪小，这也叫“少”。这两个是不一样的，友和慈的区别在于，慈就是单纯的爱，没有别的要求在里边；友不是，友得守着礼的范畴，有错误要指出。小孩子有错误未必指出，这是有区别的。8 岁孩子不懂事，那是他父母的事，别管别人家的孩子，这叫慈。但对“少”不能是这种态度，“少者友焉”。

“贱者惠焉”，对比你社会地位低的人，要给他恩惠，施恩给他，这才符合礼。你比他地位高，日子过得比他好，这时你要施恩、给予。

曾子讲礼的总原则，谈了五条，其中有三条是看年纪分的，两条是看社会地位分的，应用面不一样，得区分家里、家外。公事、正式场合，如到工作单位，要按照社会地位来确定你的礼，这时候执行的是贵、贱。社会地位比你高的你要尊敬，比你低的要给他好处，也就是对上级要尊敬，对下级要施恩。剩下的三种是按年纪来确定你的礼，是私下里，非正式场合，按年纪决定你对他的态度，这才符合礼。

下面也是一个总的原则：“此礼也，行之则行也，立之则义也。”你能按照礼的规定去做才叫修行和品行。“立之”，你能把礼树立起来，这才叫义。儒家提倡仁义，“义者宜也”。处理问题要守着礼，符合礼就是妥当，不符合礼就是不妥当。能把礼树立起来，才叫处事妥当，这才是儒家说的义。

人生任何事情都有规矩，有的是书面的，有的是约定俗成的，每个人心里都有一杆秤，你的所作所为要符合这些礼。上公交车跟老年人抢座位，好像没有哪一条规定说不可以，虽然没有法律规定，但显然不符合礼，大家就会说这个人没有礼貌、没有教养，那就是不义。

修行就要追求处理事情妥当，就要按礼的要求去做，所以儒家有一个非常有名的概念叫“克己复礼”，克制自己、约束自己，让自己回到礼，符合礼的要求。《论语》上讲，“克己复礼”才是仁。如果做不到这一点就是不仁，处理问题也不妥，那就是不仁不义了。虽然是上纲上线，但实际就是这么回事。人在社会上能让大家认可，让大家对你有高的评价，为人处事就要守着礼，关键是“行之则行也，立之则义也”。你执行礼，按礼的要求去做，这才是修行。人生所有事情，所有场合都要坚持守住礼，这就是义，这也就是仁。仁义要从礼上体现出来，我们要从这个高度去理解。

下面是曾子对当时现状的批判。“今之所谓行者”，现在所说的这些有修行的人、有品行的人、有执行力的人，在曾子看来，“犯其上，危其下，衡道而强立之”，冒犯上级，让他的手下处在危险之中，强硬地靠暴力推行不合理的事情。曾子下面说的更值得我们思考，“天下无道，故若”，因为现在天下无道，才有这样的现象。如果“天下有道，则有司之所求也”，若是天下有道的时候，你这么办事有关部门就会找你了。不是大家认不认可你的问题，政府就会收拾你了。这种人只有在天下无道的时候才行得通，能逃避惩罚。天下有道的情况下，政治清明，就会被有关部门惩办。这不仅仅是道德问题，而是法律所不允许的了。

故君子不贵兴道之士，而贵有耻之士也；若由富贵兴道者与？贫贱，吾恐其或失也；若由贫贱兴道者与？富贵，吾恐其赢骄也。夫有耻之士，富而不以道则耻之，贫而不以道则耻之。

“故君子不贵兴道之士，而贵有耻之士也”，“贵”是崇尚，在儒家看来，作为君子不崇尚兴道之士。“兴道”是使道兴，这个人能提倡道德叫兴道，能让道兴起，叫“兴道之士”。儒家不重视提倡道的人，重视的是“有耻之士”，就是知道什么是可耻的，有羞耻心的人。这是儒家评判人的一种标准，也是我们修身努力的一个方向。我们应该追求成为“有耻之士”，儒家认为这种人最高贵。

为什么儒家不认为能提倡道的人是最高贵的？因为提倡道德的人需要外部环境，社会环境好才能提倡；没有外在环境的时候，“兴道之士”没有用武之地。然后就出现一个问题，环境不好的时候“兴道之士”是否能守住，自己会不会也同流合污？现在社会都提倡道德，你才会提倡，现在社会都缺德，你还能守住不？“有耻”就不一样了。为什么儒家提倡“有耻之士”？因为他知道什么是可耻的，哪怕全社会都缺德，他觉得可耻，他不会去做。“有耻之士”在一个混乱的时代能坚守住道德的底线，“兴道之士”未必。因为这个原因，儒家更重视的是“有耻之士”。

下面曾子开始具体分析。“若由富贵兴道者与？贫贱，吾恐其或失也”，首先说，这个人是富有的、社会地位高的兴道者，因为你过得很滋润，所以能够提倡道德。如果你遇到挫折，买卖赔了，社会地位也下降了，变成没钱、社会地位又低的人，这时候还能提倡道德吗？不单是提倡不提倡的问题，曾子说“吾恐其或失也”，我担心他穷了以后开始无所不为。儒家之所以不重视“兴道之士”，这是第一种可能。

曾子下面又讲，“若由贫贱兴道者与？富贵，吾恐其赢骄也”。还有一种人，贫贱时提倡道德，后来他有钱了，社会地位也高了，还能不能坚守提倡道德吗？曾子担心的是，他有钱、社会地位高之后，变得骄傲、傲慢。曾子说的这两种可能性都是存在的。

曾子解释为什么儒家不崇尚“兴道之士”，有两种可能，富贵的兴道之士一旦贫贱之后可能会放弃操守、没有底线，贫贱的兴道之士一旦富贵之后可能会傲慢，也会放弃道德底线。所以，这都不太靠谱，真正靠得住的还是“有耻之士”。

曾子下面讲，“夫有耻之士，富而不以道则耻之，贫而不以道则耻之”。“有耻之士”知道什么是可耻的，在富有的时候，觉得做不道德的事可耻而不干；在贫贱的时候，觉得做不道德的事可耻也不会干。“有耻之士”才能真正守住人生的底线，这才是坚定分子，儒家要的是这种人。如果儒家推崇的是兴道之士，最后没有底线，一旦环境变了，他自己也跟着变了，一旦世道变了，他自己也就同流合污了，那儒家思想恐怕早就失传了。保证儒家在历史上 2000 年沿袭不绝、保留至今的，不是“兴道之士”，而是“有耻之士”。不管世道怎么变，有一批人坚守着儒家的底线，才让儒家的思想、修身方式一直传到今天，我们才能学到。儒家重视“有耻之士”的关键在这里，我们要把曾子讲的理解清楚。

我认为，人生的最高追求应是先做“有耻之士”，然后才是兴道。先要知耻，我们修身是要先修自己，知道什么是可耻的，守住底线，下一步才是兴道，才是弘扬。要有有耻之心，才不会随贫贱、富贵而改变，贫贱时能守住儒家的底线，能去弘扬正道；富贵的时候也能守住底线，也能弘扬正道，这才靠谱。但要做到这一点，关键先做到有耻。从这个角度我们才能真正理解，儒家“八德”最后为什么是“耻”字，不是它最不重要才把他排在最后，而是告诉我们，这是我们最后的底线，若是把这个底线突破了，人就彻底完了，“穷斯滥矣”，小人一个，修身完全谈不到了。这是儒家贵“有耻之士”的重要原因。

弟子毋曰，不我知也，鄙夫鄙妇相会于廧阴，可谓密矣，明日则或扬其言矣；故士执仁与义而明行之，未笃故也，胡为其莫之闻也。杀六畜不当，及亲，吾信之矣；使民不时，失国，吾信之矣。

从此而下，曾子谈的问题有点散，古人也认为可能有缺文。曾子对弟子们说，你们不要说没人知道我，没人理解我。为什么呢？“鄙夫鄙妇相会于廧阴，可谓密矣”，“鄙夫鄙妇”指乡下的普通劳动者、普通男女。翻译过来，就是没文化的、很普通的男女；“相会于廧阴”，“廧”是通假字，通“墙”，“廧阴”就是墙根。有一对儿没文化的普通男女，他们俩在墙根底下相会。“可谓密矣”，这件事可以说是很秘密了。“明日则或扬其言矣”，“明日”就是第二天，“则”是就，“或”是有人，“扬”是宣扬，“其言”是他说的话。从字面上看，这句话的意思是这两个人在墙根儿相会，这件事是很私密的，但第二天就有人把他俩相会时说的话都传播出去了。

曾子是举个例子，告诉弟子们不要说“不我知也”。没人了解你，那怎么可能？人家那么秘密的事，最后都被人知道了，那你还有什么事能说人家不知道、不了解的？所以，“故士执仁与义而明行之”，“士”是指读书人，“执”是坚持、坚守、坚定地奉行。如果你作为读书人坚持仁和义，并且明明白白去奉行，在行动当中体现出来，大家怎么还能不知道呢？“未笃故也”，“笃”是坚定。如果你坚定地奉行，大家就能知道，所以你不要去抱怨别人，说“不我知也”。

不要去抱怨别人，这也是儒家的一个根本精神，叫“反求诸己”。当你发现自己奉行仁义别人却不知道、不了解的时候，不要向外求，说怎么他们都不了解我呢？不要在别人身上找原因，原因在你自身，因为你没有做到坚定地奉行。

所谓“笃”，就是你必须发挥稳定，不能今天这件事上按照仁义的要求去做了，明天另一件事就和世俗同流合污了，这样的话，别人是不可能知道你奉行仁义的。如果你坚定地一直按仁义去做，大家就会理解你了。这也是儒家的“反求诸己”精神！

“胡为其莫之闻也”，这是个反问句。哪有事情是别人没听说、不知道的啊？就看你是不是坚定地去做。

到这里为止，我认为曾子说的是一层意思，就是奉行仁义必须坚定，然后才能得到他人的认可。如果没有得到他人的认可，“反求诸己”，不要去责怪别人，不要说他人不了解自己。

下面接着的这句话，我觉得和上面的意思不衔接，说的是另一回事儿了。

“杀六畜不当”所谓六畜就是马、牛、羊、鸡、犬、豕，“豕”就是猪。儒家不是不能杀生，但杀生也要妥当，追求“义”。那杀生怎么叫妥当？别胡乱杀，该杀的时候杀，这才叫妥当。古书注解认为，杀六畜过于频繁就是“不当”。频繁怎么就不当呢？在儒家看来，你可以屠杀牲畜供食用，这是正当的，但是不能浪费，如果屠杀得过频，你可能吃不了，就有浪费，这就不妥了，这是第一种可能；还有第二种可能，你今天一只鸡，明天一只鸭，后天一只羊，你确实都吃了，没有浪费，但口腹之欲过分了，有点儿太贪图享受了，这也不对。儒家讲福不能享尽，在追求幸福生活上要有度，不能过分。不管是哪一种可能，在儒家看来都不合适，这是“杀六畜不当”，这是古人的注解。

我再引申一点，“杀六畜不当”，虐杀肯定也不当。古书上没有这个注解，是我的引申，但古人一直是反对虐杀的，屠杀动物应该减少它死亡过程中的痛苦，不能虐杀。

那么，曾子对这件事怎么评价？“及亲”，他把主语省略了，“及”是赶上，赶上你的亲人的意思。什么东西赶上你的亲人了？灾难。具体说，如果你“杀六畜不当”，不仅你本人，还包括你的亲人，会有意外之灾。“吾信之矣”，就是我相信这一点。这是曾子表明了自己的态度。说明“杀六畜不当”会有意外之灾，这是时人通行的一种理念，然后曾子说他相信杀六畜不当会给亲人带来灾难。

为什么要表态呢？因为这件事没有办法用实践来证明，不像数学题，一加一就是等于二，结果是必然的。这件事是你信不信的问题，杀六畜不当就能给亲人带来灾难？有人不相信，他不相信你怎么能证明给他看？好像你拿不出证据来。即使你能举出案例来，他认为那是偶然，你又如何解释？这就是信和不信的问题，没有办法实证，所以曾子和弟子们表态，他自己是相信这一点的，你们信不信是另一回事。这是曾子的态度。

下一句“使民不时，失国”，统治者使唤老百姓不能按照固定的时间，妨碍农时。春播正忙的时候征发老百姓服劳役，导致耽误农业生产，这叫“使民不时”。一方面是时机不对，另一方面如果时间太久也不对。从秋收之后就开始抓劳工，让老百姓服劳役，一直干到春天，虽然没有影响农业生产，但让老百姓服劳役的时间太长，这也不对，都属于“不时”。如果统治者这样做的话，会失掉自己的国家，换句话说，就是政权被颠覆了。你这么对待老百姓，老百姓就造反了，最后你就被推翻了，丢失了自己的国家。然后曾子又表了态，“吾信之矣”，对这一点也是相信的。

总结一下曾子这两句话，实际说的是一件事。第一句话说的是对六畜我们不能虐待，这才是儒家提倡的仁者爱人、大爱的精神；对动物都不虐待，对人、对百姓就更加不能虐待，这是第二句的核心。所以，这两句谈的是一个问题：不能虐待动物，更不能虐待人。

这既是儒家修行的原则，也是儒家执政的原则，更是儒家的世界观、宇宙观，就是对一切都要落实仁者爱人的精神。孟子讲“亲亲而仁民，仁民而爱物”，就是你修仁者爱人，要把你的爱由近及远向外扩充，首先爱你的亲人。谁最亲？父母。因此，儒家讲“八德”，孝是第一德，就是对父母的爱，这叫“亲亲”。能做到这一点，把你的爱再向外扩展，最后扩展到所有人身上，或者我们笼统地说全人类，这叫“仁民”。做到“仁民”之后没有终止，下一步是“爱物”，爱万物。王阳明讲“天地万物一体之仁”，把天地万物和人看成是一个整体，对这个整体你要有仁者爱人之心，这才是儒家要修的“仁”。

我们都知道，儒家是提倡仁义道德的，“仁义”二字才是儒家的核心。“仁”是出发点，“义”是做事方法，我们不仅对自己的亲人，对人类、动物，甚至对植物、矿物，对一切都要守着一个爱字作为处理问题的出发点，这才是儒家要修的“仁”。曾子这句话就是对儒家这种仁爱精神的具体表达。

我们修这个“仁”，具体要怎么做呢？如果你是一个普通人，不仅要做到孝悌忠信，杀六畜都得思考一下，要善待动物，不要虐待它。作为统治者呢？就是对百姓要以仁者爱人为出发点，不能虐待他。曾子是举了一个普通人的例子，举了一个统治者的例子；举了一个对待动物的例子，举了一个对待人的例子。虽然只是举了两个例子，可以说，涵盖得比较全和广，其核心就是修儒家的仁者爱人。

所以，修“仁”字，要从不虐开始，首先是不虐待人，其次是不虐待动物，再其次是不虐待自然。这也是儒家很重要的一个理念。我们以前讲过“斧斤以时入山林”，包括伐树都有固定的季节，这就是对自然的爱。把这些都做到，才是儒家思想的核心“仁”。

下面谈的是环境对人的影响。

故蓬生麻中，不扶自直；白沙在泥，与之皆黑。是故，人之相与也，譬如舟车然，相济达也，己先则援之，彼先则推之。是故，人非人不济，马非马不走，土非土不高，水非水不流。

“蓬生麻中，不扶自直。”“蓬”是一种草，它是比较软的，自己立不住，东倒西歪的，是长不直的。但是，如果这种草是在种满麻的地里生长，你不用去扶它，不用给它搭架子或者想办法去捋顺一下，它自然也能长得很直，因为麻这种植物的特点就是长得笔直。这讲的是环境对人的影响，是打个比喻。

“白沙在泥，与之皆黑。”“沙”，古注认为是通假字，通“纱”，“白沙”就是白色的纱。“泥”，古人有两种解释，一种按字面理解，把白色的纱布放到泥坑里，它就跟泥一样都黑了；还有一种古注认为“泥”是通假字，应该读“涅”，是古代一种黑色的染料，把白色的纱放到黑色的染料里，它跟染料颜色一样都黑了。这是两种不同的解释。但不管怎么解释，都是在形容环境对人的影响。

曾子讲了两个比喻，讲环境对人的影响的重要性。当然，古人讲话是很全面的，前面的比喻讲的是正面的影响，本来不直的变直了；后面的比喻讲的是负面的影响，本来白的变黑了。一正一反，从两个方面讲环境对人的影响。环境可以把一个本质不怎么样的人影响好，也能把一个本质很好的人影响坏了。两方面的情况都是有的，但这里曾子没有展开说，讲两个比喻已经把问题谈得很清楚了。

这一篇的中心思想经常有跳跃性，我认为曾子下面谈的是另一个问题。“是故，人之相与也，譬如舟车然”，人和人相交往就好比人利用船、利用车那样。“相济达也”，两个动词分别对应前面两个名词，“舟”对应的是“济”，“车”对应的是“达”。你用船渡过河叫济，船对你的功能是能帮你渡过河去。古人经常用大江大河比喻困难，用渡过河去比喻克服困难、渡过难关。达是抵达，坐车给你带来的益处是帮你抵达目的地。

曾子又是用一个比喻来说明人际关系，我认为已经说得相当庸俗了。人与人之间的交往是要相互帮助，或者说句不好听的，要相互利用。你跟别人的交往就好像用车、用船那样，要靠别人的帮助，才能克服困难、渡过难关。

这话说得够实在了。人为什么需要朋友？朋友能帮你渡过难关。人为什么需要朋友？朋友能帮你达到目的、实现理想。但是这个“相”字很重要，这种事情不是单方面的，应“相济达”，彼此互相帮助。人与人之间的关系是相互的，这个我们一定要知道。

人际关系对我们的作用在哪里？大家相互帮助，克服人生的困难，成就彼此的理想。你要抱着这样一种态度与人交往，实际就是俗话说的“花花轿子人抬人”，轿子里坐的是人，抬轿子的也是人。你和朋友交往，不能总想坐轿子，也得想着抬轿子。你若是不肯抬别人，甚至相互贬，大家的事就都做不成。今天你破坏一下他，他没有达到目的，下回你也达不到目的，因为人家自然会报复你。曾子把朋友之间的这种相依为命、相濡以沫的关系说得实在是太透彻了！

交朋友最关键的是什么？就这两条：一个“济”，一个“达”。你有困难他能帮你“济”，你有想办的事他能帮你“达”，这才是真正的朋友。在一起喝酒唱歌行，办事不行，那不是朋友。

如果想达到“相济达”，下一句话必须做到，“己先则援之，彼先则推之”，否则达不到前面的效果。你成就大，你走在前面，这叫“己先”，那么你要想着拉朋友一把。“彼先”呢？朋友在你前头呢？“则推之”，你推他一把。这位朋友是比你强，但是他也没有济、没有达，他也需要人帮，这时候你推他一把，把他推上去。这还是“反求诸己”。你要想跟朋友“相济达”，你自己先要做到“己先则援之，彼先则推之”。按正常的人与人的交往来讲，是朋友自然会投桃报李，你把他推上去，回过头来，他自然也会拉你一把，就是这个道理。

当然，这个朋友的人品得好，本来他上不去这墙，你推他一把，他上去之后跳墙走了，把你扔下了。若是你有这样的朋友就叫交友不慎。交朋友先看人品，要不然最后的结果是你成全了别人，坑了自己。你倒是挺仗义，为朋友两肋插刀，最后你两肋插的都是朋友的刀。交友人品很重要，曾子这里没说，我补充一句。

“是故，人非人不济，马非马不走，土非土不高，水非水不流”，这是一个总结。“人非人不济”，人如果没有他人帮助，很难走向成功，靠自己的力量是不够的。一个好汉三个帮，一个篱笆三个桩，这是正面的说法；反面的说法，秦桧还得有三个好朋友呢；你就是想占山为王还得有“四梁八柱”呢。这都是同样的道理，就是曾子说的“人非人不济”，任何人没有其他人的帮助都不可能克服困难走向成功。

“马非马不走”，马若没有别的马陪着它一起跑，它也跑不起来。古汉语里的“走”都是跑的意思，我们今天说的走，在古汉语里叫“步”，这个我们要区别开。马跟马在一起比着，才有精神头，跑得快。

“土非土不高”，山是由土构成的，这个土没有别的土叠加到上面，就没有高山。高山是土和土叠加到一起才形成的。

“水非水不流”也是一个意思，如果河越流越大，最后大河入海，就必须得有别的水汇入，这叫“水非水不流”。

总之，曾子用了排比句，核心思想是告诉我们，人和人之间要相互帮助才能克服困难，实现理想。

这和曾子《大学》的思想是相通的，“故君子必先慎乎德，有德此有人”。我们为什么要先修德？有德才能有朋友，才有人脉！“有人此有土，有土此有财”，这些思想都是相通的，都是曾子的思想。

下一段又换了主题，谈孝悌的“悌”。

君子之为弟也，行，则为人负，无席，则寝其趾，使之为夫人，则否。近市无贾，在田无野，行无据旅，苟若此，则夫杖可因笃焉。

“君子之为弟也”,“为”就是做，就是行，君子在落实“弟”的时候，怎么做呢？出行的时候，要替人家背一些东西。古人出门拿行李很少拎着，要么背着，要么顶着。《孟子》中讲：“颁白者不负戴于道路矣”，“负”是背着，“戴”是顶着。咱们今天用手拎的时候多，背的时候少，顶的时候没有了吧？有些少数民族还保持这种习惯，用头顶着，实际这是古俗。这里就提了一个“负”，背着。

曾子在讲怎么去落实孝悌的“悌”，“弟”同“悌”，孝是对待父母，悌是对待兄长，不是对所有人，是指对比自己岁数大的，相当于自己哥哥的人。你如果要在生活当中落实“悌”，那么出行的时候，应该替比你岁数大的人背东西。所以，儒家的“悌”你不要理解得很复杂、很高深，就是日用平常，就在日常生活的一些细节中体现出来。

下面这句话我就说不清楚了，我看了不少古注，感觉古人也说不清楚。“无席”，没有席子的时候，这句好理解。“则寝其趾”，“趾”是脚趾头，而“寝”的古注就有歧义了。

“寝”，古人有两种解释。一种是隐，就是把自己的脚趾头藏起来。为什么呢？据说是和年长者一起出行，没席子的时候怎么坐，谈的是这个礼俗，但究竟怎么坐呢？我理解不上去了，古人也没说清楚。一种解释是把自己的脚趾头收起来，那是一个怎样的坐姿？我不知道也说不清楚。总之是没席子了，席子是一块一块的，也有大小，按当时的礼俗，长辈是铺一块席子他自己坐，表示对他的尊重，兄弟是可以并列在一块席子上跪坐的，但有的时候人多，席子满了，怎么办？“寝其趾”，把你自己的脚趾头收起来。但那到底是一种什么样的坐姿？我不知道。

另一种古注，说“寝”是平铺，“趾”是脚。因为没有席子，弟弟把脚放平了，让哥哥坐在自己的脚上。这种说法我认为不靠谱，你可以构想那个画面，太不庄重了，那姿势也极其不雅、不美观。儒家非常讲究礼俗，讲究言行举止要庄重，我们以前提到过，“坐如尸、立如齐”，所以我觉得这样不符合儒家的精神，对这种说法我是比较排斥的。

但这句话到底是什么意思，说不清楚，我研究完古注发现有这两种说法，但是第一种我不明白那是什么坐姿，第二种说法我觉得根本不靠谱。

我自己另有一个想当然的说法，但是没有古注的依据，我自己推测的。“寝其趾”的“其”，也许指哥哥，不是指弟弟，“其趾”是哥哥的脚趾，“寝”按上面第一种解释就是隐。“寝其趾”是你隐身在哥哥的脚后，就是你坐在哥哥身后。按正常来讲，在同一张席子上的人要并排坐，但现在坐满了，并排坐已经没有地方了怎么办？你在你哥哥身后坐。

下面这句古人也说不清楚，包括断句。“使之为夫人则否”，第一种解释，古书上说“夫人”就是仆人。前面讲对待比你年长的人，一起出门帮人拿东西，没座的时候自己就往后去，让人家先坐，这样才叫“悌”。但如果他使唤你就像使唤仆人那样，你就不用这么对待他了。这是一种解释。

还有一种断句是这样的，“使之为夫，人则否”。是指面对亲哥哥时才这样，面对其他比我岁数大的，我不这么做。这是另一种解释。那么这句话到底什么意思，古注不一样，我也说不准。

下面的话，从正常逻辑关系来讲，探讨的应该还是“悌”，字面意思倒是容易懂，但很难理解。

“近市无贾”，我家虽然离市场近，我也不会在市场里摆个摊位做买卖。古代对商人有两种称呼，一种跟我们今天一样称商，还有一种称贾，商、贾内涵不一样，“行商坐贾”，用今天的话说，沿街叫卖的才是商，自己有摊位的叫贾。武大郎挑着担子满街吆喝卖炊饼，他的身份是商；假如武大郎自己有摊位，坐在这儿卖，那他就是贾了。“在田无野”，我即使去田里边干活，也不会在野外露宿。这是字面意思。也有的古注认为，“野”通“墅”，指田间的小窝棚，那么这句话的意思是，我下地干活，但不在田间的窝棚里住，干完活我得回家。“行无据旅”，出行的时候不依恋旅店。

上述三种情况，按上下文的逻辑关系，应该也是讲“悌”，但落实悌为什么要做到这三个方面？我就不理解了。

“苟若此”，假如你能做到这些。“则夫杖可因笃焉”，这句的意思古人也说不太清楚。第一种解释把“杖”理解为“依”，依赖。假如你能做到这些，就是你在“悌”的方面做得很到位了，那么你所依赖的东西，可以因此而得到加强。若是引申一下，你能这么对待哥哥，等将来你岁数大了，比你小的也能这么对待你，你能有指望、有依赖。第二种理解把“杖”理解为“持”，坚持，都是从手杖、拐棍引申出来的含义。假如你能做到上面这些，那么你所坚持的事情，可以因此而得到加强，那你坚持的是什么？悌道，或者我们笼统地理解，就是坚持修养、坚持修行。你能把上面这些都做到位了，那么你所坚持的修养就会因此而得到加强。还有第三种解释，将“杖”理解为拄着拐杖，就是指老人。假如你能做到上面这些，等到你拄拐杖的时候，可以因此而得到别人的帮助。就是你年轻的时候能做到“悌”，等你老了也有人帮你。

我在古书里看过这三种不同的解释，个人觉得都不怎么靠谱，让我解释我也说不上来是什么意思。总之，这个自然段是《曾子》这本书里边我最不理解的一个自然段，我只是知道他是在讲“悌”，但究竟怎么理解，我说不太清楚，这里只是把我的疑问困惑跟大家聊一聊。

富以苟，不如贫以誉；生以辱，不如死以荣。辱可避，避之而已矣；及其不可避也，君子视死若归。父母之仇，不与同生；兄弟之仇，不与聚国；朋友之仇，不与聚乡；族人之仇，不与聚邻。良贾深藏如虚，君子有盛教如无。

“富以苟，不如贫以誉”，为了发家致富，挣钱不择手段，用苟且的方法致富，就不如贫穷而有声誉。这是曾子的评判。在曾子看来，不择手段地发家致富，还不如给自己保留一个好的名誉，然后守着清贫的生活。“生以辱，不如死以荣”，活着受辱，就不如以一种光荣的方式去死。这两句是曾子的名言，也是儒家修行的终极指向，能修到这个境界，那你的道德修养已经达到一个非常高的境界了。

“辱可避，避之而已矣；及其不可避也，君子视死若归”，这实际是在解释什么叫“生以辱，不如死以荣”。如果这件事容易使你受辱，那你避开就是了，但是，如果这个侮辱是躲不开的，必然要落到你身上，那怎么办？视死如归，以一种光荣的、伟大的方式献出生命，就是去死也不能活着去忍受侮辱。但能躲开的情况下，还是要躲开，不能什么事都玩命，避不了的时候，最后的选择才是“死以荣”，不能“生以辱”。

下面曾子举的例子就是没办法避开的，必须得做到位的。“父母之仇，不与同生”，父母的仇人，不能跟他一起生活在这个世界上，不是你死就是我亡。当然，我们一定要记住，这个仇得分多大。“仇”字是指不共戴天之仇，是深仇大恨！父母之仇是最重的，往下依次递减。“兄弟之仇，不与聚国”，兄弟的仇人，我不和他在一个国家生活。他在中国，你要是做不到把他驱逐出中国或者把他送进监狱，那你就移民，反正不能跟他在一个国家。“朋友之仇，不与聚乡”，朋友的仇人，不跟他在一个乡里生存。古代的乡是一种地方行政单位，规模比今天的乡要小一些，一个乡里大概一万多人的样子。“族人之仇”，同族人的仇人，“不与聚邻”，不能和他做邻居。古代的邻也是一种地方组织，五家为一邻。所以，你同族、本家的仇人，不能和他做邻居。

我理解，上面曾子说的这几句，是在解释“辱可避”和“不可避”。什么叫“辱可避”？从兄弟以下都可以避。什么叫辱不可避？父母之仇不能避。除了“父母之仇”，剩下的都是可以避开的。“兄弟之仇，不与聚国”，移民就避开了；“朋友之仇，不与聚乡”，换其他乡就避开了；“族人之仇，不与聚邻”，搬家就避开了。人生可以避免的耻辱是大多数，不可避免的耻辱是很少的，遇到这种避不开的耻辱，那就要“死以荣”，不能“生以辱”。这是对上面那句话的具体展开，是举例来加以说明。

下面这句我觉得有点儿散。“良贾深藏如虚，君子有盛教如无”，一个好的商人，他把珍贵的东西深深地藏起来，就好像没有一样。通俗地讲，就是“财不外露”，这叫“良贾深藏如虚”。“君子有盛教如无”，君子有着非常盛大的美德，却像没有一样。你要有一种谦逊的精神，把你的美德隐含起来，遇到事的时候才让人看见你有这样的美德，没遇事的时候，不能把你的美德炫耀出来。没事的时候让人看见我哪方面有特长，这就是傲慢心，就有好名之心，那就不是美德了，这叫“君子有盛教如无”。但这句跟前面好像连不上，所以我认为比较散。

弟子问于曾子曰：“夫士，何如则可为达矣？”曾子曰：“不能则学，疑则问，欲行则比贤，虽有险道，循行达矣。今之弟子，病下人，不知事贤，耻不知而又不问，欲作则其知不足，是以惑暗，惑暗，终其世而已矣，是谓穷民也。”

“弟子问于曾子曰”，有弟子问曾子，“夫士，何如则可为达矣？”士在先秦时期是一个特殊的阶层，后代指读书人，或者说修行的人。我们读书人、修行的人、儒家这些儒生，怎么做，才能够做到通达，或者说可以称为通达。“达”是我们追求的一种人生美好境界，用今天俗话来说就是过得顺，任何事都非常通畅。

曾子回答“不能则学，疑则问”，能力不足，你做不到，就要去学习，有疑问就要去请教，就要去问。“欲行则比贤”，想要行动的时候，就要和那些贤能的人相比较。为什么和贤能的人相比较呢？就是按照贤人的方法去做。这样你才能把问题处理到位，少犯错误，才能通达。曾子谈了三个方面：第一，自己能力不足的方面，你必须学习；第二，知识方面有疑问，一定要提问；第三，在处理具体问题的时候，要参照那些贤能的人的办事方法。能做到这三点，“虽有险道”，即使你遇到危险、困境；“循行达矣”，你遵照这个去做，就能通达。这是曾子给弟子的回答。

回答完弟子的问题，接着曾子对他那个时代的一种社会现象进行批判，在我看来也是对弟子们的一种刺激。“今之弟子，病下人”，现在这些当弟子的，把自己不如人看成是毛病。第一条“不能则学”就没做到，你不如人没关系，跟人家学，而不是把这个当成自己的缺点。“不知事贤”，又不知道侍奉贤能的人，就是第三条“欲行则比贤”没做到。“耻不知而又不问”，把自己不知道的事情当作耻辱，又不肯向别人请教，第二条“疑则问”也没做到。

曾子从反面去说，现在你们这些做弟子的，把不如人当成是自己的毛病，觉得非常耻辱，不肯向他人学习，不肯去修炼。这方面能力不行，不是主动跟人请教，而是想着怎么掩盖下去，装作行。有疑问也不去问，把不知道的事情当成自己的耻辱，还装作知道。还不肯向贤能的人学习，做事的时候全是自己拍脑门乱搞，那结果肯定通达不了。

下面曾子说，如果你犯这三个毛病，那结局是“欲作则其知不足”，当你想要开始做某件事情的时候，就会发现自己的知识、智商都不够。“是以惑暗”，因此就显得很困惑、很愚昧。“惑暗，终其世而已矣”，你一旦成为一个困惑、迷惑、愚昧的人，那么你这一辈子就没出息了！“是谓穷民也”，我们把这种人称为穷民。古代穷和贫不是一个概念，贫民是没钱，穷民不一定没钱，但他的人生不可能通达，经常碰壁。穷是达的反义词，贫是富的反义词，在当时有不同的内涵。

人生怎样走向通达？怎样避免困惑和愚昧？曾子谈了三个方面：第一个方面“不能则学”，说的是能力；第二个方面“疑则问”，说的是知识；第三方面“欲行则比贤”，说的是处理问题的具体方法。你要想人生通达，就要提升自己的能力，提升自己的知识，向贤能的人学习处理问题的好方法。在这三个方面下功夫，人生就能过得越来越顺，路就越走越宽。反之，你就会陷入困惑和愚昧之中，这辈子也就是穷民了。

曾子门弟子或将之晋，曰："吾无知焉。"曾子曰："何必然往矣！有知焉谓之友，无知焉谓之主。且夫君子，执仁立志，先行后言，千里之外，皆为兄弟；苟是之不为，则虽汝亲，庸孰能亲汝乎？"

"曾子门弟子或将之晋"，曾子的一个弟子将要去晋国，临走的时候他对曾子说："吾无知焉。"意思是我在晋国没有认识人。曾子说："何必然往矣！"你何必那样才去呢？言外之意是，非得有认识人吗？没认识人的国家我们就不能去了吗？

曾子接着解释，"有知焉谓之友，无知焉谓之主"，如果你有认识的人，他知道你、了解你，那这个人称之为"友"；"无知焉谓之主"，这个人对你一无所知，那么他是你的主人。什么意思呢？古代旅店业不发达，出门经常没有地方可住，要找人家借住一宿，在人家吃住，第二天临走的时候给点东西或者钱，那么这家人叫主。曾子的意思是，如果这个人不了解你，他就不能接待你吗？难道说只有你的朋友才能给你安排食宿吗？不认识你的人，也能给你安排食宿，那他就是你的主，你就是客。有了解你的人当然更好，你奔着他去，没有了解你的人，你的食宿一样能解决，没问题。

曾子先是安慰这个弟子，然后下面讲更大的、更宽泛的道理。

"且夫君子，执仁立志"，况且作为君子，你要坚守着仁来树立自己的人生志向。"先行后言"，先在行动上做到位，而后再说，别说完了话不能兑现。如果你能做到这两条的话，"千里之外，皆为兄弟”，千里之外也有人会和你亲如兄弟。“苟是之不为”，假如你不在这个方面努力去做；“则虽汝亲”，那么，即使是你的亲人；“庸孰能亲汝乎”，又有谁能和你亲近呢？假如你不能做到“执仁立志，先行后言”，不在这个方面去努力践行的话，即使是你的亲属，又有谁能够和你亲近呢？

曾子说出了这么一番道理，我们若说得更直白、更简单一点，就是你为人地道，走到哪儿都有弟兄，若是你为人不地道，连你的亲戚都不愿意理你。

第七篇　曾子制言中

曾子曰：君子进则能达，退则能静。岂贵其能达哉？贵其有功也。岂贵其能静哉？贵其能守也。夫唯进之何功？退之何守？是故君子进退有二观焉。故君子进则能益上之誉，而损下之忧；不得志，不安贵位，不怀厚禄，负耜而行道，冻饿而守仁，则君子之义也。有知之，则愿也；莫之知，苟吾自知也。

“君子进则能达，退则能静。”曾子提出了两个概念，作为君子，如果你进步的话，能做到通达；如果你退守的话，能做到安静。“进”在儒家的典籍里往往有特殊含义，当官叫“进”，隐居叫“退”。如果你当官，能做到通达，把事情都处理得明明白白，让大家都跟着你获益。你不当官，退下来隐居了，能做到沉静、安静。

“岂贵其能达哉？贵其有功也。”哪里是推崇他能够通达呢，是推崇他能够有功绩。按照儒家的观念，“学而优则仕”，儒家追求当官，为什么要当官？不是追求通达，而是追求出功绩。这里曾子用了个反问句，过得很顺、很风光，那不是我们追求当官的目的，我们推崇的是当了官之后可以有功业。

所以，《周易》上讲“圣人之大宝曰位”，作为圣人，你最大的宝贝是你的位置。因为你坐到那个位置上，才有了相应的权利和资源，才能建功立业。比如，作为一个国家的领导人，这个位置对他来讲是最大的宝贝，为什么？他把政策制定好，把国家治理好，全体人民都跟着他获益，这叫“贵其有功也”。推崇当官，不是为了追求个人的飞黄腾达，而是为了追求建功立业，造福万民。这说的是“进”。

下面讲“岂贵其能静哉，贵其能守也”。那不当官呢？不当官的时候，我们哪里是推崇他能够安安静静地老实闲居啊？而是推崇他能够坚守自己的操守。为什么不当官？世道不好，官场形势不好，当了官，就守不住我的操守，就得同流合污了，所以退下来不干了。不是推崇你能够安静，不与人争官位，推崇的是你能坚守自己的操守，这才是可贵之处。

这是讲“进”“退”，“进”追求的是建功立业，“退”追求的是坚守自己的人生操守。

“夫唯进之何功，退之何守？”这里曾子全是问句，说你当官，你有什么功绩呢？你退下来，你又坚守了什么操守呢？“是故君子进退有二观焉。”因此君子是进还是退，在这两个方面你可以对他进行观察；或者说作为君子，在进退两个方面能成为别人观瞻的对象，成为别人仰望、效仿的对象。作为君子不管是进还是退，他身上都有让别人仰望的地方，让别人学习的地方。

曾子接着解释，君子的什么做法让人家仰望学习。“故君子进则能益上之誉”，君子如果当官，他能够给上级领导带来名誉。作为部下，他是非常优秀的，他做出很多业绩都归功于领导，给领导带来声誉，这是对上级。“而损下之忧”，君子当官，能让他的下级减少忧虑、忧愁，说得更直白点，就是替下级解决问题和困难。这才是一个当官的君子应该实现的追求，这也是前面说的“功”。“进之何功？”你要当官的话，追求什么样的业绩？衡量的指标不是GDP。作为领导，业绩体现在你能增加上级领导的美誉、声誉，能够替下级分忧解难，在儒家看来这就是一个好的领导。能做到这一点，就是你的“功”，就能让大家都仰望着你，向你学习。这是谈“进”。

“不得志”，没有机会实现自己的人生志向。“不安贵位，不怀厚禄”，我坐在很高贵的位置上，拿着很丰厚的俸禄，心里不安，怎么办呢？我得退下去。而且没有依恋不舍，因为一旦依恋就下不了决心了。当不当这个官，取决于能不能实现人生的志向和理想。这个志向和理想就是前面说的“功”，在这个位置上能够给上级带来声誉，给下级排忧解难，这个官就接着当；做不到，那么你在这个高位上待着能心安吗？作为君子是不安的。

没有收入怎么办？“负耜而行道”，“耜”是一种农具，古书注解是翻土的工具，有点像今天的铁锹，但不完全一样。“负”是背着、扛着。我扛着铁锹，也得落实道义。不当官，高官厚禄都没有了，靠什么解决生活问题？回家种地去，扛铁锹下地干活。在这样一种生存状态下，我也得推行道义，坚守人生的准则。甚至比这混得更惨，“冻饿”，吃不饱穿不暖，挨冻受饿的情况下，也要守着“仁”字。“则君子之义也”，这才是君子的道义，作为君子修行应该做到的。

能够做到这一点，有人理解你吗？大家都不理解，那这个时候你应该是什么心态呢？“有知之，则愿也”，有人知道我，理解我为什么这么做，这固然是我的愿望。“莫之知”，没有人知道我、理解我；“苟吾自知也”，那你难道还不知道自己吗？所以，君子能做到安贫乐道，最后得有“自知”，知道自己为什么这么做，你才能坚守。假如你都不知道自己为什么这么做，对自己的情、欲、念都不清楚，那是守不住的。要能守住，必须知道自己为什么这么干，你们不理解没有关系，这就是我人生的理想和追求。有这样的心态，你才能坚守住。

以上讲的是君子进退两个方面要达到的效果和操守。所以说，“退”，不当官，追求的是“能守”，“岂贵其能静哉？贵其能守也”。你为什么退下来？退下来之后我们最推崇你什么？推崇你能坚守道义。如果退下来坚守不了道义，那你何必退下来？退下来之后挨冻受饿怎么办？我偷点、抢点吧，那还不如不退，不退还不至于犯法。所以要自知，得自知才能坚守，退下来的最可贵之处在于能坚守自己人生的理想和准则。

下一段谈的是和人相处。

吾不仁其人，虽独也，吾弗亲也；故周公曰：“不如我者吾不与处，损我者也。与吾等不与处，无益我者也。吾所与处者必贤于我。”故君子不假贵而取宠，不比誉而取食。直行而取礼，比说而取友。有说我则愿也；莫我说，苟吾自说也。

“吾不仁其人，虽独也，吾弗亲也”，“吾不仁其人”就是我认为这个人不仁。“虽独也”，即使我很孤独，需要交朋友，但是“吾弗亲也”，我也不和他亲近。实际这还是接着说“能守”。宁可没朋友，也不和不仁的人交朋友。

我们仔细想想这个道理，“物以类聚，人以群分”，你若是因为孤独和一些品行不好的人交朋友，别人就把你归入那一类，好人就不和你交朋友，就把你屏蔽了，以后就永远没有好的朋友了。所以要能守得住孤独。“德不孤，必有邻”，你要能守住你的美德，终究能交到一些好的朋友，不会孤独的。在交友这方面不能将就，这是曾子给我们的启示。

曾子引周公的话，“不如我者吾不与处”，道德修养上不如我的人，我不跟他相处，不和他交朋友。为什么呢？“损我者也”，他会使我受到损失，这是字面意思。“与吾等不与处，无益我者也”，跟我差不多的、相仿的人，我也不和他相处。为什么？他对我没有帮助，不能增加我的美德。“吾所与处者，必贤于我”，我所交往的人一定是比我贤达的。以上是周公说的话。

曾子接着阐释，“故君子不假贵而取宠”，这句话也不是很好理解。“假”是凭借，因此君子不凭借社会地位高，而去取得对方的宠信。“假贵”的主语不是指君子，而是指交友的对象，对方身份、社会地位高。我不是因为他社会地位高，就想办法取得他对我的宠信。说得更直白点，他地位高，我不巴结他，但不是不来往，只是正常交往，这一点我们要弄清楚。你是普通百姓，对方是省长，如果他愿意和你交往，你正常交往，别巴结，这才是关键。不是说省长想跟我做朋友，我躲着点不和他来往，咱俩地位不一样，不是这种心态。把心态放正，对等交往。你一旦觉得对方社会地位那么高，还对我高看一眼，那我一定得取得他的信任啊，一旦有了这个心，很多做法就不妥当了，就谄媚、阿谀奉承了，一些有损于修养的事情就都出来了。

“不比誉而取食”，“食”，比较狭隘的理解是吃的，宽泛地讲就是物质利益。不靠跟别人攀比名誉的方式来获取物质利益。拿别人举例不好，就说我自己吧，什么叫“比誉”？举个例子：我跟别的教授比知名度、比名誉，都讲国学，你在市场上是什么知名度，我又是什么知名度？比这个的结果是什么呢？获得物质利益。所以，你讲一天课收一万五，那我必须一万八。这就叫“比誉而取食”，这就不是君子了。

君子要不要这个“食”？当然要。我们不是生活在真空里，也要吃饭，但是我用劳动付出换取我应得的物质利益，而不是靠跟别人比虚名，然后哄抬自己的价格，不是靠那种方法获取物质利益。甚至还有一些更下流的，水平不如对方，还想课酬比人家高，怎么办呢？造假吧。或者上课找几个托，或者在网上包装一下，或者给自己封几个虚假的头衔，目的都是把课酬抬上去，这就更不是君子了。

作为君子，不是不要物质利益，而是实打实地靠努力获取自己应得的。我认为现在我的付出就应该得到这些工资，不给我这些工资，我就得掂量掂量干不干了。家里不差钱就不干了，家里若是正缺钱，给的少也得干。

《论语》上记载，孔子说过“富若可求，虽执鞭之士，吾亦为之”，意思是，财富如果是可以追求到的，即使做“执鞭之士”这种职业我也干，为什么？现在家里困难，需要维持生活，那就别管给多给少，别管是否看得起我，先把钱挣回来养家糊口。但如果不差钱就另当别论了。

为什么你今天约我上课我去了，因为你人好，或者对我足够尊重，或者课酬给到位了，总之得有一个理由我才去。因为现在家里不困难，不等米下锅，那就要有所选择了。这是君子正确的方法，靠劳动付出获得应得的利益。有的时候，日子过得艰难或者事情不顺的情况下，我的付出跟所得不成正比，这时候也得干，为什么？家里困难，需要这份收入。这是儒家对财富的看法。曾子没有从正面说应该怎么做，他说的是不应该“比誉而取食”，为了获取物质利益，给自己制造名誉，还跟他人比较，这就不合适了。

比如，你请我讲课，我先问问你给那位老师多少钱。我是博士生导师，他才是副教授，你给他八千，才给我七千五，这就叫“比誉而取食”。我应该别管你给他多少钱，就考虑自己的付出值多少钱，认为值八千，那就要八千，不给就不讲，请另请高明。

古人对“不比誉而取食”还有一种解释，把“比”解释为亲和、亲附。《周易》的“比卦”就是亲和、亲附的意思。“比誉”，跟名誉相亲附，就是给自己附加一些名誉，也有这么解释的。“不比誉而取食”，是不靠这种方法获得物质利益。

“直行而取礼”，正直地去行，按照礼去行。礼就是社会行为规范，要守着礼正直地去行动，按社会行为规范来要求自己。“比说而取友”，“说”是通假字，通“悦”，“取”是选取、选择。要比较一下相互喜欢的程度，通过这种方法来选择朋友。亲戚有远近，朋友有厚薄，你与人相处，对人是远还是近，以什么作为评判标准？要“比悦”。“悦”既包括他对你的悦，也包括你对他的悦。如果你欣赏他，他却瞧不起你，那就没有必要拿着热脸去贴冷屁股；如果他非常欣赏你，总想跟你拉近关系，但你却瞧不上他，认为他不仁，那你也不和他相处，得跟他保持距离。这叫“比说而取友”。

“有说我则愿也”，有人欣赏我、喜欢我，这是我的愿望。我们不管做什么事，是希望得到别人的欣赏和肯定的，这是人的心理需求之一。“莫我说”，没有人欣赏我、喜欢我呢？“苟吾自说也”，那我自己欣赏自己。要有这种心态。如果我课讲得好，你们都来听，这叫“有说我则愿也”，这固然是我的愿望。如果没人听，我也不因此沮丧崩溃、自我否定，我认为我讲得不错，你们不听是你们的损失，我欣赏我自己。这种心态是不是自欺呢？不符合事实就是自欺，符合事实就不是自欺。所以，“苟吾自悦也”必须符合事实。你若是没做到，还认为自己挺好，喜欢自己，那就不是“自悦”，而是自欺了。你真的做到了，别人不了解你，那你自己欣赏自己，觉得能做到这个程度已经很好了，这叫“苟吾自说也”。总之，我们要“自悦”，不要自欺。

下面讲君子的状态。

故君子无悒悒于贫，无勿勿于贱，无惮惮于不闻。布衣不完，疏食不饱，蓬户穴牖，日孜孜上仁。知我，吾无欣欣；不知我，吾无悒悒。

“故君子无悒悒于贫”，“悒悒”是忧虑，所以君子不会对贫困充满忧虑，不会因为家里经济不太宽裕而天天发愁。如果因为这个发愁，修行就已经不正了，为什么？如果你不和人攀比，怎么会发愁？我们年纪相仿，人家都住别墅了，我还住两室呢，然后才对经济状况不满，发生忧愁了。所以，你有对贫困的忧愁之心，就已经起了攀比心，有了攀比心，心就已经不正了，后面的修行就全谈不到了。所以曾子说，君子正常的状态是不为贫困而忧愁，因为有非常充实的精神生活，物质利益方面不是你的追求，你就会把这件事看淡。

“无勿勿于贱”，君子也不会为贫贱而忧愁。“贱”，社会地位低，“贫”，经济条件不好。一个指经济条件，一个指社会地位。“勿勿”，古人有两种解释。一种解释认为是匆匆，就是很匆忙地。人们觉得自己地位低，然后就很急切地要改变自己的社会地位。这也是攀比心的结果。比方说，我现在是大学的副教授，跟我同期留校的人都是博士生导师了，那我得赶紧评上博导啊，天天心里为这事儿着急，这就是“勿勿于贱”。实际没必要，人生的际遇和人生的修养、能力、素质并不是完全吻合的，有机缘巧合在里头。所以应该比什么？不是比高低贵贱，应该比修养。我能力不如你，素质不如你，道德不如你，这才是值得我着急、忧虑的。至于贫和贱，不值得忧虑。说得更庸俗一点，那是命。另一种解释，认为勿勿是忧虑。我觉得，两种解释合到一起似乎更好，就是你不要因为经济条件差、社会地位低而忧愁奔忙。君子应该忧愁奔忙的是素质、道德和修养。

“无惮惮于不闻”，“不闻”是不听说，就是你没出名，谁都不知道你。“惮惮”是忧心忡忡。不要因为自己没出名而忧心忡忡，那就容易追求虚名、放弃实惠了。

下面曾子讲了一个极端的状态，贫贱到什么状态？“布衣不完”，家里困难得粗布衣服都不完整，说白了就是有窟窿、打补丁。布衣在古代已经是较低档次的服装了，所以老百姓也称为布衣。穿布衣本身就是经济条件差的体现，他穿的布衣还是破的。实际这个形容还不是最惨的，古书里描写曾子穷的时候，衣裳“捉襟而肘见”，就是提提衣裳襟，胳膊肘就露出来了，成语“捉襟见肘”就是从这来的。比“布衣不完”还不如。“疏食不饱”，“疏”是粗俗，别理解为蔬菜，最粗糙的食物都吃不饱。“蓬户穴牖”，“户”是门，“牖”是窗户，“蓬户”，家里的门是草编的；“穴”是洞穴，在家里的墙上凿出窟窿来当窗户，这叫“穴牖”。你看看这生活条件，吃的、穿的、住的已经凄惨到什么程度了。

但即使在这种状态下，“日孜孜上仁”，所谓“上仁”，就是把追求仁作为第一要务，作为最重要的事情。家里都穷成这样了，贫贱到这种程度了，也没把挣钱当成最重要的事情，而是每天孜孜不倦地把追求仁作为最重要的事情。这才是君子真正的修行。

“知我，吾无欣欣”，有人知道我、理解我，我也不为之高兴。“不知我，吾无悒悒”，没有人知道我、理解我，我也不为之忧愁。

整个自然段曾子描写的是君子悲惨的状态，通达的状态他没写。什么叫通达的状态？“达则兼善天下。”为什么没写呢？进则能达相对容易，退则能守相对难。凄惨到这种程度还能坚守仁，这个很难做到。在有钱、有权、社会地位高、一呼百应的状态下，能想着为老百姓做点实事、建功立业，这相对容易。曾子这里说的是难做到的，没说容易做到的。这是君子的状态。

是以君子直言直行，不宛言而取富，不屈行而取位；畏之见逐，智之见杀，固不难；诎身而为不仁，宛言而为不智，则君子弗为也。君子虽言不受，必忠，曰道；虽行不受，必忠，曰仁；虽谏不受，必忠，曰智。天下无道，循道而行，衡涂而偾，手足不掩，四支不被。《诗》云：“行有死人，尚或墐之。”此则非士之罪也，有士者之羞也。

“是以君子直言直行”，不管是言还是行都要正直。“不宛言而取富，不屈行而取位”，要言行表里如一，不能因为追求物质利益而说违心的话，也不能因为追求官位去做违心的事。

“畏之见逐，智之见杀，固不难”，君子因为守着正直，小人畏惧他，而把他赶走了。君子因为有智慧，什么事都能看明白，因为碍人事，被人杀了。“固不难”中的“难”，古书中一种注解认为读四声，“不难”就是不要责难。作为君子，修行这么好，怎么被人驱逐了？怎么被人杀害了？你不要把责任记到他身上，不要去责难君子。另一种注解认为难应该读二声，是不难做到的意思。君子因为坚守正直，因为有智慧，被小人、恶人忌惮，最后被驱逐或者被杀，在这种状况下，他还能坚守人生的准则，曾子评价，这本来不难于做到。但在我们看来已经很难了。“固不难”古人有这两种理解。

“屈身而为不仁，宛言而为不智，则君子弗为也”，让自身委屈一下，去做一些不仁的事情，说一些违心的话，表现得不够智慧，这是君子不肯做的。换句话说，正是因为君子不肯这么做，最后才“见逐”“见杀”。他要是肯那么做，早就飞黄腾达了。

下面的排比句，谈的是君子对君主的态度，对上级领导的态度。“君子虽言不受，必忠”，虽然君子的言论君主不接受，但一定还要做到“忠”。虽然我对领导说的话他不接受，但我对领导交办的事还是要尽心尽力。这叫作“道”。“虽行不受，必忠，曰仁”，虽然你的做法领导不接受，还是要尽心尽力，这才叫“仁”。“虽谏不受，必忠，曰智”，虽然你对领导的劝谏领导不接受，但你还是要尽心尽力，这才叫“智”。儒家提倡的三个概念：道、仁、智，在与领导相处的时候怎么体现出来，曾子讲的是这个问题。

你说你能坚守“道”，怎么体现的呢？跟领导提建议，领导不接受，之后你按领导说的办，全心全意、尽心尽力，这才叫“道”。不能在执行的时候打折扣，或者干脆不按照领导说的办，那就不叫“道”了。如果那样和领导相处，你俩的关系不可能融洽。换个角度想，如果你说什么领导都得依着你，那谁是领导啊？所以真正的君子的道，是我们提了建议，领导接受了，这固然是如愿了；没接受，那就执行领导的命令。因为他是上级，你是下级，你就按他的道尽心尽力地干，不考虑最后的结果，这才叫“道”。

这项工作你付出很多，感觉已经做得很到位了，结果领导不认可，给你一顿批评，这叫“行不受”。这件事不管领导接不接受，下次领导交办的事情你还是尽心尽力去办，这才叫“仁”。为什么这么说？儒家提倡对一切都以“仁者爱人”为出发点，连宰杀动物都要体现出“仁者爱人”。你对领导有没有爱心？要说没有就不对了，那你就不是儒家思想的践行者了。必须对领导有爱心，现在领导批评你几句你都受不了？那你对领导的爱体现在哪里？要做到“虽行不受，必忠”，这才体现出“仁者爱人”的“仁”字。虽然他误解你了，但你还是尽心尽力做事，这才体现出对领导的爱，这才叫忠。

最后一个方面。你刚给领导提完意见，他没有接受，之后他给你安排了任务，你没有尽心尽力，这时候领导会怎么想你啊？所以，给领导提完意见之后，别管他接受不接受，对领导安排的工作必须尽心尽力，否则你是给自己惹麻烦，很容易成为领导打压的对象，这就叫不智，没有智慧。或者，你对领导相当了解，知道提完意见领导肯定不接受，还必然会打压你，那你还去说？那也叫不智。

“天下无道，循道而行，衡涂而偾，手足不掩，四肢不被。”天下非常混乱的时候，作为君子还要遵循着道去行动。但是天下都无道了，你遵循着道去行动能有好结果吗？答案是没有。最后造成什么结局呢？“涂”就是马路，“衡涂”，已经横在马路上了，“而偾”，就是挺尸街头了，而且手和脚没有掩盖，四肢也没有受到遮掩。说得直白点，就是横尸街头没人埋，这是最惨的结局了。

然后曾子引了一句诗，“行有死人，尚或墐之”。这句诗出自《诗经·小弁》，意思是，路边的死人尚且有人安葬他。引完这句诗之后，曾子评价，“此则非士之罪也，有士者之羞也”，如果出现这种局面，这不是追求道义的士的罪过，是拥有这个士的人的耻辱。谁拥有这个士？统治者、领导。所以，如果一个循道而行的人最后横尸街头、无人掩埋，这不是他的罪过，这是统治者、直接领导的耻辱。

曾子最后告诉我们，作为君子，也许结局很不理想，甚至很悲惨，但这不是你的罪过，也不是你的耻辱，而是你领导的耻辱，是统治者的耻辱。

是故君子以仁为尊。天下之为富，何为富？则仁为富也；天下之为贵，何为贵？则仁为贵也。昔者，舜，匹夫也，土地之厚，则得而有之，人徒之众，则得而使之，舜唯以得之也。是故君子将说富贵，必勉于仁也。昔者，伯夷、叔齐，仁者也，死于沟浍之间，其仁成名于天下。夫二子者，居河济之间，非有土地之厚、货粟之富也，言为文章、行为表缀于天下。是故君子思仁义，昼则忘食，夜则忘寐，日旦就业，夕而自省，以殁其身，亦可谓守业矣。

“是故君子以仁为尊”，因此君子把仁看成是最尊贵的，也就是最重要的。下面是举具体例子，说明仁能带给我们什么好处，或者说为什么君子以仁为尊。但下面举的例子是非常绝对的，也可以说是最大的。

“天下之为富”，将整个天下作为自己的财富，这是讲最高领导、统治者。“何为富？”什么是富？“则仁为富也”，是通过实践仁才占有了天下的财富。“天下之为贵”，天下最尊贵的，这也是从最高统治者的角度说的。“何为贵？”什么是贵？“则仁为贵也”，是仁给他带来的高位。这两句说的是富和贵。为什么儒家推崇仁？因为仁达到极致的话，能使你拥有天下，成为天下最尊贵、最富有的人。

然后举了一个具体的历史上的例子。“昔者，舜，匹夫也”，从前舜是普通老百姓。“土地之厚，则得而有之”，后来舜发展到什么程度呢，大地如此之广阔，全部得到并且拥有。“人徒之众”，人民是如此众多，他也能够全部得到。“则得而使之”，并且能够使唤，就是统治。

“舜唯以得之也”，古书都认为这里丢了个非常关键的“仁”字。这句话的原文应该是“舜唯以仁得之也”，意思是，舜本来就是一个普通百姓，后来成为天子，成为最高统治者，拥有了全天下的土地，全天下的民众都由他来统治了。他怎么达到这个高度的？一个普通百姓怎么成为最高统治者的呢？“唯以仁得之也”，他就是靠着仁得到了这一切。

整个这一段话是在说明为什么“君子以仁为尊”，儒家为什么提倡仁。靠着仁你才能得到想得到的一切，发展到极致的话，你能拥有一切。然后举了舜的例子，舜成功的秘诀就是依靠仁。

“是故君子将说富贵，必勉于仁也”，“说”是通假字，通“悦”。因此君子如果喜欢富贵的话，一定要勉力、致力于仁。你一定要努力地落实仁，因为仁能带给你财富和社会地位。

下面是另一个方面的例子。伯夷、叔齐也坚守仁，他们本来是孤竹国的王子，最后饿死了。伯夷、叔齐都是仁者，“死于沟浍之间”。“浍”是田地之间的水渠，这是形容他们死得比较凄惨，实际并不是真的死在了沟渠之间。这个例子怎么看呢？“其仁成名于天下”，看其一生经历，没有富也没有贵，因为守着仁，最后还饿死了，但是他们靠着仁在天下成名，不仅在那个时代成名，而且千古以来留下了美名。

曾子实际是在讲仁的另一种功能，或者说成就。前面讲舜，成就的是物质利益，而伯夷、叔齐靠着仁成就了美名，可以说是精神层面的收获。人生的成就不仅仅是在物质利益方面，还有精神层面的。

“夫二子者”，指伯夷、叔齐，“居河济之间”，他们居住在“河”和“济”之间。“河”指黄河，“济”是济水。“江河淮济”是中国古代所谓的“四渎”，就是四条大河，济水今天已经没有了。也有人认为，古人对济水的理解是错误的，它实际是黄河的一个支流，古人却把它理解成一条单独的河，所以今天当然就找不到济水了。伯夷、叔齐居住在黄河和济水之间，“非有土地之厚、货粟之富也”，他们没有土地，也没有货物、粮食等财富，总之是没有物质财富。但是，“言为文章、行为表缀于天下”，他的语言成为文章，天下人都要学习；他的行为成为榜样，天下人都要效仿。简单说，伯夷、叔齐虽然没有占有物质财富，但是他们的言行成为天下的典范，天下人学习效仿的对象，这也是一种人生的成就。

举了两个例子之后，曾子说，“是故君子思仁义”，如果你认识到了仁能给你带来什么样的好处，或者是物质方面的收获，或者是精神层面的成就，那么君子就应该时时刻刻想着仁义二字。想到什么程度呢？“昼则忘食，夜则忘寐”，白天想着仁义都忘了吃饭，晚上想着仁义都忘了睡觉。这也是形容，就是时时刻刻不要忘了仁义二字。“日旦就业，夕而自省”，从早上工作开始一直到晚上进行自我反省，“以殁其身”，一直坚持到死，坚持一辈子。一辈子都坚持每天早上出去从事自己的职业，晚上回来进行自我反省。“亦可谓守业矣”，如果这样做的话，也可以称得上能守住你的事业了。

又回到“业”字，人生的事业体现在哪里？曾子的看法和我们的理解是不一样的。实际上，我们今天对事业的理解过于狭隘，往小了说是职业，往大了说挺庸俗，就是有钱。我们对事业的理解和曾子是有出入的。曾子讲人生的事业是什么？是时时刻刻不要忘记仁义二字，把仁义二字贯彻到白天要做的每一件事情上，晚上回来再自我反省，确定每一天都守住仁义二字，这样做才是人生的事业。

第八篇　曾子制言下

曾子曰：天下有道，则君子欣然以交同；天下无道，则衡言不革。诸侯不听，则不干其土；听而不贤，则不践其朝。是以君子不犯禁而入人境，不通患而出危邑，则秉德之士不谄矣。

曾子说，“天下有道，则君子欣然以交同”，天下有道的时候，君子就会很高兴结交志同道合的人。实际讲的是，君子要出来做事，“天下有道则仕，无道则隐”。这个时候你就要出来结交和你志同道合的人，再独善其身就不对了。为什么要结交志同道合的朋友呢？因为要一起努力完成伟大的事业。

“天下无道，则衡言不革”，天下无道的时候，政治不清明的时候，君子的做法是“衡言不革”。“衡”是通假字，通“横”，所谓“衡言”就是直言，“革”是改，“衡言不革”就是直言不变。在天下无道的时候，君子不能同流合污，仍旧要说正直的话，不能因为世道而有所改变。

“诸侯不听，则不干其土”，如果这个诸侯不听从我的意见，不按我的方法治国，那我就不去他的国家。

“听而不贤，则不践其朝”，听了以后不认同，那么就不踏上他的朝廷，意思是不在他的朝廷当官。但可以住在他的国家，在他的国家隐居。

“是以君子不犯禁而入人境”，因此君子不会冒犯他人的禁令而进入他人的国境，就是君子不会进入他人的国家还跟他人对着干。这是儒家的人生智慧。他不听你的，也不认为你说的好，你还要坚决到他的国家去，还要当他的官，你要做什么？要么同流合污，要么跟他对着干，只能是这两种结局。你跟他同流合污，这在儒家看来是绝对不可取的；你跟他对着干，也不对，那就叫“犯禁”。人家是统治者，“犯禁”对自己有什么好处啊！所以“君子不犯禁而入人境”，当跟统治者理念不同的时候，我们不去冒犯他的禁令，也不进入他的国境。

还有另一种情况，你在这个国家隐居，这种情况下应该怎么办呢？要贯彻的原则是“不通患而出危邑”，所在的城市出现危险的时候，就离开，不与其共患难。这是君子的另一种态度。

《孟子》中讲到，发生战争了，孟子就走了，吩咐看家的，不要让人动他的墙、伐他的树，等战争结束了，孟子吩咐人收拾房子，他要回来了。孟子的这种做法连他的弟子都不理解，实际就是曾子说的这句“不通患而出危邑”。为什么不留下来与统治者同甘苦共患难呢？因为他不值。他不听你的，也不认为你的建议好，最终因为拒绝你的建议才会遇到灾难，你还有必要与这种人共患难吗？

下面这句话我就不理解了，和上下文都连不上。“则秉德之士不谄矣”，字面意思是，坚持道德的士人就不会谄媚了。前面说的是国家领导者不听你的，你还没进入这个国家，就别进入；若是在这个国家隐居，一旦有危险就先撤，跟谄媚不谄媚领导没有关系啊。这句话放在这里，我不知道应该怎么阐释。

故君子不谄富贵以为己说，不乘贫贱以居己尊。凡行不义，则吾不事；不仁，则吾不长。奉相仁义，则吾与之聚群；乡尔寇盗，则吾与虑。国有道，则突若入焉；国无道，则突若出焉。如此之谓义。

“故君子不谄富贵以为己说，不乘贫贱以居己尊”，富贵是指人，贫贱也是指人。君子不去谄媚富贵者，让自己得好处、自己高兴。君子也不会凌驾在贫贱者之上，不会仗势欺人，也不会看不起人家。乘贫贱是什么心态呢？“以居己尊”，为了体现自己地位高、自己尊贵。曾子说的是修行者的心态和做法，面对富贵者不谄媚，面对贫贱者也不看不起，也不是凌驾在他人之上。有这样的心态才是一个修行者。

“凡行不义，则吾不事”，凡是那些行不义之事的人，我不去侍奉他。“不仁，则吾不长”，如果上级领导不仁，我就不把他当作领导。

“奉相仁义，则吾与之聚群”，“奉”是奉行，“相”是辅助，这个人奉行仁义并且辅助仁义，站在仁义这边，那我就要和他站在一起。“乡尔寇盗，则吾与虑”，古人认为这里可能丢了个字，原文应该是“则吾不与虑”，“虑”是考虑。“乡尔寇盗”，“寇”是抢，“盗”是偷，如果你又偷又抢，那我就不搭理你了。

“国有道，则突若入焉；国无道，则突若出焉。”“突若”指的是冲破障碍，破除一切障碍。如果这个国家呈现出有道的状态，我要突破困难进入这个国家；如果这个国家处于无道的状态，我要突破困难从这个国家出去。“如此之谓义”，能做到这一点才能称得上是“义”。我们往小了理解，“义者宜也”，

“义”就是妥当，你能这么做才是处事妥当；往大了理解，“义”是道义，你能这么做才符合道义。

整个这一段说的是君子修身的注意事项。

夫有世，义者哉，曰仁者殆，恭者不入，慎者不见使，正直者则迩于刑，弗违则殆于罪。是故君子错在高山之上，深泽之污，聚橡栗藜藿而食之，生耕稼以老十室之邑。是故，昔者禹见耕者五耦而式，过十室之邑则下，为秉德之士存焉。

“夫有世，义者哉”，这句话按字面没法理解。古人认为，“世”是通假字，通“时”，“哉”也是通假字，通“灾”，就是“夫有时，义者灾”，有的时候义者会受灾，因为他坚守道义，给自己带来灾难，那不是他的问题，是世道不好。

“曰仁者殆”，“曰”一般认为是多出来的字，“仁者殆”，仁者危险。“恭者不入”，恭敬的人却没人听他的。“慎者不见使”，谨慎的人不任命他。“正直者则迩于刑”，“迩”是近，正直的人就离刑法很近了，就快要摊上官司了。“弗违则殆于罪”，“殆”是近，和“迩”是同义词，不违背原则的人，就离犯罪不远了。这里说的全是世道不好的情况下，有时候确实是好人没好报。不是说你行仁义就肯定是一帆风顺的，得看什么世道。有的时候义者受到灾难，仁者面临危险，有恭敬心的人反而没有人听他的，能够做到慎重的人反而没有人任命他，正直的人离刑法不远了，不违背道义的人离犯罪不远了，这就是国家无道的表现。那么在这种情况下怎么办呢？

“是故君子错在高山之上，深泽之污”，简单说，在这样一个世道混乱的情况下，君子应该到深山里、到大湖旁边隐居起来。为什么要找山高水深的地方？不是为了寻找风景秀丽的地方，指要深藏不露。在这样的世道里，君子应该在高山大湖隐居起来深藏不露，因为被发现之后容易有灾。

在世道混乱的时候就不要出来表现自己了，儒家是明哲保身的，不要做无谓的牺牲，就像《格言联璧》里的话，“珍惜此身，留他日担当宇宙”，等世道变好了，需要贤人为百姓做贡献的时候再出现。

但藏起来是要付出代价的，“聚橡栗藜藿而食之”，“聚”是收集，“橡”是橡树的果实，“栗”是栗子，“藜藿”是两种野菜。住在高山大湖附近要忍受艰难的物质生活，吃的是橡树子、野菜。然后“耕稼”，通过自己的努力改变物质生活，“生耕稼以老十室之邑”。说明隐居的地方非常偏僻，隐居在一个只有十户人家的小村子里，一生种地，当个普普通通的农民一直到老，有这样的心才能忍住。这是在乱世君子正确的做法。

“是故，昔者禹见耕者五耦而式”，耦耕是当时的一种耕作方式，两人合作种地，“五耦”就是十个人；“是故”是因此；“昔者”是从前；“式”，是车前的横木，也指一种礼，站在车上手扶车前的横木微微欠身，以表示尊重。因此，从前禹看见有十个农民在路上走的时候，他在车上就要行这种“式”的礼，对这些人表示尊重。“过十室之邑则下”，乘车路过十户人家的村子也要下车，表示尊重。他为什么这么做呢？因为这里很可能有隐居的高人，是为了对贤者表示尊敬。“为秉德之士存焉”，因为坚持道德的士就在这些人中。

这一篇曾子重点讲的是天下无道的时候君子应该怎么办。前面开宗明义先提出两个方面，天下有道的时候君子“欣然以交同”，天下无道的时候“则衡言不革”。下面没讲什么叫“欣然以交同”，怎么“衡言不革”，而是整篇讲的天下无道的时候君子应该怎么办。我理解，这一篇的核心在这里。

为什么专门讲天下无道的时候呢？前文讲过“贵有耻之士”，“有耻之士”才能坚守道，能把道守住并传下去。这里实际是解释了什么是“有耻之士”。儒家重视“有耻之士”，因为他能传道，最可贵的就是在乱世还能独善其身，能把道保存下去。天下无道的时候不能改变、不能同流合污，这才叫“有耻之士”，但你怎能做到这一点呢？必须隐居才能做到这一点。

第九篇　曾子疾病

曾子疾病，曾元抑首，曾华抱足。曾子曰："微乎！吾无夫颜氏之言，吾何以语汝哉！然而君子之务，尽有之矣。夫华繁而实寡者天也，言多而行寡者人也。鹰隼以山为卑，而曾巢其上，鱼、鳖、鼋、鼍以渊为浅，而蹶穴其中，卒所以得之者，饵也。是故君子苟无以利害义，则辱何由至哉？

古代"疾"和"病"不是一个概念。小病叫"疾"，大病才叫"病"，所谓"疾病"就是病危。"曾子疾病，曾元抑首，曾华抱足"，曾子病危的时候，他的两个儿子，曾元抱着他的头，曾华抱着他的脚。什么意思呢？曾子临终前要勉强地坐起来说两句遗言，是在两个儿子的扶持下才勉强坐了起来。为什么不躺着说呢？曾子修"敬"，对人有恭敬心，对事有敬畏心，要坐起来表示对遗嘱的重视，要非常庄重严肃地说出临终遗言。

"微乎！吾无夫颜氏之言"，哎呀！我没有颜回那些名言啊。"吾何以语汝哉！"我对你们说点什么呢！"然而君子之务，尽有之矣"，曾子的意思是，我没有颜回那些经典的语言，然而君子应该努力的事情我都做了。前面是谦虚，后面是在谦虚中表现出自信。这是开场白，下面才是曾子谈的具体事情。

“夫华繁而实寡者天也”，“华”通花，“华繁”指开了很多花，“实寡”指果实结得少，这是谁造成的？是老天造成的。“言多而行寡者人也”，话说得多，落实得少，这是谁造成的？是人造成的。人管不了天，但得能管住自己。君子的修行是管自己能管的，别管那些自己管不了的。这就是为什么儒家强调“反求诸己”。

“鹰隼以山为卑，而曾巢其上”，“曾”通增，老鹰认为山比较矮，所以它在山上再增加一个鸟巢。“鱼、鳖、鼋、鼍以渊为浅，而蹶穴其中”，“鼋”是一种大龟，“鼍”是鳄鱼，“渊”是深水。这些水里的动物都认为深渊浅，它们在深渊下面再打洞，住在洞里面。这两类动物一个往上求，一个往下求，心态是一样的，为什么这么做呢？为了安全。最终安全了吗？“卒所以得之者”，最终还是被人得到了，被人抓捕了，原因何在？“饵也”，诱饵。这么担心自身安全，最后怎么还被人抓住了？吞了诱饵。曾子是用比喻告诉我们，要想真正人身安全，就要禁得住诱惑。

然后曾子总结：“是故君子苟无以利害义，则辱何由至哉？”假如君子不是因为利损害义，那么人生的耻辱是怎么来的呢？因为你禁不住诱惑，受到物质利益的诱惑，损害了道义，人生的侮辱、灾难才由此产生。

所以，人的一生，往小了说想安全，往大了说想成就，都必须能禁得起诱惑。也就是孟子说的“有所不为，而后有为”。

下面说的都是具体做法。

亲戚不悦，不敢外交；近者不亲，不敢求远；小者不审，不敢言大。故人之生也，百岁之中，有疾病焉，有老幼焉，故君子思其不可复者而先施焉。亲戚既殁，虽欲孝，谁为孝乎？

年既耆艾，虽欲弟，谁为弟乎？故孝有不及，弟有不时，其此之谓与？

“亲戚不悦，不敢外交”，你自己的亲属对你还不喜欢，这种情况下不敢向外交朋友，还是体现儒家的精神，由近及远为宜。亲属关系没有理顺，往外交朋友，这是不靠谱的。“近者不亲，不敢求远”，跟你近的人还不亲近你，这个时候不敢向远处去追求，要先从近处把人际关系处理好，由近及远。“小者不审，不敢言大”，小的方面还没想明白，不敢去说大的方面。人生的小事看得还不清楚，还怎么谈大的方面？连着三个排比句，曾子说的道理就是：由近及远、由小及大。

君子的修行要由近及远、由小及大，别一上来就想高大上的。我曾经说过，儒家的修行讲究的是日用平常，日用就是切近生活的，平常就是小事。

“故人之生也，百岁之中，有疾病焉，有老幼焉”，往多说人这一生能活一百岁，在这一百年之中还有病的时候，还有老的时候，还有小的时候。即使你活一百年，在这一百年里有些时间是用不上的，不发挥实际作用的，把这些时间扣除，那实际发挥作用的有效时间又能有多少呢？

“故君子思其不可复者而先施焉”，因此君子要想着那些不能够重复的事情，先把这些事情做到位。人生是短暂的，要有紧迫感，要有次第。“物有本末，事有终始”，要先做那些急迫的事，否则就来不及了。下面是举例子。

“亲戚既殁，虽欲孝，谁为孝乎？”亲人已经去世了，你即使还想孝顺，你向谁行孝呢？曾子告诉我们，行孝要及早、要抓紧。《论语》上讲“树欲静而风不止，子欲养而亲不待”，你要行孝，可是父母能不能等着你啊？所以行孝这个事情要抓紧，因为没法重来一次。“年既耆艾，虽欲弟，谁为弟乎？”等你年纪已经很大的时候，即使你想体现出“悌”，体现出对兄长友爱，但是你给谁当弟弟去啊？曾子举出两个例子，说明人生苦短，有些事情必须抓紧时间马上做，否则就没机会做了。

“故孝有不及，弟有不时，其此之谓与？”所以孝有的时候是来不及的，友爱哥哥有的时候是没机会的。为什么儒家以孝悌为本，这两件事在曾子理解都是得抓紧做的。

言不远身，言之主也；行不远身，行之本也；言有主，行有本，谓之有闻矣。君子尊其所闻，则高明矣；行其所闻，则广大矣；高明广大，不在于他，在加之意而已矣。

“言不远身，言之主也；行不远身，行之本也。”你的言语不能远离你自身，你的言语是依托于你的；你的行为也不能远离你自身，这是行动的根本，这是字面意思。引申意思是，你的言行都要切近自身，这才是行为的根本。

“言有主，行有本，谓之有闻矣。”你说出来的话都有所寄托，你所做的事情都有所本，这才叫有闻。“闻”，结合《论语》中的“子路有闻，未之能行，唯恐有闻”，会比较容易理解，是指老师的教诲。曾子的意思是，你的言语都有所依赖，行为都有所根本，这才是真正应该从老师那里学习的教诲。换句话说，君子修行应该坚守什么？言行方面切近自身，说的话是跟自身贴近的，做的事是跟自己贴近的。

“君子尊其所闻，则高明矣；行其所闻，则广大矣。”这句话应该和《中庸》的“致广大而尽精微，极高明而道中庸”结合起来才能理解，意思是，能够推崇老师的教诲并且能够落实，你才能达到高明。高和明要分开理解，高是层次上去了，明是看问题精准了。你把这些能够在行动中体现出来，你就“广大”了，心胸开阔是广，境界上去是大。“高明广大，不在于他，在加之意而已矣”，人生要想修到高明、广大的境界，不在于别的，关键是把你的心思放在“言有主，行有本”上。你每天说的话和行动都放在和你切身相关的事情上，这样修下去，最后你就能达到高明、广大的境界。

与君子游，苾乎如入兰芷之室，久而不闻，则与之化矣；与小人游，贷乎如入鲍鱼之次，久而不闻，则与之化矣。是故，君子慎其所去就。

“与君子游，苾乎如入兰芷之室，久而不闻，则与之化矣。”“兰芷”，两种香草，“苾”是芬芳。和君子交游、相处就好比进入放满香草的房间那么芬芳，时间久了，你都闻不到香味了，因为你和他一起变化了。“与小人游，贷乎如入鲍鱼之次，久而不闻，则与之化矣。”古人对“贷”有各种解释，实际按与上面一句对仗来理解，“贷”应该是“苾”的反义词，就是臭的意思；“次”是处所；“鲍鱼”不是我们现在吃的鲍鱼，“鲍”是腐烂的。你和小人交游，就好像进入放臭鱼的地方，臭味弥漫，时间久了，你也闻不到臭味了，因为你和他一起变化了，你被同化了。这讲的是环境对人的影响，以及交友的重要性。

“是故，君子慎其所去就”，因此君子慎重地对待“去”和“就”，“去”是离开，“就”是接近。你离什么人远点，与什么人靠近，这件事一定要慎重对待。

与君子游，如长日加益，而不自知也；与小人游，如履薄

冰，每履而下，几何而不陷乎哉？吾不见好学盛而不衰者矣，吾不见好教如食疾子矣，吾不见日省而月考之其友者矣，吾不见孜孜而与来而改者矣。”

这一段与上一段说的是同一个问题。“与君子游，如长日加益，而不自知也。”你和君子交游，就好比是白天越来越长，自己都没有感觉到。“与小人游，如履薄冰，每履而下，几何而不陷乎哉?”和小人交游，就好比踩在薄冰上，每走一步都往下去一点，最终哪有不陷进去的呢？我们都知道，春天湖冰融化是从湖心开始的，岸边的冰厚，湖心的冰薄。和小人交往就好比从岸边踏着冰往前走，越往前走冰越薄，早晚陷到里面。

“吾不见好学盛而不衰者矣”，学习精神一直保持旺盛，没有衰退，曾子说他没有见过这样的人。“吾不见好教如食疾子矣”，教学生就像喂生病的孩子吃饭那样有耐心，这才是好的老师。但曾子说“吾不见”，没见过这样的老师。

“吾不见日省而月考之其友者矣”，对朋友每天都反省、每个月都考察其缺点优点，这才叫对朋友忠。但曾子也说“吾不见”，没见过这样的人。“吾不见孜孜而与来而改者矣”，“与来”就是与时俱进，随着时间的推移，一步一步去改正自己的错误；“孜孜”是不倦的样子。整句话的意思是：我没见过这种随着时间的推移孜孜不倦地改正自己的缺点和错误的人。

曾子这四个排比句，一方面证明这四点是非常难以做到的，曾子说没有见过；一方面，曾子在临终前给两个儿子说这些，是勉励两个儿子要做到，给儿子指出修身的努力方向。换句话说，这也是君子修身应该努力的大方向。曾子用“吾不见”刺激他的儿子，勉励他们朝着这个方向努力。

我们仔细思考，曾子实际上说了四个方面。第一是自己的学习和修身；第二是教人，教育人、培养人，怎么当老师；首先是自己修，其次是传播、弘扬；第三是怎么对待朋友；第四是怎么改正错误。曾子对两个儿子的临终嘱托，是勉励两个儿子努力学习修身，并且坚持，而且勉励两个儿子以后要去弘扬儒家思想，同时勉励两个儿子对待朋友要尽心尽力做到忠，在修行上要不断改正自己的错误，与时俱进。

我觉得，《曾子疾病》一篇可以视为曾子的遗嘱。

第十篇　曾子天圆

单居离问于曾子曰：“天圆而地方者，诚有之乎?”曾子曰：“离！而闻之，云乎!”单居离曰：“弟子不察，此以敢问也。”曾子曰：“天之所生上首，地之所生下首，上首之谓圆，下首之谓方。如诚天圆而地方，则是四角之不掩也。

虽然这一篇文字不少，但实际需要阐释的地方并不多。

“单居离问于曾子曰”，这是曾子的弟子单居离来向曾子请教。“天圆而地方者，诚有之乎？”单居离听到一个说法，“天圆地方”，来问曾子真的是这样吗？这个概念实际我们都很熟悉，看看曾子怎么解释的。

“离！而闻之，云乎！”曾子叫着弟子的名字问：单居离，你的说法是从哪里听来的？这是道听途说。显然曾子是不认同的。单居离说:“弟子不察，此以敢问也。”我就是因为不明白，所以才来跟您请教。

曾子说“天之所生上首，地之所生下首”，“首”是头。这句话有两种不同的理解，第一种，“天之所生上首”指的是动物，“地之所生下首”指的是植物，这是一种解释。但这种解释我觉得体现不出来“首”字。另一种解释，是指头向上还是向下，头向上抬的叫“上首”，头向下看的叫“下首”。天生成的那些物种，头是往上仰着的，地生成的这些物种，头是往下耷拉着的。比方说，驴和马，头都是向下的，抬不起来，这就是“地之所生”。有些能抬起头的，像猴子，那就是“天之所生”。这是另一种解释。“上首之谓圆，下首之谓方”，头向上的叫“圆”，头向下的叫“方”，这叫“天圆地方”。

“如诚天圆而地方，则是四角之不掩也。”假如天真是圆的，地真是方的，那么大地的四个角天就没罩住。曾子的理解应该是当时人的理解，后代说天圆地方的时候，是认为天把地的四个角都扣在里面的，但地的周围，有些地方有天没地，那里就是四周的大海。这是古人的地理观“天圆地方”，当然是不正确的了，是科技知识尚不发达时期的观念。

但这种观念对中国人的影响却非常深远。中国古代用的铜钱是圆的，中间有个方窟窿，就是体现“天圆地方”。

且来！吾语汝。参尝闻之夫子曰：‘天道曰圆，地道曰方，方曰幽，圆曰明；明者吐气者也，是故外景；幽者含气者也，是故内景。故火日外景，而金水内景，吐气者施而含气者化，是以阳施而阴化也。阳之精气曰神，阴之精气曰灵；神灵者，品物之本也，而礼乐仁义之祖也，而善否治乱所由兴作也。

曾子接着说：“你来，我告诉你。”“参尝闻之夫子曰”，我曾经听孔老夫子说过，表明这是儒家传承的知识。他的弟子，他是从孔子那里听到的。也就是说，下面是曾子引用孔子的话，但是他引到哪里为止我们无法确定，是从这里开始一直到本篇结尾都是孔子的话？还是到哪里为止是孔子的话，后面又是曾子的话？因为说不准，所以我们这个版本引号一直打到最后，就是都当作孔子的话。

“天道曰圆，地道曰方”，天道称为圆，地道称为方，这叫“天圆地方”，不是说天和地的实体，是说天道、地道。方的称为“幽”，圆的称为“明”，“幽”就是暗，明和暗是反义词。天道是圆的、明的，地道是方的、暗的。

“明者吐气者也，是故外景”，“景”有人说应该读作影，明亮的这一类物质是向外散发气的，因此它是向外体现出明亮。幽暗的物质是向内含着气，所以它是里边内在的亮。然后举例子，“故火日外景，而金水内景”。火和太阳向外发光，这叫“外景”，金和水是向内发光，这叫“内景”。“吐气者施而含气者化”，向外散发气的，它能够对外发扬生长，而向内含着气的，它是内在的演化、繁衍。“是以阳施而阴化也”，所以阳是对外发散的，阴是向内演化的。

这具体是在讲什么我说不清楚，但我们能看出来这是一套学说。天是圆，是明，是吐气的，所以是向外明亮的，包括火和日，都属于天这一类的，这种向外吐气的会向外散发，这一类我们称之为阳。地是方，是暗，是含着气的，所以是向内明亮的，不是向外放光的，包括金和水，都属于地这一类的，这种气是向内含着的，内部出现一些演化，我们称之为阴。从这个角度去理解阴阳，我们能对《周易》的阴阳观有一种新的认识。

“阳之精气曰神，阴之精气曰灵”，这个“神”“灵”不是宗教概念。“阳”这一类物质最精妙的本源精气，我们称之为“神”;“阴”这一类物质最精妙的本源精气，我们称之为“灵”。这都是中国古代的哲学概念，不能具体地去理解，得抽象地去理解。那种最精妙的气，不能理解为空气、大气，可以理解为它的性质或者本源。总之，阳的精髓，我们把它称为“神”；阴的精髓，我们把它称为“灵”，这叫“神灵”。所谓神灵，就是阴阳的精髓。

“神灵者，品物之本也”，“品物”就是万物。古书里品物、庶物都是万物的意思。之所以用不同的概念，是因为两者还是有细微的差别。“庶物”强调的是事物多，“品物”强调的是存在不同的品种。“神”和“灵”是阴阳的精髓，是万物的根本。我们若是反过来说，万物的本源就是阴阳的精髓，由阴阳的精髓里生成了万物。“而礼乐仁义之祖也”，“祖”是祖宗，引申一下，“祖”是我们的起源。所以说，神灵是万物的根本，也是礼乐仁义的发源。“而善否治乱所由兴作也”，善否治乱都是从这里边兴起的、衍生的。

“神灵”就是阴阳的精髓，构成了万物的本源，构成了仁、义、礼、智的本源，也是人生善否治乱的本源。总之，它是一切的源头。首先“万物”讲的是自然界，“礼乐仁义”讲的是思想，“善否治乱”讲的是人类社会。我们要从这个角度去理解，它的意思是物质世界，人类社会包括人的思想，都是自阴阳的精髓里衍生出来的。

阴阳之气，各从其所，则静矣；偏则风，俱则雷，交则电，乱则雾，和则雨；阳气胜，则散为雨露；阴气胜，则凝为霜雪；阳之专气为雹，阴之专气为霰，霰雹者，一气之化也。

“阴阳之气，各从其所”，阴、阳二气各自都在它应该在的地方；“则静矣”，这就叫“静”。所谓的静，就是阴阳各得其所。如果阴阳位置偏了，就要刮风；阴阳一起出现，就要打雷；阴阳相交，就出现闪电；阴阳的气乱了，就出现了雾；阴阳二气相合，就下雨；阳气盛的时候，就出现露水；阴气盛的时候，就出现霜雪；专门是阳气的时候就要出现雹子；专门是阴气的时候就出现了霰。霰类似雪，是小颗粒状的，又有一点像霜，但是从天上飘落的。“霰雹者，一气之化也”，霰和雹都是专门一种气所生成的。

为什么说这篇没什么可阐释的？第一比较神秘，第二好像没什么道理。这是古人在自然科学不发达的年代对自然的一些理解。

毛虫毛而后生，羽虫羽而后生，毛羽之虫，阳气之所生也；介虫介而后生，鳞虫鳞而后生，介鳞之虫，阴气之所生也；唯人为倮匈而后生也，阴阳之精也。

上面谈的是自然现象，这里谈的是物种。这个逻辑次序倒是对的，先有自然现象，然后才出现各种动物。

他把动物分为毛、羽、介、鳞、倮五大类。长毛的这一类动物，都是先长毛而后出生；长羽的动物，长翅膀的动物，都是先长羽毛而后出生。“毛羽之虫，阳气之所生也”，长毛、长翅膀的这些物种，都是阳气所生成的。“介虫”就是带壳的动物，如乌龟、螃蟹，都是先长壳而后出生；带鳞的物种，都是先长鳞而后出生。这些带壳、带鳞的物种，是阴气所生成的。最后说到人，“唯人为倮匈而后生也”，只有人是光着出生的，没毛没羽、没壳没鳞，人属于倮虫类。“阴阳之精也”，前面四类，两类是阳气生的，两类是阴气生的，只有人是阴阳合到一起生的。

毛虫之精者曰麟，羽虫之精者曰凤，介虫之精者曰龟，鳞虫之精者曰龙，倮虫之精者曰圣人；龙非风不举，龟非火不兆，此皆阴阳之际也。兹四者，所以圣人役之也；是故，圣人为天地

主，为山川主，为鬼神主，为宗庙主。

带毛的物种里边最精妙的是麒麟，带翅膀的物种里最精妙的是凤凰，带壳的物种里最精妙的是龟，带鳞的物种里最精妙的是龙。所以，古人把麟、凤、龟、龙称为四大灵兽，因为它们分别是一类物种的代表。后来出现神秘主义的观点，认为四大灵兽每个管着一类物种，所以说凤凰是百鸟之王，凡是有翅膀的都归凤凰管。麒麟是百兽之王，凡是长毛的都归麒麟管。

“倮虫之精者曰圣人”，人是倮虫里边的王。倮虫里还有没有跟人一样光着生出来的？这个不好断定，但从理论上来讲应该有。但是在现实生活当中很难发现跟人一样倮生的，所以，人可能是倮生这一类里唯一的物种。“倮虫”这一大类里为首的是人，那么这类物种里谁是王呢？就不能说是人了，人是一类，人里边的王是圣人。

“龙非风不举，龟非火不兆”，“举”是升。龙若是没有风的话，它就升不上去，飞不起来；龟没有火就没有兆头，这是讲占卜。先秦时期占是占，卜是卜，是两件事，占是用蓍草算卦，用龟甲预测叫卜。在龟甲上钻孔，放到火上烤，沿着钻孔的位置烤出裂纹，根据裂纹的形状走势判断吉凶，这叫卜。“龟非火不兆”，龟壳若是没有火烤，就显示不出来征兆。“兆”指龟壳上的裂纹，引申为吉凶的征兆。“此皆阴阳之际也”，这都是阴阳之间的变化。

“兹四者”，指龙、凤、龟、麟，或者说是毛虫、羽虫、介虫、鳞虫这四类。“所以圣人役之也”，“役”是使，这都是圣人去运用的。引申一下，它是圣人使唤的，它跟着圣人一起出现。所以，世间要有大圣人出世，才能看见麟、凤、龟、龙。

但实际上可能只有龟是真的，另外三种是古人想象出来的灵兽，现实生活当中应该没有。而龟到唐朝以后名声也坏了，唐朝以前龟是灵兽，唐朝以后龟就变成骂人话了。“麒麟”究竟什么样，谁也不知道。后来郑和下西洋，从非洲大草原带回两头长颈鹿来献给皇帝，说发现麒麟了，拿这个拍皇帝马屁，有麒麟了说明是太平盛世，说明皇上是大圣人。这是古人的观念。

“是故，圣人为天地主，为山川主，为鬼神主，为宗庙主。”圣人的地位有多高？是天地的主宰，山川的主宰，鬼神的主宰，宗庙的主宰。

圣人慎守日月之数，以察星辰之行，以序四时之顺逆，谓之历；截十二管，以宗八音之上下清浊，谓之律也。律居阴而治阳，历居阳而治阴，律历迭相治也，其间不容发。

“圣人慎守日月之数”，圣人谨慎地守住太阳和月亮的“数”。所谓“数”是度数，是一种天文学概念，就是太阳、月亮在天上运行的轨迹和所到达的地方。古代天文学的二十八宿观念，就是把天空分成若干区，以区别太阳、月亮运行所达到的地方，可以描述太阳、月亮现在在天上的某个区，又是从这个区域走到那个区域，这种刻度叫度数。所以，圣人得谨慎地守住太阳和月亮运行的度数，我们引申一下，就是观测太阳和月亮的运行轨迹。“以察星辰之行”，要考察星辰的运行。“以序四时之顺逆”，用来规定四季是顺还是逆。“顺逆”是早晚。按照天文观测，太阳、月亮的运行轨迹，包括星辰的变化，按季节都是有其规律的。或者笼统地说，这是根据天文学来定四时、四季，最后形成的研究成果“谓之历”，就是历法。简单说，就是根据天文学观测考察时节的顺逆，制定出历法。

“截十二管，以宗八音之上下清浊，谓之律也”，这是古代音乐方面的事情，确定标准音。所谓“八音”是八种乐器。乐器怎么定音高音低、音清音浊？据说古人有一种方法，实际后人都觉得理解不了，就是这里讲的“截十二管”，即用不同粗细的竹子，把它截成竹管，埋地里一半，露出地表一半，十二个竹管对应十二月。每个竹管里填上烧芦苇的灰，到了一定的节气，大地的地气发生变化，管子里的灰就被地气顶出来，在灰冒出来的时候，竹管发出的声音就是标准音高。这是古书上的一种说法，其实宋朝以后就都不明白是怎么回事了。从理论上说，按照这套做法定出来的叫“律”。

但是我们要注意，它不仅是标准音音高的问题，十二律对应十二月，对应十二节气，对应十二种地气，所以“律”还涉及节气的变化。为什么前面谈“历”，后面谈“律”？因为都涉及十二节气，说得笼统点儿，都涉及季节的变化，而季节的变化若抽象地说，就是阴阳的变化。

曾子论述的核心实际是阴阳。大自然怎么体现阴阳的？风、雷、电、雾、雨，这些都是从阴阳变化来的。不仅静态的大自然，动物、生物也和阴阳有关，有阳所生，有阴所生。谈到这儿，“历”“律”还和阴阳有关。曾子一直贯穿的主线就是阴阳。

“律居阴而治阳，历居阳而治阴。”“律”自身是阴的，但它能管阳的事；“历”自身是阳的，但它能管阴的事。具体什么意思我也不清楚。“律历迭相治也，其间不容发”，“律”和“历”是轮流地、相互地来主导，这种阴和阳、阳和阴之间的变化，连一根头发都容不下。用我们今天的话说，阴阳的变化之间是没有空隙的，无缝衔接的。

以上的核心是阴阳，下面讲的就是五行了。

圣人立五礼以为民望，制五衰以别亲疏；和五声之乐以导民气，合五味之调以察民情。正五色之位，成五谷之名，序五牲之先后贵贱。诸侯之祭，牲牛，曰太牢；大夫之祭，牲羊，曰少牢；士之祭特牲，豕，曰馈食；无禄者稷馈，稷馈者无尸，无尸者厌也。宗庙曰刍豢，山川曰牺牷，割列禳瘗，是有五牲。此之谓品物之本、礼乐之祖、善否治乱之所由兴作也。'"

"圣人立五礼以为民望"，吉礼、凶礼、宾礼、军礼、嘉礼，这叫"五礼"，五个领域的礼。圣人确立了五礼作为百姓的仰望，就是老百姓看着这个来决定自己怎么做。"制五衰以别亲疏"，"衰"指丧服，"五衰"就是五种丧服，有斩衰、齐衰、大功、小功、缌麻。圣人规定五种丧服，用来区别亲属关系的远近。"和五声之乐以导民气"，"五声"是宫、商、角、徵、羽，用调和五声的音乐来引导老百姓的风气。"合五味之调以察民情"，"五味"是甘、酸、苦、辛、甜，把五味合起来调味，用来考察老百姓的民情。"正五色之位"，端正五色的方位，五色的方位是南方红、东方青、西方白、北方黑、中方黄，都是和五行配套的。"成五谷之名"，成就五谷的名声，"五穀"是黍、稷、稻、粱、菽。"序五牲之先后贵贱"，五种牲口排出先后贵贱的次序来，"五牲"是牛、羊、猪、犬、鸡。

"诸侯之祭"，诸侯祭祀的时候，用的牲是牛，称为"太牢"。大夫祭祀的时候，用的牲畜是羊，称为"少牢"。"特牲"是只用一头牲口。士这个阶层祭祀的时候，只用一种牲口就是猪，这种祭品叫"馈食"。古人祭祀最重的祭品是"太牢"，就是三头牲口，整头的牛、羊、猪，用这三样去祭。"少牢"没有牛，一猪一羊；"馈食"就一头猪。这里说得很清楚，三种不同的祭祀，规格不同。但曾子表述得不完整，他实际只说出了每个阶层特有的东西，诸侯为什么说牛？因为下面两个阶层不能用牛，只有诸侯能用。大夫为什么说羊呢？下面的士也用不了羊，只能用猪，是这么区别的。

“无禄者稷馈”，没有俸禄的，不当官的，就是普通老百姓，祭祀的时候叫“稷馈”。“馈”是馈赠，“稷”是谷子、植物。普通老百姓祭祀的时候用的就是我们今天说的小米、谷子。“稷馈者无尸”，“尸”是祭祀的时候扮演受祭者的人。祭祀的时候，上面有个活人扮演祖先接受祭祀，那是前面三个级别的，诸侯、大夫、士的祭祀，到普通老百姓这儿就没有这个环节了。“无尸者厌也”，因为不涉及吃不吃、享不享受的问题。祭祀的不是大米饭，是生的谷子，不涉及吃，不涉及享，所以也不用活人扮演“尸”了。

“宗庙曰刍豢，山川曰牺牷。”“宗庙”，祭祖的地方；用于祭祀祖先的牲口叫“刍豢”，用来祭祀山川的牲口叫“牺牷”。“割列禳瘗”，对动物进行分割。前面说的太牢、少牢是不分割的，但是有的祭祀是要进行分割的。“禳”就是一种祭祀。“瘗”是埋。有的祭祀要把动物进行分割，分割之后埋起来。有的祭祀结束之后把动物撤下来，大家分了吃了。“是有五牲”，这才是我们刚才说的五种牲畜。

“此之谓品物之本、礼乐之祖、善否治乱之所由兴作也。”上面讲述的内容，就是我们所说的万物的根本，礼乐的发源，善恶治乱所兴起的源头。这是曾子最后的总结。

跋

根据阮元的《曾子注释》整理的《曾子》十篇原文，从2018年6月16日开始，至2018年10月6日结束，给弟子们共讲了10次，将《曾子》的内容全部讲完。在讲授的同时，长春的弟子就在同步进行文字稿的整理，前后参与整理的有杨超天越、杨宁字致、马李胜男宇喧、张含月宇曌、魏红梅宇寒、王慧家天安、赵靖祎宇姝、朱琳宇格、毕岩宇珲、张智源、孙娜字定、徐霞字默、李景微字心、武茹字柔、李字瑶、宋冰等。之后我又对文字稿进行了修改润色，就是现在呈现给读者的面貌了。

给弟子们讲《曾子》，实际也是我再一次细读《曾子》，越发感受到曾子的思想是对孔子的继承，对《论语》的某些篇章有了更深刻的理解。这却是意外收获了。

杨　军

2019年1月12日于闲置斋